美と芸術の論理

美学入門（新版）

木幡順三

勁草書房

はしがき

ねえきみ、すべての理論は灰色で
緑なのは生命の黄金《こがね》の樹だ

Grau, teurer Freund, ist alle Theorie,
Und grün des Lebens goldner Baum.
——Goethe: Faust I. 2038—39

これは『ファウスト 第一部』で悪魔メフィストフェレスが、かれに学問のガイダンスを求めて訪ねてきた学生にささやきかける殺し文句である。悪魔はこんな甘いことばで学生の心をゆさぶり、純真な若者を俗世の快楽へ誘惑するのだが、これは決してひとごとではない。一度は強い意志をもって美学に志した者も、いつしかこのメフィストの口説《くどき》に靡いて美学を棄てようとする己の姿をみいだして、慄然としないだろうか。なにしろ美学は字面《じづら》からみてこよなく華麗で魅惑的な対象を研究する学問だと信じられやすいだけに、理論としてのその灰色がますます影濃くひとの心に映り、憂鬱もまたひとしおに感じられるのである。かえりみれば、美学こそメフィストの嘲りを買うにもっとも似つかわしい学科かもしれない。

その美学の入門書をまとめるのは、誰がやってもたいそう気骨の折れるしごとである。それどころか、いまの私にとっては苦痛ですらある。ましてこんな未熟な内容の書物はできることなら書かずに済ませたかった、というのもいつわりのない感想である。

しかし今日の大学で行なわれている美学講義は形式的にも実質的にもいろいろ克服しがたい制約に縛られて、教師は語りたいことのすべてを教室で伝えつくすことができない。さりとて構想が完熟するまで待って体系的著述を世に問うというのは少なくとも私には贅沢なことなのである。だから、たとえ未熟であり、不備ではあっても、伝達すべきメッセージを文字に定着させないで、そのつど消してしまうのは、義務に違反する怠慢ともうけとられかねないし、さらには倨傲の譏りをもまぬかれないのではないか。そういう想いが昨今私の脳裡をしきりと去来するようになった。それゆえに、私は自分ひとりの羞恥と苦痛を忍んで、本書を公刊することを決心した。

美とは何か、芸術の判定基準はどこに求められるのか——教室で学生が心ひそかに温めている問いは初歩的であっても、その設問の動機はきわめて切実であり、深刻であることが多い。それだけにひとたび口を開けば、かれらは短兵急に回答を迫ってくる。このとき教師のなすべき第一のしごとは、かれらの思考の短絡回路を遮断することである。そして設問動機の純粋化に手を貸すことである。ただし、そうすることによって初学者の迷いはますます深まるかもしれない。だが、よいではないか！　美学は所詮実用のための学問ではないのだから。

それにもかかわらず、美学になお効用があるというなら、それは美学が人間存在の謎に挑み、その深渕を覗き込む窓になりうるからであろう。美学は科学ではない。専門的に分化した精密科学ではない。むしろ総合的知識の一体系である。美や芸術の本質をたえず問いつづけながら、同時にその設問姿勢そのものへの反省、換言すれば純粋主観性への反省を実行しつづける、本来的な哲学に属している。しかしこういう根源的な問いかけは、基本的には万人に可能であるとはいうものの、実際にはあるいはこの世の行為の挫折によって深く魂を傷つけられたような人間にこそもっとも親密に感じられるのかもしれない。私が執筆中つねに思い泛かべていたのは、かかる純粋主観性への問いかけの姿勢を自分自身はたしてどこまで貫きえたか、ということであった。それゆえ弁解がましくきこえるかもしれないが、本書ではあえて既往の諸学説を正確に紹介し、精密に検討することに力をそそがなかった。他面、触れずに残してしまった問題も多く、本来あるべき体系的美学の展叙にはほど遠い結果に終った。さらに客観的にみれば、入門書という性質上、嵩ばった書物は避けて手ごろな体裁におさめなければならないので、論述全体がおのずから精粗のバランスを失ったきらいがある。この点特に読者各位の諒恕を得たいと思う。しかし幸いなことに、私があらかた脱稿した頃、学生時代からいまにいたるまで渝ることなく長年月にわたって御指導をうけている恩師　竹内敏雄先生　のライフ・ワークともよぶべき大著『美学総論』（一九七九年　弘文堂）が公刊された。これは美学に志す者にとって大きな福音である。私の未熟な入門書では到底はたしえない体系的な知識の総括は右の大著によってはじめて読者各位を満足させるにちがいない。

しかし私はふたたび思う。われわれは冒頭に掲げたメフィストの甘い誘惑に最後までよく抵抗しきれるだろうか、憂愁のかげりの濃い美学の抽象性に窒息しないで耐え抜くことができるだろうかと。いうは易く行なうに難いことがらである。初めて美学を学ぶ人々とともに私自身も初心にかえってつねにあらたにこの苦悩と不安をひきうけ、一歩一歩足もとを踏みしめて前進したい。そしてメフィストに対抗して発せられたあのファウストのやみがたい内発的欲求のことばを、ここでは美学研究のために転用して、ともに唱和しなければならないと思う。

それでも私はやってみる　　Allein ich will.

なお最後に、出版にあたって終始お世話になった勁草書房編集部　伊藤真由美氏、面倒な校正の労をとられた慶應義塾大学大学院学生　福田正子氏に深甚の謝意を表する。

一九七九年　秋

著　者

目次

はしがき
序 …… 1
第一章　美学について …… 5
第一節　美学という名称 …… 5
第二節　なぜ美学を学ぶのか …… 7
第三節　美学の対象と方法 …… 11
第四節　美学的諸学科の体系 …… 16
第五節　美学を貫く二元論的対立 …… 21
第六節　美学の学的性格 …… 26
第二章　美について …… 31
第一節　美の学的探求 …… 31

第二節　美の語義について……35
第三節　美的現象……39
第四節　狭義の美と広義の美……43
第五節　自然美と芸術美と技術美……51
第六節　自然美と芸術美……61
第七節　技術美の位置……67
第八節　文化美……70
第九節　人間美……71
第十節　形式美と内容美と機能美……75
第十一節　美的価値の判断……79
第十二節　美的価値の意義……87
第十三節　美的価値の体験……97
第十四節　美的体験の活動形式……106
第十五節　美的直観と美的感動の融合統一……112
第十六節　美的直観……118
第十七節　美的感動……123
第十八節　美的快と美的享受……132

第十九節　美的対象の志向的構成……140
第二十節　美的体験の根源……144
第三章　芸術について……151
第一節　芸術という語の意味……151
第二節　技術体系と芸術的諸要素……155
第三節　技術の合理性と芸術の非合理性……161
第四節　芸術創作における自然の意味……168
第五節　芸術の創造と伝統……171
第六節　芸術作品の構造……176
第七節　芸術的表現の本質……185
第八節　芸術作品の解釈……193
第九節　芸術作品の評価……197
第十節　芸術の体系的分類……205
第十一節　芸術の様式……214
注……225
参考文献……243
新版　あとがき……255

序

美学とは何か。——おそらくこれが初学者の発する最初の問いかけであろう。この率直で端的な問いかけに対して、はじめから十分行き届いた回答を与えることは容易なわざではない。さしあたって「美学とは美と芸術についての学問である」と定義づけるのは難しいことではないが、このような形式的な定義で、そもそも誰が知識欲を満足させられるだろうか。これでは何の説明にもなっていないのと同じだから、到底納得の行く回答とはいえない。

それゆえ一応の満足を得るためには、前述の定義文のなかに現われた、「美」・「芸術」・「学問」の三個の概念について、それぞれ別個に「美とは何か」、「芸術とは何か」、「美と芸術についての学問とは何か」と改めて問い直す必要にせまられる。

ところが、これら三個の問いをめぐって、困ったことが起る。それは何か。——はじめの二つの問いかけが終らないと、第三の問いに着手できないのはあたりまえだが、逆にこの第三問に明確に答え終るまでは、先行する二つの問いも本当に片付いたことにはならないのだ。ただむやみやたらと美と芸術について一知半解の知見を披瀝してみても、その内容が美学的に空疎で無意味なものになり果てる懼れがあるからだ。しかし他方、美と芸術について何の考えもなしに美学についての探求がはじめられるとは思えない。つまりここには明らかに循環論法 (circulus in definiendo) が生じているのである。

けれども総じてものごとを理論的に認識しようとすれば、その対象について熟知のことから出発して、その知識をより一層明瞭にする以外に道はない。つまり直観的に自明なものから、概念的に判明なものへ、知識の程度を高めるよりほかに有効な手段は見付からないのである。したがってわれわれはいま、形式的な循環論法にとらわれないで、美や芸術に関する――不完全であってもよいから――熟知の（bekannt）もの、つまり自明とみなしているものを、明確に概念的に認識された（erkannt）ものに高める努力を払わなければならない。

世人はしばしばこの努力に耐えられず、自明なものを確認するだけで満足し、美と芸術の学的認識を諦めてしまいがちである。そして学問的に正しい知識を求めるかわりに、自分だけが納得している気儘な見解を正しいと主張して譲らず、強引にそれを他人に押しつけようとさえする。そうなると、説得の上手な者の勝で、そのひとの言い分だけが美や芸術の真相を穿《うが》っているかのように思われてくる。だがこのことは美学にとってあまり好ましいことではない。語りかたが説得力に富むからといって、述べられた内容が真理だとはかぎらない。逆に真理であればこそ、陳述が説得性をもつのである。美学の分野においてもこのことは見誤られてはならない。美学は他人を説得するレトリックではなく、美や芸術の真理を求め、それについて率直に語り出るしごとである。

それでは、美学はどんな方法で右に述べた上昇の道――つまり自明な常識的見解から学問的知識に至る昇り道――をたどることができるのであろう。これについては後章でおいおい述べて行くつもりであるから、読者はそれを虚心坦懐に学んで欲しい。

既述の循環論法からわかるように、美学という学問は、「美」や「芸術」や「美学」それ自体の定義をつねにはじめからやり直さなければならない。いうまでもないことだが、そのばあい辞書で検索した語義を無方針に羅列しても無意味である。そもそも新しい状況下で基礎概念の定義をやり直すのは学問の常道である。新しく得られた知見にてらして、その都度、それに適合する知識体系を組み立て直し、そのなかへ美や芸術の定義を繰り入れるようにしなければならない。つまり、つねに新しい知識の枠組み（framework）のなかへ定義を置きかえて行くべきなのである。知識の枠組みが変れば定義も変る。われわれは美感や芸術についての経験を歴史的にさまざまに変化させてきた。太古の人類が美と感じたことがらと現在のわれわれの美の観念とは果して同じだろうか。もし先史時代に「美学」が存在したら、その知識体系は今日の美学のそれとずいぶん異なっていたに違いない。また十八世紀の美学思想は現代芸術の多様なすがたを正確に捉えることができないだろう。現代芸術を把捉するためには、やはり現代に適わしい美学体系が必要である。このように考えると美学の実質内容はたしかに歴史的経験の結果だということができるけれども、知識体系の枠組み構造を探求するという課題はいつの時代にも存在していて、永遠に人類の努力を導く理念になっている。

さて、美や芸術や美学そのものの定義をつねに更新して行くしごとは、美学の端緒であるとともに終末でもある。

本書の論述を進めるにあたって、次の順序に従うのが至当であると思われる。

第一章　美学について

第二章　美について

第三章　芸術について

第一章　美学について

第一節　美学という名称

学術用語としての美学

美学　という語はさまざまな意味をもっている。辞書を繙《ひもと》いてみると、一般に審美感覚ないし美的感受性そのものや、またそれらに向けられた、多少なりとも理論めかした思考内容が、しばしば漠然と美学と呼ばれている。(1)この意味の美学は勿論、日常用語であって、学術用語（technical term）として通用しているわけではない。しかしわれわれがこれから本書で扱わねばならないのは、まさしく厳密な意味で学術用語であるような　美学　なのである。すなわち「学問としての美学」である。

ところで「学問としての美学」に対しては、きわめて多種の、しかも深刻な質問や反論が殺到するであろう。たとえば次のような質疑がよせられる。

「そもそも美学は一個の独立した学問でありうるか」

「美学は学問として研究に値するか」

「かりに学問であるとしても、その内部構造はどうなっているのか」

「美や芸術はこの学問で百パーセント取り扱えるだろうか。もし百パーセントは扱えないとすれば、美や芸術をどの側面に、どの程度、限定して扱えるのか」などである。美学に何かを期待している初学者にとって、これらの設問はまことに切実である。このような種類の問いが発せられるのは、この学問の基礎が一見したところ堅固でない証拠だとも言えるが、また逆にこの学が慎重かつ繊細な扱いを必要としている証拠でもあるだろう。

「感性学」としての美学

美学という学術用語は明治初期に日本語に定着した。これは英語の Aesthetics、ドイツ語の Ästhetik、フランス語の Esthétique などの訳語である。ところで右の英・独・仏語の語源は実はラテン語形の Aesthetica に遡ることができる。このラテン語は古来のものではなく、十八世紀中葉ドイツの哲学者アレクサンダー・ゴットリープ・バウムガルテン（Alexander Gottlieb Baumgarten, 1714-1762）によって造られた新造語なのであって、ギリシア語の αἰσθητικός（感性的）という形容詞をもとにしている。バウムガルテンの行なった命名の狙いもしくは動機についての説明は美学史に譲るほかないが、右の語源探索からも推測できるように、Aesthetica は元来「感性学」という性格を備えていた。だから、美学は「感性学」だ、と言明することもできるかもしれない。だがはたして美学は単なる「感性学」に甘んじていることができるだろうか。

いうまでもなく美の観念は歴史的に変化している。地域的にもそこに生きる民族の感受性の差異に応じて、美の観念は異相を示している。またその観念の呼び名がそれぞれの国語で異なるのは明白だが、たとえ同一国語でも時代が移れば、語義が微妙にずれてきて、語形と意味は決して一定不変の関係を結ばない。日本語のばあいについては後章でふれるが、古代ギリシア人は καλός という形容詞、τὸ καλόν という名詞を用いて「美しい」、「美」を意味させたとはいうものの、この意味内容は近代ヨーロッパ人が、たとえば beauty（英）、Schönheit（独）、beauté（仏）などと呼ぶものよりもはるかに含みの多いものだったのである。したがって、古代の含蓄ふかい美の観念には、近代の「感性学としての美学」をもってしては扱いきれない側面が備わっている、とみなすことができる。（このことは第二章第二節で詳論する。）

古代ばかりが問題ではない、近代人の指す「美」の意味内容も、ただ単に「感性的なもの」に還元して論じつくすわけには行かない。なぜなら、美は感性的であると同時に超感性的でもあるからだ。眼に見え、耳に聞こえるだけではなく、眼にも見えず、耳にも聞こえぬ要素がかならず美には含まれているのである。そのような超越的要素を捉える器官を、一種の心眼とか内なる聴覚と呼んでもよいが、その働きは決して感覚的刺激の受容にとどまらず、もっと高度の精神的活動に属するというべきであろう。

このように大雑把に考えてもわかるように、美学には——その呼称の語源にもかかわらず——単なる感性的経験の分析を越えた側面が含まれている、と断定して納得してもらえるにちがいない。(2)

第二節　なぜ美学を学ぶのか

美学に寄せる期待と失望

「学問としての美学」こそわれわれがいま希求するところのものであるが、しばしばそれは世人から過当な期待をもって迎えられる。そのとき「美学」はまさに輝ける存在である。ところが、その期待がまさに過当で、美学の実相にそぐわないがゆえに、美学の栄光は蜃気楼のごとくはかなく消え去り、かえって深い失望と強い幻滅を世人に与えがちである。くだいて言えば、「学問としての美学」を学ぶしごとは、決して世間で想像しがちなように面白いものではない。また美学研究によって習得された知識も実生活にはあまり役立たないのである。――しかしながら、この点については美学を弁護する余地が多少残っているように思われるので、以下にそれを論じてみよう。

美学研究のもたらす精神的快楽

いま、もし誰かが美しいものを享《う》け楽しむ――美学用語ではこのことを美的享受（aesthetic enjoyment, ästhetisches Genießen）と呼んでいる――ばあいに生じる快楽を、美学の学習ないし研究そのものの過程のなかにも求めようとすれば、そのひとは失望落胆するほかないだろう。なぜなら享受と思惟はまったく異質の精神活動だからである。美学は、その呼称こそ　美の学　であるが、実体は所詮一個の学問なのだから、直接に美学を支えているのはやはり論理的な、思惟ないし認識活動以外のものではない。勿論、美的享受によって生じた精神的な愉悦が知性に影響を及ぼし、いわば思惟を色濃く染め上げて、美学に彩りと陰影を与えることもありうるから、実際問題としては、快楽と思惟を完全に隔離することは難しいが、原理的には両者の混同は到底許されない。美に関わるわれわれの情念は、たしかに熱烈であったり、ときには感傷的であるかもしれない。これに反して美学は――くりかえし強調するが一個の学問なのだから――あくまでも理性の営為である。そしてその限りにおいて、どこまでも冷徹で、乾いた論証作業にすぎないのである。したがって、それでもなお誰かが美学を指して「面白い」ものだと評するなら、そのひとは学問一般にあてはまる、理性的快もしくは精神的愉悦を感じているのである。初学者はすべからく一切の偏見を棄てて、理性につきしたがい、学問すること自体から湧き起こる快楽を美学学習のうちに求めるべきである。これは他に求められない独自の快楽である。美学は決して美的享受の代用物ではない。また逆に美的享受は美学の代りを演じられない。

美学は純粋な理論学である

つぎに美学はあまり実地の役に立たないものだ、ということを心得ておく必要がある。法律を丹念に学べば弁護士になれるかもしれないが、これと同様の意味で、美学をいくら学習してもそれだけでは絵一枚うまく描けるようにはならない。画家、音楽家、詩人など創作家になれないことは勿論のこと、評論家にさえなれないだろう。芸術創作や芸術批評が美学と無縁だとはいえないし、むしろこれらは深い根を同じ土壌に養われているのだが、それでも相互間には牆壁《しょうへき》のようなものが設けられていて、美学者がただちに創作家になったり評論家になったりはできないのである。要するに美学は実用面からは締出されているのである。美学は本来、応用をめざした理論ではなく、かえって一切の実用面から身をひきはなして、美の「実相に観入」し、かつまたその観察主体そのものの特殊な存在のしかたを深く反省する理性的活動なのである。換言すると、美学は純粋な理論学であり、美の原理の究明活動である。だから美や芸術に携わる人間的営為の、ごく限られた一側面だけを扱うのだけれども、それが徹底的な深層に達するがゆえに、すこぶる重要なものになってくるわけである。この点を見誤ると、美学に対していわれなき誹謗を加えることになりかねない。

美学は人間存在究明の一翼を担う

前述のごとく美学は、美的享受の代用物ではないし、芸術創作の方法でもない。さらに美学は芸術評論の手段でもない。(3) したがって美学は絵画や楽曲の表現内容をことばでもって説明する道具ではない。(芸術作品の解釈ということは芸術認識のなかですこぶる重要なことがらだが、これについては後章で詳論する。)美学が究極的に説明しなければならないのは表現内容ではない。既述のごとく、むしろ美的享受や芸術創作の活動に携る人間そのものの存在機構やその意味なのである。無論それを実行するためには、美しいものや芸術作品など、客観的対象とわれわれ人間との関わりを考察しなければならないから、ただ単に主観の側面にだけ視線をかぎるわけには行かない。しかし芸術史学が史料ないし資料の客観性を重視するのに比べれば、美学ははるかに主観的なアクセントを強めた学問だ、ということになる。この際思い切って比喩的に語るなら、美学は芸術の実証的研究や美の探索の旅路で何らかの挫折を経験した者の魂を癒す妙薬たらんとするのである。（初学者にはこのことが納得できないかもしれないが、人生にとって美学が何の益をもたらすか、を真剣に問いつめて行けば、かならず思いあたる日が来るに違いない。）

美学は主観的な色調の濃い思惟活動かもしれない。実証的な芸術史家はそれを非難するかもしれない。だが美学は人間の主観性を特殊な道をたどって徹底的に究明しようとするものである。この特殊な筋道をわれわれは具体的な美的現象や芸術を手掛りにして照射しなければならないのである。

学問のうちには対象的知識をもっぱら探求していく種類もあれば、別に人間がまさに人間として生きていくための智恵に属する種類もある。美学は、前者を踏まえて後者たらんと志すのである。かりに旧い例にならって、scientia に対する sapientia という学問の種別を立てれば、美学はむしろ sapientia に傾くものと言うべきであろう。知識の対象が外なるものから転向して内なるものに変るときに sapientia が生じると言うならば、美学も美しい事物についての対象的知識から転じて、その美しいもの、さらに一般に美しいものを気づかう心に向かい、そのようなおのれ自身を知ることに努めるのである。換言すれば、美における私の自覚の深化過程こそ美学なのである。（このことは第一章の末尾でふたたび論述する。）

第三節　美学の対象と方法

美の問題と芸術の問題

ここで美学の見取り図を描いておくことにする。

美学の研究課題は多岐に亘るが、何といってもその中心は「美」の問題と「芸術」の問題である。美学上のいかなるテーマも煎じつめると、どちらかに帰着する。

ところでこのどちらも、最初に解決してしまえる問題ではない。むしろどこまでも先へ先へと追いつめて行くべき目標と考えた方がよい。たとえていえば、美も芸術もさながら透視図法の消失点（vanishing point）に似ていて、美学上のあらゆる知識はそこへ収斂するように秩序づけられる。芸術の状況や美感は歴史的に推移するから、さながら疾走する列車の窓外に展開する近景のように刻々と変化するが、地平線上の消失点そのものは、つねに不変である。目標として狙い定められた美や芸術はこのように理念的形式をもっている。

さて、この美もしくは芸術のどちらを優先的に課題としたらよいのか。――その先後関係は美学体系をどんな哲学の地盤にうちたてるか、に応じて変動する。美の問題を優先させて芸術の諸問題をそのなかに包み込んでしまう処理法――やや古い時期の美学はそのように扱っていた――もあれば、逆に芸術問題を優位に置き、美をそのような芸術現象の範囲内で扱う処置もある。さらに美と芸術の異質性をよく弁えて、両者を対等に扱う方途も開けてくる。残念ながらいまここでは、美学史上、これらの方法的措置が誰の唱えたどんな学説に結晶して現れたかを精査する暇がない。だからわれわれとしては、さしあたり美の問題圏と芸術の問題圏とがたがいに嚙みあい、交錯する間柄にあるとみておきたい。要するにふたつながら美学に不可欠の課題なのである。

美学研究の二大方法

大別して美学研究には哲学的方法と科学的方法が認められる。美学という語を最広義にとれば、美学はかならずしも単一学科とは言えず、むしろ若干個の個別学科の複合体から成っていて、それらの総称として美学の名が与えられていると言うべきであろう。(4) したがって、方法論も諸科学との関わりをもち、また究極的には哲学と密接につながるのである。

おしなべて科学というものは「事実学」(Tatsachenwissenschaft) であり、「専門学」(Fachwissenschaft) である。すなわち科学的認識は、一定の現象の起こる領域を限って、特定の前提条件をふまえて「事実判断」を下すのである。単なる経験的事実からはその対象の価値を引き出すことはできない。つまり科学的認識そのものは「価値判断」を含まないわけである。ところが、美は古来、真や善とならんで、人生の理想価値の一つに数えられてきた。この価値問題をめぐって、科学的方法と哲学的方法とは根本的にその働きを異にしているのである。右にも述べたように、科学的方法に依るかぎり、どれほど細かく芸術作品を分析しても、その結果からすぐに「この作品は美しい」という価値判断（美的判断）を引き出すことができないのである。

しかるに他方、哲学は総じて「本質学」(Wesenswissenschaft) であり、また「超越論（的哲学）」(Transzendentalphilosophie) である。すなわち哲学は現実の事実とは異なった存在方式 (Seinsweise) をもつ「本質」、もしくは「イデア」についての学であり、また科学のように限定された現象領域——つまり世界の部分現象——ではなくて、世界の全体現象をあらゆる前提条件なしに、あらゆる先入観なしに、把握しようとする。「前提条件なしに」ということは、前提条件に眼を瞑《つぶ》るとか無視するというのではなく、その前提そのものが造られて行く経過を主題にして究極まで問いつめることを意味する。そのような世界全体を現象化する哲学的立場を構築し終えたとき、はじめて価値判断を下すことが可能になる。無論われわれは日頃哲学的自覚をもつこともなく日常生活のなかで種々の評価活動を行なっているが、よく考えればそれは哲学的精神ないし理性が日常生活のなかへいわば化身して行なっている活動である。換言すると、超越論的主観性が匿名で働いているのである。生活主体であるかぎりのわれわれには哲学的精神は強く自覚されることもなく、普段は無意識化してしまっている。

さて、美学の方法としては、哲学的方法は科学的方法より優位に立つ。しかし科学的方法を排除したり、否定したりはしない。今日の哲学的方法は、十九世紀末期に観念の戯れ、空疎な思弁として、科学者から非難されたような頑迷固陋なものではない。むしろ科学的研究の豊かなみのりを総合し、堅固な骨骼をそれに与えている。逆に科学的方法は哲学をインプリシットな導きの糸として活用している。もしそれが無ければ、さながら羅針盤のない帆船のように、たちまち難破の憂き目に逢うだろう。要するに両方法は唇歯輔車の関係にあるということになる。

現象学的方法

数ある哲学的方法のなかで、特に美学研究に好都合な、親近性を示すものがあるか否かを検討してみよう。美学者たる者はまず第一に美や芸術の事象そのものに肉薄し、その本質を直接につかみだすべきである。事象にひた向かう態度は、一種の実証主義的態度だといってもよい。（その点では現象学者の態度は、実証科学たる美術史学、音楽史学、文芸史学の研究者たちの態度と共通であり、かわるところはない。）しかし美学者の姿勢はやはり単なる実証主義者のそれではない。美や芸術の事象の存在方式が自然物のそれや日常生活内部で出会う道具類のそれと決して同じでないことを知らねばならない。美や芸術の存在方式は、さきに言及した本質としての存在方式である。事物（res）としての存在のしかた、つまり実在性（realitas）の概念をもってしては美や芸術の本質を説明しきれない。事物単なる事物存在性を越え、厳しくこれから区別された本質存在性を、推論に依らず、直接に把捉する必要があるわけだが、このような精神活動は「本質直観」ないし「本質諦視」（Ideation; Wesensschau）などと呼ばれる。それゆえ美学者がまず対象として自己の眼前にみすえるべきは、この本質直観された内容なのである。

右に述べたことは初学者には理解し難いかもしれないから、具体例を挙げて説明しよう。肖像画を実例にとりあげてみると、『源頼朝像』や『一休宗純像』においてわれわれがひたとみすえているのは、ほかならぬ頼朝の人間的価値本質であり、一休禅師の人格的内容である。ただしここで観得した内容を、言葉でもって完全に置き換えることは難しい。作品解釈の一つの問題点がそこに浮かび上ってくることは疑えない。さらにまた本質直観の内容は右に述べたことに限らない。前者については鎌倉時代初期の大和絵肖像技法の一典型が直観され、後者については室町時代水墨画技法の特質が直観されているのである。しかしこれらの本質直観内容がどこまで自覚的になりうるか、したがって言語的に記述されうるか、という問いにはまた別個に、改めて回答を用意しなければならないだろう。

ともあれ、芸術に関しては、事象そのものに即してその本質直観を遂行する心構えをしっかり持つ必要がある。なぜなら近代芸術のばあいは特にそうなのだが、実作よりも芸術家の意図や思想を強調したいわゆるマニフェスト(manifesto)が目立ちやすく(「シュルレアリスム宣言」、「未来派宣言」などは恰好の例であろう)、その主張に引きずられて実際の作品を解釈してしまう傾向が強まることは避けられない趨勢にある。だがマニフェストに固執すると、作品の冷厳な本質内容をしばしば看過したり、宣言から逸脱していても、それを見て見ぬふりをしたりする懼れも生じる。だから美学者は――芸術史家もこの点同じだが――当初はマニフェストを無視して、当該作品の本質をひたすら直観することからはじめなければならない。

第二に美学者は直観された対象の本質を記述することに没頭するのではなく、その直観内容が日常生活内でわれわれが知らず知らず馴れ親しんでいる事物ないし事態から超越していることを明らかにしなければならない。さきほど述べたとおり、美や芸術の現象は日常生活の営まれる実在世界の現象とはたしかに異なった存在方式をもち、日常的経験のもたらす自明性とは違った一種独特の明証性を備えている。この固有の明証性は後述する美的体験において確かめられるほかないのだが、その明証性を実現させる対象を構成する作業は、われわれの自我の能作（Leistung）として捉えるべきである。換言すると、超越論的主観性（transzendentale Subjektivität）のはたらきによって、日常的経験の自明性を超出した、美に固有の明証性の世界が創り出されるのである。一つ一つの美しい事物にはみなそれぞれ固有の明証性が与えられていて、われわれはそれらのものに直接ひた向かうことができる。

注意しておきたいのは、右に述べた明証性の議論があくまでも哲学的・超越論的な論理の問題だということである。具体的な創作活動に踏みこんでみると、個々の作品に固有の明証性は微妙なニュアンスを帯びて揺れ動いてくるだろう。絵画に例をとれば、ルネッサンス期の絵画と近代の印象派絵画では写実の手法に大きな違いがある。モデルの把捉のしかたも違い、それを画材に依って再現して行く過程もたしかに異なっている。創作活動の全体を総括してみたとき、両者を同じ明証性の具現者だとはいえないだろう。それにもかかわらず双方ともそれぞれの固有の明証性をもって観照者を十分に説得し、どちらも不自然だとは感じさせないのである。ボッチチェリの描く人体とルノワールが写す人物を比較してみれば、このことはおのずから納得できるだろう。

美的明証性が唯一つの種類しかなかったらどうなるか。そのとき日常世界の唯一性とならぶような恰好で、美的世界も唯一つしか存在し得ないことになる。しかしこれは経験の事実に反する。美的世界は、美的対象（つまり美しいもの）がかぎりなく多数存在するのと対応して、やはり多数存在するのである。

以上述べた二点は、ただ単に哲学的方法一般から適宜ひろいあげた特性ではなく、特にフッサール（Edmund Husserl, 1859–1938）によって唱えられ、発展せしめられた「現象学」（Phänomenologie）の方法を念頭において述べたものである。それゆえ現象学の術語で再度これを要約すると、第一点は「本質直観」を行なうべしということであり、第二点はそれが同時に「超越論的哲学」の立場からなされるべきだということである。前者はいわゆる「形相的還元」

(eidetische Reduktion) によって可能になり、後者は「現象学的ないし超越論的還元」(phänomenologische od. transzendentale Reduktion) の手続きによって明らかになる。

現象学と美学の関係は、いうまでもなく前者が後者に方法を貸し与え、現象学が美学に適用されるという関係であるけれども、ただそれにつきるわけではなく、半面、美学が現象学の方法を要請するという関係でもなければならない。そして実情はまさにそうなっているのであって、フッサールが現れて現象学的方法なるものを強く唱導する以前にも、古くからすぐれた美学者は――名称はどうあろうとも――実質的に、もしくは暗黙裡に現象学的方法を採用していたのである。したがって、美学にとって特に好都合で、親和性を示す哲学的方法はほかならぬ現象学的方法であると断定しても過言ではない。(5)

第四節　美学的諸学科の体系

対象と方法に関する四類型

前章に述べた美学研究の対象と方法について交叉分類法 (cross division) を適用すると、さしあたり美学的諸学科は次のような四類型に分割される。

(一)　美の哲学（哲学的美学）
(二)　芸術の哲学（芸術哲学）
(三)　美の科学（科学的美学）
(四)　芸術の科学（芸術学）

このうち（一）、（二）については前章で既に多少ふれておいた。したがってここでは改めて述べることをせず、むしろ（三）、（四）に関して説明をつけ加えたい。

科学的美学

科学的美学という語は、原則的には自然科学、精神科学（人文科学）、社会科学に属するさまざまな科学の方法を用いて美の性質を説明する学的活動を指すのだが、実際には「心理学的美学」以外あまり目覚ましい成果をあげたものはない。生理学的研究もそれと並んで若干の寄与はなしているが、心理学的美学のなかでも特に一時期を風靡した「感情移入」（Einfühlung, empathy）の原理に基づく「感情移入美学」（Einfühlungsästhetik）のほかには美学体系を建設し得たものは見当らない。「感情移入美学」の代表者の一人リップス（Theodor Lipps, 1851–1914）が展叙する美的価値の説明は、すでに単なる心理学の領域にとどまらない哲学的な意味での自我論の領域に踏みこんでいるから、そのかぎりにおいてもはや科学的美学の枠をみずから破棄していると言えるだろう。

美の領域で自然科学的に因果法則を発見しようと試みても、対象が美という価値であるかぎり、科学的研究の究極的な決め手がみつからない。美の価値基準を――科学的方法と無関係に――さきに決めておいて、そののちそれを前提条件として対象の分析を行なうというばあいには、科学的方法は十分成果をあげることができるが、科学はその前提そのものを問題にはなし得ない。換言すると、美の価値は科学的研究にとってあくまでも先行するもの、アー・プリオリ（a priori）のものなのである。

フェヒナー（Gustav Theodor Fechner, 1801–1887）が、思弁的・形而上学的な「上からの美学」（Ästhetik von Oben）に対して経験的・実証的な「下からの美学」（Ästhetik von Unten）を唱えて以来、「実験美学」（experimentelle Ästhetik）が美学史上の市民権を得るようになり、現在にいたるまでこれに種々の改良が加えられているが、要するにこれらの科学的美学には究極的に自己の力で美的価値そのものを規定する資格がないのだから、この種の科学的分析で能事畢《おお》れりとするのは楽天主義（Optimismus）にとどまる者だといわざるをえない。

芸術学

つぎに考察するのは、（四）の芸術学である。これは前述の科学的美学と様子が異なっているので、美学ないし芸術哲学との関係を図示してみよう。

	哲学的方法	科学的方法
美	美の哲学 （哲学的美学）	美の科学 （科学的美学）
芸術	芸術の哲学 （芸術哲学）	芸術の科学 （芸術学）

図を見てわかるように、美学と一口にいっても、その最広義においては、芸術史までも含んでいる（日本の全国的規模の学会組織たる「美学会」the Japanese Society for Aesthetics ではこの最広義における美学の研究発表を認めている）。そしてそのなかには狭義の美学ないし芸術哲学のほか、芸術の体系的な研究および歴史的な研究の分野も含まれている。周知のごとく芸術には、美術、音楽、文芸をはじめ演劇、映画、舞踊などさまざまな種類（ジャンル）が所属しているが、これらはみなそれぞれに固有の形成法則にしたがって成立しているのであって、決して一般的な芸術的法則性にのみ従っているわけではない。それゆえ各ジャンルは、美学ないし芸術哲学では論じつくせない特殊な原理を解明すべき学科をそれぞれ必要とする。美術学（Kunstwissenschaft）、音楽学（Musikwissenschaft）、文芸学（Literaturwissenschaft）、演劇学（Theaterwissenschaft）、映画学（Filmwissenschaft）、舞踊学（Tanzwissenschaft）、などと呼ばれる諸学科は、まさにこのような特殊原理の解明を課題とするものである。しかもこれらの諸学科は、諸芸術の体系そのものを明確に把握するために構想されるのだから、一括して「体系的芸術学」（systematische Kunstwissenschaften）と呼ば

れるに適わしい。そしてこれらにひとつひとつ対応するのが「歴史的芸術学」(historische Kunstwissenschaften)である。すなわち具体的にいえば、美術史(Kunstgeschichte)、音楽史(Musikgeschichte)、文芸史(Literaturgeschichte)、演劇史（Theatergeschichte)、映画史（Filmgeschichte)、舞踊史（Tanzgeschichte）などそれである。このような理由から、芸術学という呼称を広義で用いるときには、体系的芸術学と歴史的芸術学を併せ意味していると考えてよい。

ところで歴史的芸術学（芸術史）は、左に掲げた図表からも推知できるように、芸術哲学に直結しているわけではない。両者間に体系的芸術学が介在しているわけである。それゆえ芸術哲学ないし美学の知識がなくても、芸術の歴史記述（Historiographie）は十分可能である。極言すれば、作品の編年作業や作家の伝記を書くしごとなど、純粋に実証科学的分野に美学は要らない。いわば美学抜きの芸術史も可能である。「美とは何か」、「芸術とは何か」という端的かつ深刻な根本問題を暫時回避して――あるいは回答を保留して――芸術史記述のしごとを続けることもできるのである。

だが資料批判（Quellenkritik）を乗り越えて、ひとたび様式批判（stilkritik）――すなわち作品の表現の類型的特徴の調査、比較検討のしごとなど――に踏みこむことになると、前述の「美学抜きの芸術史」では不十分である。なぜなら、そのばあい

美学（最広義）		
美学（広義）		
美学（狭義）	芸術学　（広義）	
	体系的芸術学	歴史的芸術学
美　学 （芸術哲学）	美術学	美術史
	音楽学	音楽史
	文芸学	文芸史
	演劇学	演劇史
	映画学	映画史
	舞踊学	舞踊史
	⋮	⋮
哲学的方法	科学的方法	

の理論操作の拠り所はことごとく美学の立場から吟味されなければならないからである。そもそも芸術様式の概念そのものが、美学において精錬され、鋳造されるものである。それればかりではない。芸術史家は対象の芸術的品質に注目し続けなければならないが、そのばあい使用されるキー・ワード（key word）はすべて美学の側から吟味され、正確に定義されなければならない。もし美学との連結を失えば、表面上いかに華やかな文飾にみたされていても、学の指導理念や基礎概念が朧ろになってしまうから、芸術研究の内容は貧困になり、理論としての生産性に乏しい雑文に堕するであろう。

補助学のかずかず

既述の(三)、(四)にはさまざまな科学が補助学（Hilfswissenschaft）として参加し、美学に奉仕する。たとえば、心理学、社会学、人類学、民俗学、考古学、情報理論、弘報学（Publizistik）、物理学、歴史学、教育学などがあり、またときには数学をさえ加えて考えてもよい(6)。

ところでいまひとつ注意しておかねばならないことがある。それは芸術現象の一部分・一側面が諸科学に対して研究材料を提供するばあいがあり、しかもそれが当該科学にとってかなり重要な意味をもたらすばあいがあるということである。たとえば「芸術心理学」（Kunstpsychologie）や「芸術社会学」（Kunstsoziologie）などがその好例である。ここでは心理学や社会学は先述の補助学ではない。いずれも芸術そのものの研究であるというよりも、芸術現象を素材とした心理学であり社会学である。近年盛況を見せている芸術の精神分析もまた同様なところがある。このばあい芸術家の制作活動や表現がそれ自体深層心理の説明材料に役立てられているのである。

美学の自覚過程

美学的諸学科の体系的組織ないし相互関係の静態的説明は以上のとおりである。つぎに美学が学問として自己の立場を自覚して行く力動的過程をあとづけなければならない。一般的に言えば、まずインプリシットな美学、つまり学問としての自覚をまだ持たずに潜在的に効果をあげている美学思想が生じ、つぎにそれが実証的な芸術史の研究に発展して当初の美学思想の独断を修正するようになる。さらにこの段階を乗り越えて、理念としての美学、あるべきかたちの美学を想定するようになり、芸術史家や芸術評論家は自己のしごとをこれに収斂させ、知識の全体的統一性を実現しようと試みるようになる。このようにして美学は徐々に厳密な学問的形式を要請されて行くのである。

第五節　美学を貫く二元論的対立

前章で略述した美学的諸学科の体系的組織とは別に、美学の全体領域を貫いて幾つかの基本的二元対立（duality）が存在する。このことは美学史を省みることによって理解できる。

理念と感性

まずイデア本位の美学と感性的現象本位の美学が対立している。美学史を回顧すると、前者は古代・中世の美学の性格であり、後者は近代美学が代表している。美のイデアを探求することに力点を置いたのは、言うまでもなく古代ギリシアのプラトン（Platon, 427/8–347/8 BC）である。したがってその美学は純粋に美のイデアの形而上学になっていた。ところが近代美学では重心が次第に感性的経験に移動した。そうなると、美のイデアの形而上学的内容はむしろ空疎な形式に変化してしまい、感性的経験を統一するはたらき、つまりその限りで理論的機能だけを保存するようになった。

しかしいずれかの側に専ら美学の立場を構築することは、あまり好ましいことではない。今日の存在論的美学では、この近代的状況は打開されて、対立が止揚されなければならない。

美の学と芸術の学

この対立は古くはプラトンとアリストテレス（Aristoteles, 381-322 BC）にまで遡って認めることができる。(a)しかしこの対立が美の学のなかに吸収されると、美の概念そのものが分裂して、自然美（das Naturschöne）と芸術美（das Kunstschöne）の対立に変容した。ドイツ観念論美学においてもカント（Immanuel Kant, 1724-1804）は自然美を等閑《なおざり》にしていないが、のちのシェリング（Friedrich Wilhelm Joseph Schelling, 1775-1854）やヘーゲル（Georg Wilhelm Friedrich Hegel, 1770-1831）は専ら芸術美を重視したから、美学はただ単なる美の学ではなく、芸術美の学、したがって芸術哲学にひとしいと考えられるようになった。それ以来、西洋美学は芸術哲学を中軸として発展してきたといってもよい(7)。だが、芸術哲学というものも芸術美を研究対象とするからには、所詮美の学に帰着する。したがって美の学といえども自然美のみを扱うことはできないのであって、当然芸術美をも研究しなければならない。

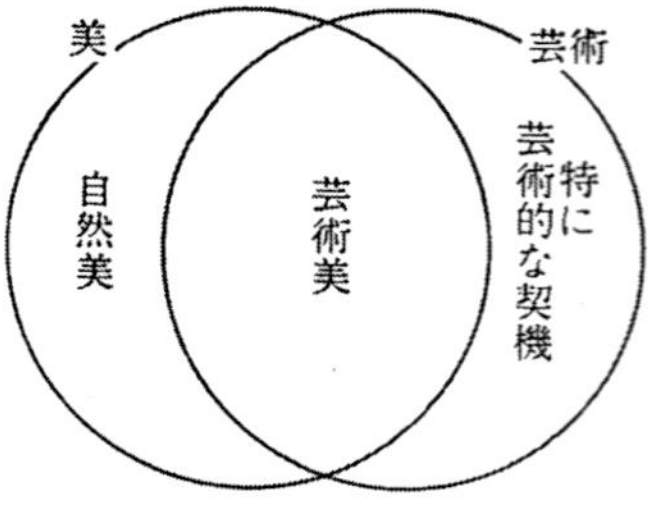

右に述べたことがらは図示したところから明白になったと思われる。

(b)二十世紀初期に新しく美学に対抗して芸術学の存立が強く主張された。これは要するに、旧来の美学・芸術哲学にあきたりない実証論者・経験主義者の側から起こされた反撃であった。しかしこの思潮は、今日では体系的芸術学のそれぞれの正しい発展によって止揚克服された。(c)それよりもむしろ今日特記しなければならないのは、体系的芸術学の基礎づけを旧来の美学にのみ委ねずに、新興の技術哲学にもこれを求めようとする努力である。後章で詳論するように、芸術もまた一種の技術 τέχνη《テクネー》 である（図のなかの「特に芸術的な契機」と述べられている部分は、「芸術的技術」であって、美の観念と結びつき易い技巧を意味している。したがってこの技術の側面から芸術の学を基礎づけようとする動向は十分な理由をもっている）。

客観的美学と主観的美学

プラトンからドイツ観念論にいたる形而上学的美学は、美のイデアや絶対的精神などを想定している点で客観主義だと評することができる。これに対し、美をほかならぬ心的事実とみなして、心理学に拠り所を求めれば、勢い美学は主観主義に傾かざるをえない。しかし美を捕捉する場がもっぱら主観的経験であると認めても、その成立条件を――心理学的にせよ、認識論的にせよ――理論的に追求して行くかぎり、そこに一種の学問的客観性が失われることはない。（主観性とか客観性という語は耳に入り易いが、美学の学的性格を修飾するばあいには、よほど注意して慎重に用いなければならない。）主観・客観の相関性（Korrelation）の方が、美学にとって、主観・客観の対立性（Gegensatz）よりも大切なのである。

形式美学と内容美学

前述の客観（主義）美学は実在対象についての経験を分析することに努めるから、研究の重点は当然美的対象（ästhetischer Gegenstand）におかれる。対象は旧来の思惟習慣によれば、形式と内容から組成されたものとみなされるから、それらのうちいずれが美を担うかに応じて、形式美と内容美とが対立する。形式美学（Formästhetik）

と内容美学（Inhaltsästhetik）の区別は右の対立に依拠している。しかし一口で形式、内容と言うけれども事態は決して単純ではない。両者はかならずしもつねに実在物のかたちと材料を意味するだけではない。しかしまた非事物的な事態や観念になると、その形式と内容を的確に区別して規定するのは難事業である。形式・内容の関係も、両者が峻別されて対立するとみるよりも、相関関係として捉えた方がよい。（なお形式・内容の相関性については第三章で精査する。）

直観美学と感情美学

美意識（ästhetisches Bewußtsein）すなわち美を把捉する意識作用に関する諸学説を整理し補完して調べてみると、直観作用と感情作用のどちらを重視するかに応じて、直観美学と感情美学に大別される。美しいものは、根本的にはわれわれが一切の媒介物・先入観を排除して、これに直接にひた向かうほかないのだから、そのかぎりで直観の対象である。つまり美はたしかに観取されるものなのである。だがしかし、右の見解と対等の資格で、美の感受・感得ということも主張できる。すなわち美は感じとられるものなのである。以上の説明から美意識の能動性と受動性の区別が、直観美学と感情美学の区別の根柢に在ることが諒解される。

第二章で詳述するように、美的直観作用と美的感情作用は決してばらばらに切り離して扱えるものではない。美学者は両者を単に対立項とは考えずに、緊密な相関項として捉えなければならない。

美学史上プラトンやプロティノス（Protinos, 204–269）は美のイデアの直観を強調し、かつ重視したから「直観美学」の祖型をなした。ところが近世以降、たとえばデュボス（Jean-Baptiste Dubos, 1670–1742）はかなり極端な感情美学を説き、イギリス経験論の立場からバーク（Edmund Burke, 1729–1794）やホームが出現して、美と快感情の関係を心理学的に分析した。さらに降ってドイツ・ロマン主義思潮から派生した「感情移入美学」には近代の感情美学を心理学的美学から集大成した観がある。新カント派のコーヘン（Hermann Cohen, 1842–1918）は心理的快感情と異なる「純粋感情」（reines Gefühl）の重要性を説いたが、これは美的なものを根源的に生産する美意識の法則性（Gesetzlichkeit）と不可分なもので、この法則性を基礎づける役割をはたすのである。このような美学説は形而上学的感情美学と呼ぶことができる。

価値美学と効果美学

美を捕捉する場所がもっぱら主観的経験であることは言うまでもないが、このことに対応して美的価値もまた当然われわれの経験的意識を場として実現されるということができる。したがって心理学的方法で美意識――つまり美的価値実現の場――を分析するのが近代美学の主潮となった。イギリス十八世紀の「経験論」哲学が美意識の心理学的分析の先駆となった。けれども哲学史上周知のごとく、カントがいわゆる「批判主義」の哲学を唱えるにいたって、「経験」そのものの可能性を問うことになった。美意識――つまり美的経験――についても、「批判主義」の立場からは、そのア・プリオリの成立可能性が究明されることになった。だからカント美学の根本問題は美意識を直接分析することではなく、美意識のまさしく美意識たる所以、つまり美意識はいかにして可能か、という認識論的条件を明らかにすることであった。この課題が心理学の水準を越えた超越論的（先験的 transzendental）な水準で問いつめられねばならないことは明白であろう（ただしそのしごとがいかに展開され、どの程度まで成功したかはここで詳論できない。cf. I. Kant: Kritik der Urteilskraft, 1790.『判断力批判』）。この思想を継承して二十世紀初頭の「新カント主義」（Neukantianismus）の価値哲学は美学の分野において専ら美的価値の自律性（Autonomie）を解明することにつとめた。このようにして、美意識を心理学的に捉えれば、美は価値として規定される以前に、むしろ対象からの触発、刺激によって生じる心的効果（psychische Wirkung）にすぎないが、美意識を認識論の方向から捉えれば、美学は美的価値の成立事情を先験論理的（transzendentallogisch）に究明することになる。このとき美という語はもっぱら価値（Wert）の側面を意味しているのである。したがって美学も、美意識に内在する効果を記述する効果美学（Wirkungsästhetik）と、美意識を超越論的に制約する価値を規範化しようとする価値美学（Wertästhetik）に区分されるのである。

第六節　美学の学的性格

前章までわれわれが学び得たのは、美学の対象と方法、美学・芸術学の広狭さまざまな意味、美学的諸学科の体系的組織、さらに美学全体の内部を貫徹している二元的対立関係ないし相関関係などについての大雑把な知識である。しかし美学がそれ自体いかにして学問たりうるか、学としての資格（wissenschaftliche Dignität）を要求しうるか、という最高、最奥の疑問はそれでもまだ十分明白になっていない。それゆえこの章ではなお若干の紙幅を割いて、できるかぎり、美学そのものの学的根拠を説明しておきたいと思う。しかも、このように自己自身の成立の可能性を証明するのは、一般に哲学的諸学科の義務でもあり、同時に権利でもあるから、哲学的美学もこのしごとを避けて通るわけにはいかないのである。

美学と理性

私見によれば、美学は美的理性の自己省察の記録である。さまざまな自然美や多様な芸術作品の根柢においてそれらを成立させている、いわば美的理性がその自己同一性を証明して行く過程を書き記す作業である。美学の学的根拠はこのことを措いて他に求められない。

もし美が、理性から厳しく区別された意味での感覚や欲求によってのみ実現されるものなら、美の成立はひとえに非合理的根拠によることになってしまうから、およそ理性が介入する余地はない。けれども美学は単なる美的経験ではなく、紛れもない学問なのだから、やはり理性の営みであって、その理性のおかげで、美はまさに美としての資格を獲得できるのである。

さて、美と美学のあいだには、非理性的なものと理性、非合理と合理、というあい容れない対立ないし矛盾が生じることになる。しかもこの矛盾はときにはまったく埋めがたい溝渠のごとくにすら感じられるだろう。

この溝渠を埋める作業はすでに十八世紀の啓蒙主義哲学にとってすこぶる重要な課題であった。かのバウムガルテンの「美学」(Aesthetica) の構想は、実はこの課題に答えるための大胆な試みであった。バウムガルテンにとっては、「感性的認識」(cognitio sensitiva) は「知性的認識」と同様な論理性の支配下に置かれるものであった。そしていわゆる下位認識能力 (facultas cognoscitiva inferior) の論理学を独立させたとき、それが「美学」と呼ばれたのである。このとき下位認識能力として、さまざまなはたらきを示す感性は、「理性類似者」(analogon rationis) なのである。バウムガルテンの「美学」はこの理性類似者たるもろもろの感性の学術なのである。——しかしこのような啓蒙主義的・合理主義的見解は、いわば感性と理性とを同じ平面に並べて、両者の境界を不明確で朧ろげなものにしてしまった上で、相互浸透をはかったものだと言える。もともと美的理性——とわれわれが呼んだもの——はこのように感性と対等の立場で拮抗したり、融合したりすることを自己の使命とするのであろうか。美学が要請する理性は、非合理的対象を徒《いたずら》に分解したり、破摧したりするためのものではない。非合理的なものを踏み躙《にじ》るのではなく、むしろそれを包み育む機能として要請されなければならない。いわば包越的な理性である。この包越的理性は、美の実現に関与する一切の感性的活動をそのまま包み込み、しかもその根拠についての反省を可能にする。それゆえ美的理性は、また美的主体の根源について、われわれ自身の自覚を深めるはたらきでなければならない。

多様な現象の根柢に存在するもの

美や芸術の現象形態はまことに多様である。美しいもの、美的対象は数かぎりなく、夜空の星の数にたとえられよう。だが表面上いかに雑多な差異を示していても、一歩踏みこんで熟考すれば、それら無数の現象形態に共通した法則や原理が働いているのに気付くに違いない。後章で述べる、美や芸術の諸類型はまさしくこのような原理の自覚から獲得された成果なのである。ただしこのような原理はかならずしも唯一無二ではない。原理の世界もまた深浅の層位に分節していると言ってもよい。それらの一切をあるがままに露呈させ、しかもそれを究極的な統一性において把握するのが、美的理性に課せられたしごとなのである。美的理性は、このようにして、美や芸術の現象世界に体系的な統一性を約束するものとして要請されなければならない。

ところで美や芸術の現象形態はまた歴史的に変化する。しばしもやまずに流転《るてん》する。美的理性はただ単に美や芸術の現象の背後に存在する原理の世界を露呈してみせるだけではなく、この原理の実在化・客観化の過程をも説明してみせなければならない。これが美的理性に課せられた第二のしごとである。かくのごとく美的理性は美感や芸術の歴史を貫徹する最高の理法でなければならない。このようにみるかぎりにおいて、美学はやはり芸術史の研究の究極にもひらけてくる学問なのである。(8)

美学における哲学的精神

ところで前述のごとき「美的理性の自己省察」は、哲学が本来その使命とするものに背いてはいない。なぜなら古代ギリシアのデルポイのアポロン神殿の柱に掲げられたことば「汝自身を知れ」（γνῶθι σαυτόν）を哲学の最高命題と解したソクラテス（Sokrates, 469–399 BC）やその哲学的信条を継承しているローマ帝政期のストア派のエピクテトス（Epiktetos, c. 60–c. 138）――かれには「自分で自分自身を研究すること」（αὐτὴ αὐτὴν θεωρητική）ということばがある――、またソクラテスの思想とその表白態度を「無知の知」（ないし「知ある無知」docta ignorantia）という概念で捉えなおして自己の哲学の中枢にすえたニコラウス・クザヌス（Nicolaus Cusanus, 1401–1464）らは、すべて理性的自己省察を哲学の課題とみなしているからである。美学もまた美的理性の自己省察であるかぎり、最高の自覚の道を歩む哲学の一部、いな哲学そのものであることを否定することはできない。

さらにことばを換えていうなら、美学は人間存在の一部分ないし一側面を究明する学問であって、人間存在の全体を解明しようと企てる哲学の営為に関わっている。美学が照射した人間存在と超人間的存在ないし絶対者との関係を究極的に研究するのは哲学そのものの課題であるが、古来、美学も間接的に、あるいは一定の制限のもとに、この課題についての発言権を保っているといってよい。

第二章　美について

第一節　美の学的探求

美意識の究明へ

美を客観的に、しかも簡潔に定義することは至難のわざである。だが、美を典型的に示す人間の営みが芸術だ、という意見に反対する人は少ないだろう。芸術の起源は人類の発生と同様に古いが、芸術作品に現われた美の種々相をあますところなく包括できるような美の概念をつくりあげるのは容易なしごとではない。

それゆえここで便法を講じて視線を逆転してみよう。すなわち美を客体の側に探るのではなく、美を感じとる主体の心について省察するのが得策である。近代美学は美の心的事実を重要視するようになって来たから、そのかぎりで美学は主観化の道をたどったと言うことができる。（このことについては第一章、第五節を参照してほしい。）われわれは美の定義を下すしごとに没頭しないで、「美意識」(ästhetisches Bewußtsein) ないし「美的体験」(ästhetisches Erlebnis) を扱う道を選びとりたいと思う。

美意識の二重構造

前述のように美意識に狙いを定めるとき、次に示すような二重の問題が浮かび上ってくる。

(1)　美は、意識もしくは体験の特別な種類を規定する形容詞として用いられることになる。すなわち他の種類の意識・体験から美意識・美的体験を区別するための、意識構造・体験構造の形式特徴をさし示すことになる。簡単に言えば、「美的な」意識・「美的な」体験の特徴が問題となるのである。しかし、このばあい美意識・美的体験をその種概念とするような意識一般・体験一般という類概念をいったいどんな構造のものと考えたらよいか、という問題が背後にひかえていることを忘れてはならない。

(2)　もう一つ重要なことがらがある。美は――いま述べたような、意識・体験の形式であるのみならず――その内容でなければならない。すなわち今度は「美的なもの」の意識・「美的なもの」の体験でなければならない。このばあい美的なものは美的価値 (ästhetischer Wert) と言い換えてもよい。われわれはさまざまな価値内容をもった体験をするが、美的体験はまさしくそれら価値体験の一種であって、他種の体験から美的体験を区別するのは、まさしくその内容である。そして今度は、美的価値を種概念として含む価値一般という類概念が問題の背景に現われる。

価値と体験

ところでよく考えてみると、前述の「美的な」体験形式といえども、まさにそれが「美的」であるからには、やはり価値の観念と無縁ではありえない。つまり価値の観点からみるかぎり、美的価値は体験内容にも体験形式にも関係するのである。したがって美的価値に関係しない体験は、いくら精密にこれを分析してみても、その成果は美学者の興味をひかない。美的体験の形式にも内容にも触れて来ないものは、「美的外」(außerästhetisch) のことがらにすぎない。

以上述べたことがらを図示してみよう。(a)「美的な価値体験」においては「美的」は価値体験の形式であって、理

価値一般
- 美的価値
  - 美的な価値体験
  - 美的価値の体験
- ……………………
- ……………………

体験一般
- 美的体験
  - 美的な価値体験
  - 美的価値の体験
- ……………………
- ……………………

論的な価値体験、倫理的な価値体験、宗教的な価値体験などと肩を並べるが、その特徴は——後章でみるように——美的判断の構造を手掛りにして捉えることができる。(b)それに対して「美的価値の体験」においては「美的」は価値体験の内容である。このばあいは理論的価値の体験、倫理的価値の体験、宗教的価値の体験と並ぶが、理論的価値や倫理的価値などがはたして体験と切っても切れない関係を結ぶか否かは少々疑問である。この点についても後章で詳論してみたい。

ところで美的価値体験の内容と形式の関係はまだ何一つ明らかになっていない。そして内容への問いと形式への問いとがまた一個の循環論法を生み出すことになる。したがってわれわれは次章において美についての漠然たる観念——しかも熟知・自明の通念——から出発するという当初の方針に従い、「美」やそれに関連した若干の語彙の検討を実行しようと思う。(9)

美意識のどんな位相を考察するか

美意識を研究するに際して、（1）すでに成立し終えた、いわば完了相（Perfektum）にある美的体験を対象に選ぶのか、それとも（2）発生・消滅の過程における、いわば未完了相（Imperfektum）にある美的体験を対象に選ぶのかを慎重に区別しなければならない。心理学的研究方法を採ればたいてい完了相を考察対象に選ぶことになる。また哲学的方法を採ってもやはり完了相にある美的体験の本質（Wesen）もしくは構造（Struktur）の把握につとめるばあいが多い。たしかに哲学が「本質学」として力を発揮するのはこのばあいであろう。しかし哲学が「超越論」としてはたらくかぎり、美的体験の未完了相、すなわち動態的・発生的過程が究明されなければならず、また究明されうるのである。

美的体験の発生過程と特にここで言うのは、歴史的意味の発生でもないし、また心理学的意味の発生でもない。

だからたとえば太古のある時期に人類が土器の文様に美を感じるようになったらしいとか、織物・編物のつくりなす紋様に美感が育まれたろうとか推測することが問題なのではない。またこの過程を個人の発達心理学的研究の上に移して、幼児期から美感がどう発達するかを——児童画などの考察を利用して——実証して行くことでもない。つまり historisch-genetisch, psychologisch-genetisch ということではなく、むしろ哲学的発生的、philosophisch-genetisch に問題にして行くことなのである。

このような未完了相の美意識は動きのなかに捉えられるのであるけれども、その動きは美意識がいかにして美意識となって行くか、そしてその美意識が頽落してその資格を失って行くかということのなかに現われてくる。われわれはこのような美意識そのもののおのずからなる運動の根拠を究明する必要がある。

かつてカントの美学やその方法を継承した「新カント主義」の美学は、美意識のアー・プリオリの可能性を意識そのものの形式的制約として追求したが、これだけではわれわれの右に述べた要求はまだ十分にみたされない。なぜであろうか。かりに美的体験が一旦ある人に成立したとしても、それが永続するわけはない。批判主義哲学の立場からは、そのようなことがらは単なる経験的事実として片付けられるかもしれない。だが、美意識の運動もしくは生命は美意識そのものの本質に関わることではないだろうか。体験者が自覚するか、せぬかにかかわりなく、美的体験が高潮から退いて緊張を失い、頽落のはてに本来の美的意義を失い、口先だけの美的体験に形骸化してしまっている事例もありうる。これらの現象は単純に経験的事実として葬り去られるにはあまりに重大な、美意識存在の本質なのである。

それゆえわれわれはこのような繊細微妙かつ具体的な現象を手掛りにして、美的体験の存在論的な出来事（Ereignis）を研究しなければならない。そしてそのような出来事がわれわれ人間存在に対して、いかにして可能となるかを考え抜きたいと思うのである。

第二節　美の語義について

美についての通念は時代の世相が移り変わるにつれて変化する。日本語の美およびそれに関連のふかい語彙の用法について、ここで一瞥を与えておくことはどうしても必要である。

国語学者の研究成果を勘案すると、まず「うつくし」の最も古い語義は『日本書紀』や『万葉集』の和歌に現われているように、肉親として抑えがたい愛情が相手に注ぎかけられたときの感情表出である。平安時代に入ると、『枕草子』第百五十一段に「なにもなにも、ちひさきものはみなうつくし」と述べられ、そのみごとな実例が多く挙げられているところから察せられるように、小さな対象に寄せる一種の愛情として――つまり肉親や恋人に向けられた限定された感情よりも多少拡張された一般性の濃い愛情として――表出されている。つまり今日でいうところの「かわいらしい」という意味になる。鎌倉時代以降になって、今日の「美しい」、「綺麗な」という意味が強まってくる。たとえば『平家物語』では楓《かえで》や櫨《はぜ》などの「色うつくしうもみぢたるを植へさせて」高倉天皇が終日鑑賞されたとか、安徳天皇が年の頃よりずっと成人で、「御かたちうつくしく、あたりもてりかかやくばかり」であったという風に用いている。しかしまだ「かわいらしい」の語義とのあいだに動揺が認められる。その後室町時代以降、「きれいさっぱり」という意味も加わった。たとえば十七世紀初頭ポルトガル人によって著された『日葡辞書』(Vocabulario da Lingoa de Iapam, 1603)には「ネコガウツクシウクウタ」という用例が掲げられている。猫が餌を一物もあまさず食った、というわけである。状態についてはそうであるが、心情に関していえば、「こだわりのない」ありさまを指しいる。

「うつくし」と類似した語に「うるはし」がある。これは一般に対象の客観的品質について述べる語であるとされるが、くわしく言えば、単に感覚的に美麗であること以外の要素が同時に含まれているのであって、「大和しうるはし」というような万葉風の語法や、「うるはしの海」という用法には、たしかに「立派さ」が含意されている。このことは人物を対象としたばあい一層明瞭になる。すなわち礼儀正しく、容貌が端正で、いわばフォーマルな感じにみちた立派さを指すのである。道徳的に善良か否かまでは判然としないが、人間的な価値の高さを感じさせる対象を賞讃して言表することばである。したがって「うるはしの姫君」などというのは美質のほかに人間的な立派さを指し示していると言ってよかろう。

ところで立派さ、尊さなどは超人間的な神的威厳にこそ典型的に感じられるであろう。その荘厳性を含意するのが「いつくし」である。この語はそのまま今日の美感につながらないが、そこにはなお非日常的な、ただならず美しいものについての述語としての用法の生じる余地もあったようである。そして平安時代・鎌倉時代には「慈《いつく》しみ」という慈愛の意味が生じ、親身の愛情で対象をいとしむありさまを指すようになると、前述の「うつくし」の古義から派生した「うつくしみ」と混同されるようになる。

さらに「うつくし」の原義が発動する動機として、悲痛なかなしみ、悲傷などがあらわになるばあいも多い。切ない情感はその対象の亡失において堪えがたい悲嘆になる。『日本書紀』には八歳の皇孫を亡くした斉明天皇が、いたみ悲しんで紀《き》の温湯《ゆ》に旅しつつ「山越えて　海渡るとも　おもしろき　今城《いまき》の中《うち》は　忘らゆましじ。水門《みなと》の潮《うしほ》の下《くだ》り　海下《うなくだ》り　後《うしろ》も暗《くれ》に　置きてか行かむ。愛《うつく》しき　吾《あ》が若き子を　置きて行かむ」と詠んだのはその例である。また、いとしいものに対して、いとしいながらもうそれ以上どうしようもない極限の愛惜を覚えるとき、「をし」の意を含めて「かなし」ということばになる。『伊勢物語』第八十四段に「ひとつ子にさへありければ、いとかなしうし給ひけり」という、老母の宮仕えする息子に対する愛情が述べられている。

以上に述べたことがらを多少整理してみる。まず感覚的な美が考えられている（「色うつくし」など）。そのほかに、道徳的・人間的な価値との関わりにおいて、堂々としていたり、端正であったり、礼儀正しかったりする人物に現われる美がある（「うるはし」）。

それらはどちらも客観の側の品質を言表しているが、主観の側の反応をみると、対象への情愛が中心になって、特に幼く小さな対象に対しては可憐さの感情が強まってくる。

また別の角度から観察すると、感覚的な美を成立させるためには一種の純粋性がなくてはならず、不純な因子、残滓《し》や汚れ、夾雑物が排除された状態が「うつくし」とよばれる。（ただし現今の語義で、衛生的な綺麗さとは関係しないことに注意しておこう。）

対象への情愛がさらにこまやかで切ないものになるための動機に、悲哀の契機が認められる。この「かなし」い程の「うつくしみ」・「いつくしみ」が、かえって絶対的優越者ないし超越的存在の威厳を示す近よりがたい美、「いつくし」と内容的に通じる可能性を秘めている。

このように見ると、感覚的な美を中心にして、その周辺にそれを——対象的にか、主観的反応においてか——変容して得られる諸種の品質が縺れ合っていて、日常の用法では強いて理屈をつけて細かく区別せずに、これらの諸品質をすべて一括して「美しい」と呼んでいるのである。

右に述べたような美の語義の錯綜は日本語のばあいにかぎらない。近代ヨーロッパの各国語、たとえばわれわれに比較的なじみ深い英・独・仏語についても、美に類縁ある語彙にそれぞれ固有の品質指示の能力が認められるだろう。特に「美」が同時に一般的な価値性そのものを指し、「良」、「好」などとほぼ同様に用いられることもたしかである。

時代を遡って古典ギリシア語の形容詞 καλός は「美しい」と訳されるほか、「立派な」、「みごとな」、「結構な」という訳語をこれに当てねばならぬばあいが多い。（これは前述の日本語の「うるはし」の一側面と酷似している。）このようにまだ細分化されない価値、未分化的価値を積極的に言表するのがギリシア語の καλός であるから、道徳的な徳性を示すアガトス（ἀγαθος）とも直結して、「カロカガティア」（καλοκἀγαθία）という複合的観念も生じた。強いてこれを日本語に訳せば「美善」ということになる。

　アリストテレスは『ニコマコス倫理学』（Ethica Nicomachea）において「美（τὸ καλὸν）は徳（ἀρετή）の目標（τέλος）である」（Ⅲ, 7, 1115b, 2-3）と述べ、また美が「あらゆる徳に共通している」（Ⅳ, 2, 1122b, 8）とも述べている。美は徳性から突出した冠冕《かんべん》でもあり、また徳性の地盤として拡がってもいるのである。この事実から推知できるように、美と倫理は古代ギリシア文化では切り離ちがたく融合している。古典学者イェーガー（Werner Jaeger, 1888-1961）が主張するように、美的なものと倫理的なものとがまだ十分区別されないのは、古代ギリシア的思惟の特徴である。

　以上はごく大雑把な考察にすぎないが、ここからおおよそ次のような結論を導くことができる。

（一）美はしばしば価値一般の積極性を代表する。あるいは少なくとも未分化状態の価値性、漠然とした価値全体性を意味することができる。

（二）美は多くのばあい客観的・感覚的な品質の純粋性を意味する。

（三）美は主体が自己を棄てて対象にひた向かい、対象に帰依し、自己を対象に投入するところに生じる。

（四）美は客体の威信や立派さに打たれた主体が、客体からある程度の距離をとり、その距たりを自覚するところに生じる。

（五）美は非日常、超日常的なものとのふれあいのあかしのように感じられる。

　右の各事項は、美的体験の価値内容を推知するために重要な手掛りとなる。勿論これらは各民族に固有の感性や精神態度にふかく関連しているが、さりとてことばの用法を調査して、いかに豊富に資料を蒐めてみても、それだけではすぐに美学は作れない。所詮それは美学の準備作業以上に出るものではないのである。けれども、そのようなしごとは、われわれを美の世間的通念から連れ出して学的概念へ向かわせてくれる。つまりわれわれの研究を方位づけて、単なる好事家的興味を越えた学問的確信を与えてくれるのである。

第三節 美的現象

感性的現象から美的現象へ

美は、その用語法からいえば、「美しい人」、「美しい花」、「美しい絵」などのように形容詞として名詞を修飾し、事物の性質（品質）を言い表わす。すでに第一章第五節でふれたとおり、美学は美を単なる客体の性質として片付けたり、逆に単なる主観の反応として捉えたりはしない。主観・客観の相関関係のうちに美を捉えようとするのであった。換言すれば、美の所在は主観もしくは客観の一方に偏らず、両者間に存立する感性的現象のうちに求められるのである。右の例が示しているように、個別的《インディヴィデュアル》かつ具体的《コンクリート》な感性的現象のうちにこそ美が成立するのである。個別的・具体的現象を無視して、はじめから一般的・抽象的観念としての美を認識する道を求めることはできない。換言すれば、美はあらかじめ抽象的観念として存在するのではなく、あくまでも感性的地平のうちに具体的に現象し、われわれはそれが現象するたびに、それに気付き、それと遭遇するのである。（拙著『美意識の現象学』中の「第三章 美との遭遇」参照）

近世美学が既述のごとく「感性学」（Aesthetica）として出発したのも、いま述べた意味での感性的現象の重要性を確認したからである。つまり、感性的現象は美的現象の成立するための必要条件なのである。しかしすべての感性的現象がそのままただちに美的現象となるわけではない。美を成立させ、美しさを支えるような感性的現象は量的にも質的にも制限されている。逆方向からみれば、美的現象は感性的現象に限定を加えてこそ成立ち得るのである。

量的制限について

どんなに美しい楽曲のレコードやテープも、もし非常に音量を大きくして聴けば、ついには生理的に耐えられなくなるだろう。耳を聾せんばかりの音量は、たとえそれが楽音であっても、決して快くは響かない。美しく聴けてこそ美しい楽曲だといえるのであろうが、そうなるためには、どうしても適正な音量で演奏しもしくは再生する必要がある。つまり美は適正な量的制限を受けなければならない。この適正性（suitability, πρέπον）は聴者の生理・心理的特性にもとづく個人差を示すだろうし、また聴取環境の変化——居間、書斎、サロン、音楽堂、聖堂、野外など場所の差異や、昼間に聴くか夜間に聴くかの区別など、種々さまざまの環境変化——に応じても動揺するし、楽曲の種類、楽器の種類や編成などいろいろな純音楽的契機の変動につれても変化するだろう。

それゆえ唯一絶対の音量適正度というものは存在しないし、ましてこれを一定の数値としてあらかじめ指示できるわけはない。たとえその数値が計測可能で何フォンと表わせても、その結果は統計的許容範囲として幅をもたせるべきであろう。大体のところはケース・バイ・ケースに決めるよりほかない。

視覚についても、その刺激の量的制限を聴覚のばあいとほぼ同様に考えることができる。たとえば光があまりに強く輝きすぎると、徒らに眼を刺激して苦痛をもたらすばかりである。晴天の陽光は空にも地にも満ちてまことに悦ばしく快適であるが、それが眩しすぎると苦しくなる。肉眼で真昼の太陽を直視すればたちまち苦痛をおぼえるだろう。さりとて、暗黒に近い風景や室内では視覚的な美はやはり成立たない。つまり感覚の内容は快であっても、作用は不快であるというばあいがありうるのである。明暗については、その刺激のとりあわせが適切で、明るさが過度にならないよう、また暗さが過度にならないようであるときに、はじめて明るさの美や昏さの美が成立ちうるのである。

アリストテレスはその著『形而上学』（Metaphysica, 1078b.）で美の主要な形式をとり出し、秩序（τάξις）と比例（συμμετρία）と被限定性（τὸ ὡρισμένον）を挙げているが、この被限定性というのは、対象の大きさが全体として限られていなければならない、ということを意味している。アリストテレスによれば限定された大きさをもつ対象だけがわれわれによって快適に知覚されうるし、われわれの心を喜ばせることができる。美とは、このような知覚にわれわれを導くものなのである。このアリストテレスの美論は、対象の被限定性を正面に打ち出しているのみならず、感覚的受容作用そのものの制限をも語っているのだ、と解釈することができる。このようにして古代美学においても、インプリシットにではあるが、感覚の量的制限が美の成立条件の一つであることが確認されていたのである。感覚刺激の制限ということがらそのものに即して、われわれが熟考すれば、まさしく感性の中庸が美を条件づけるのだ、と言ってよい。

質的制限について

感覚的刺激の量的制約が美を成立させる条件である所以は、右に述べたことがらから判明した。そして、適正な制限を蒙った刺激に対する反応効果は快適でなければならない。だが感覚的刺激が快を生み出したとしても、その快は決して単純一様のものではなく、種々の快が細かく析出されるだろう。たとえば触覚、味覚、嗅覚などが生み出す快と、視覚、聴覚が生み出す快とでは性質上差異が認められる。一口でいうと前者は感覚器官の上に生じているのに、後者はむしろ精神の上に生じるのである。

すべすべした、柔かい嬰児の皮膚にふれればたしかに快い感触が指さきに生じる。鮫肌に触ると不快が生じる。まろやかに熟成したチーズの味は舌にこころよい。これらの快感・不快感は感官器官上に局在化（Lokalisation）するのである。それゆえ感官的快・不快と呼んでよかろう。

ところが視・聴二覚においては、快感は決して網膜や鼓膜に局在化するのではなく、意識もしくは精神とよばれる一層内面的なもの――勿論、解剖学的には実在しないもの――に生じるのである。無論、さきの触覚・味覚・嗅覚が内面的な快と無縁だとはいい切れない。たとえば嬰児に頬ずりする母親はその触覚的快感にとどまらず、それを越えて、心身を打って一丸とした全体的な状態――すなわち気分――に高め、自分の身のうちから湧き出る幸福を体験するに違いない。またワインやブランデーの香気は味と合体して、爽快な気分をかたちづくり、われわれの生命力を鼓舞するであろう。

しかしこのような心身の全体的協力が成立つばあいはかならずしも多くはないのであって、たいていそこまで発展し切れずに、さまざまな障碍に妨げられて、単に感覚器官の上に快の印象を生んだまま、その力を次第に失っていつしか消滅する。これに反して視覚・聴覚の快はいつでも内面性を備えているから、精神的快・不快と呼んでいい。美的快はまさしくこの精神的快に属しているのである。

さてこのように快感効果に焦点を絞って考察すると、感性的刺激の質的制約が美の成立条件の一つであることがよく判る。精神的なもの、内面的なものに支えられている美的快は――感官的快に比べると――はるかにながく持続することができる。比喩的にいえば、前述の量的制限が水平次元での領域画定であったのに対し、この質的制限はこれと直交する垂直次元に沿うもので、高さもしくは深さという語で表現されるにふさわしいかもしれない。リップスはすでに心理学的立場から、快適と美の差異を析出するにあたって、深さ（Tiefe）をその目安にした。それ以来、深さの次元を心理学や哲学の立場から解釈して、その美学上の重要性を指摘する学説が現われている（cf. Th. Lipps: Ästhetik, 1903-6; M. Geiger: Oberflächen- und Tiefenwirkung der Kunst, 1923, in: Die Bedeutung der Kunst, 1976, M. Dufrenne: Phénoménologie de l'expérience esthétique Ⅱ, 1953. 拙著『美意識の現象学』昭五九）。

かくのごとく、美的現象は感性的現象のうちにあって、狭く限定されてはいるが、深い現象だ、ということがわかった。

第四節　狭義の美と広義の美

学術用語としての美の二義性

前章までに述べたところから、美が単なる感性的現象よりも狭い範囲に成立することがわかった。しかも古来の語法が示唆していたように、美が実際にはさまざまな名称でよばれ、多種多様な品質を含んでいるらしいことも朧げながら予測できる。多くの近代美学説はこの事情を考慮して、学術用語としての美の概念を広狭二義に区別している。

現代の日本語ではこの二義を明確に区別する呼称をみいだすのは難しいが、近代の印欧語族系言語（Indo-European language）では、両者をまったく異なったことばでよんでいる。代表的なものを次に表示してみる。左はいずれも形容詞として用いられる形である。

	広義の美	狭義の美
英	aesthetic	beautiful
独	ästhetisch	schön
仏	esthétique	beau
伊	estetico	bello
日	美　的	美しい

aesthetic, etc. 〈aestheticus〔ラテン語〕
〈αἰσθητικός〔ギリシア語〕

広義の美

語源的にみれば、既述のごとく、広義の美（das Ästhetische）は「感性的」ないし「直感的」というにひとしい。広義の美のうちには、直感的に捉えられる品質がさまざまなニュアンスを帯びて美的価値を実現している。この多様な品質のニュアンスを特定の確実な原理にもとづいて類型として固定させるしごとが美学に課せられる。そのしごとが成功して、獲得された諸類型の体系をさして、われわれは「美的範疇」(ästhetische Kategorien) と呼ぶことにする。学者によってはこれを「美的基本形態」(ästhetische Grundgestalten)、「美の様態」(Modifikationen des Schönen)、「美の諸概念」(Begriffe des Schönen)と呼んだこともあった。

すぐ後に述べる狭義の美は、この美的範疇に含まれるからこそ「狭義」なのである。しかしそれはただ美的範疇の一種であるばかりではなく、他をさしおいて美的範疇を代表し、美的範疇の基軸となり、中心を占めるものである。だから他の多くのニュアンスに彩られた美をさしおいて、「美」といえば端的にこの狭義の美を指示するのが一般の風習である。この事情は日本語のみならず、他の外国語においても同じである。

広狭二義の美の包摂関係を――いわゆるヴェン図式 (Venn diagram) を用いて――図示すれば次図のようになる。すなわち「美的」の領域の中心に「美」が来て、その他の美的範疇がその周囲をとりまく。

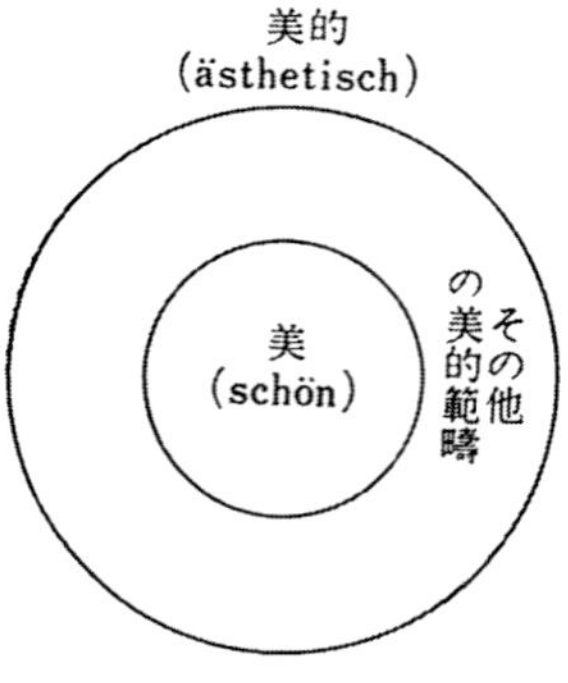

狭義の美

狭義の美の位置付けは上述のとおりであるが、狭義の美 (beauty, Schönheit, beauté) がいかなる性質のものか、またこれに比べて他の美的範疇がいかにこれから逸脱しているかを簡単に調べておかなければならない。

前章ですでに美が一定の精神的快感の効果を生み出すことをわれわれは知り得たから、ここでは快感成立のしかたに関連づけて、右の課題にとりくんでみよう。狭義の美は、心に何の蟠《わだかま》りや葛藤も惹き起こさないで、すこぶる円滑な心の動きを誘い出し、促進し、その結果快を感じさせるのである。ただしそれだけならまだ後述する「機能的快」とかわるところはない。如上の快感をもたらす心的諸要素が調和（Harmonie, ἁρμονία）しているからこそ美なのである。したがって狭義の美は調和という哲学的原理によってその快感の由来を保証されているのである。

調和という原理は宇宙論的原理である。人間はそれ自身一個の小宇宙（Mikrokosmos）だから、この原理を受け容れることができる、と考えられる。近代美学ではカントは、かれのいわゆる「表象力」（Vorstellungskräfte）相互間の調和関係が美的感情の成立の根柢にあると考えたが、この調和説はライプニッツ（Gottfried Wilhelm Leibniz, 1646–1716.）やイギリスのシャフツベリ（Anthony Ashley Cooper, 3rd Earl of Shaftesbury, 1671–1713.）まで遡って勘考すべき問題であり、さらには遠く古代のプラトン哲学にその起源を探ねるべき問題である。調和原理の哲学的由来については右のような美学史的事実に注意しなければならない。

ところで通常、美的範疇に数えられている多くの品質は、狭義の美のようにすぐさま無葛藤の調和的心的状態を獲得するわけではなく、複雑な内面的・構造的屈折ないし歪曲を蒙ったのち、究極的に調和を恢復しているのである。狭義の美以外の美的範疇としては、崇高（das Erhabene, the sublime）、悲壮（das Tragische, the tragic）、滑稽（das Komische, the comic）、フモール（Humor, humour）などを挙げるのが普通であるが、ときには狭義の美すなわち純粋美（das Reinschöne）にかなり接近した優美（Anmut, Grazie, grace）を数え入れたり、特性美（das Charakteristische）や醜（das Häßliche, ugliness, laideur）をさえも美的範疇に積極的に含ませることもある。これらの諸範疇の対象は、純粋美の対象のように直接に調和的快感をもたらすのではなく、むしろ調和の体験を一旦破壊し、快を否定しながらも、それでもさまざまな契機においてこの非調和性や不快感を止揚して、より高次元での調和的快感を回復する。

美的範疇を体系的に組織する理論、すなわち美的範疇論は近代美学、特にロマン主義美学以降に形成された。その根本的着想は十八世紀のイギリス経験論美学、特にバーク（Edmund Burke, 1729-97）の『崇高と美について』（A Philosophical Inquiry into the Origin of Our Ideas of the Sublime and Beautiful, 1756）やホーム（Henry Home, Lord Kames, 1696-1782）の大著『批評の要義』（Elements of Criticism, 1762）に認められる。カントの『判断力批判』もやはり美と崇高を区別し、両者をある意味では対立的に取り扱っている。美的範疇論はその美学者が依りどころとする哲学的立場の差異を反映して、種々異なった体系化がなされるが、日本人とかインド人、中国人、ヨーロッパ人など諸民族にそれぞれ固有の感受性があり、時勢の方向によって内容が大いに変ってくる。(10) また美学者自身どのような傾向の美意識を尊重するかも影響するに違いない。

醜の問題

それにしても醜を広義の美に含めることは矛盾ではなかろうか。一見たしかに矛盾とも思えるこの理論的処理は、一歩踏みこんで考えると少しも不思議ではない。省みれば、醜悪という漢語が暗示しているように、醜は倫理的消極的価値（悪）と結びつけて表象されるばあいが多く、醜いものの存在することは同時に悪いことであるかのごとくに考えられがちである。また醜は不朽の真理の反対物たる虚偽とも結びつけられて表象されることがある。要するに両方のばあい、われわれは価値的消極性を感じとっているのである。美学では価値的積極性を美と呼ぶのであるから、醜という語はその反対物、価値的消極性、反価値(Unwert)を意味している。ドイツ語では醜のことをHäßlichkeitと呼ぶが、これは憎む、嫌うという意味の動詞 hassen に由来する。ところで愛憎の情念は感性的現象としてまことに強烈なものであるから、醜もまた美に劣らず、はなはだ強く明瞭な印象を与えるのである。それゆえ「感性学」から出発するかぎり、美学はこの強烈な感性的現象であり同時に価値的消極性を示す醜の問題を勝手に排除したり、避けて通るわけにはいかない。(11)

十九世紀のなかばに、ヘーゲルやF・T・フィッシャー（Friedrich Theodor Vischer, 1807–87）の学統を汲むローゼンクランツ（Karl Rosenkranz, 1805–79）は『醜の美学』（Ästhetik des Häßlichen, 1853）を著している。かれの説くところでは、美の形而上学において美の理念を分析するとき、醜の研究は決してそれから切り離せない。醜は「消極的な美」（das Negativschöne）としてそれ自体美学に含まれるし、また美学を措いて他に醜の研究を託すべき学科も存在しない。したがって醜の美学は必要である。

ローゼンクランツによれば醜は美と滑稽の中間に位置し、それ自体としての完全な発展形態は「悪魔的なもの」（das Satanische）に極まる。また別見地からみると、自然や精神や芸術に醜が現出すると言えるし、醜の種類は三分されて、「没形式性」（Formlosigkeit）、「不正確性」（Inkorrektheit）、「奇形性」（Defiguration, Verbildung）になる。

醜は（1）まさに醜なる対象として考察されるばあいのほか、（2）芸術的表現の重要な契機にもなっている。この契機があってこそ芸術表現全体のなかで美がことのほか引き立てられることにもなる。そして近代芸術のなかには、醜をむしろ人生の不可避、不可欠の要素であるとみなして、ことさら醜悪面を活写しようとする傾向が認められる。たとえばバロック芸術や自然主義的芸術、また実存主義的思潮に沿った芸術などのうちには、醜を排除するどころか、むしろ逆にこれを好んで迎え容れようとする傾向も認められるのである。（3）また醜は美的領域における反価値だから、美的領域全体において美とまさしく正反対の極点に生じているといえる。この醜が美的範疇に及ぼす影響は決して無視できないのであって、調和的な快の体験の流れが――つまりそれは純粋美の体験の流れであるが――一時的もしくは部分的にもせよ、堰《せ》き止められるとき、その原因は反価値性としての醜である、と言われることもありうる。調和的快感が一旦は破れて、それがさまざまな契機において再度回復されるところに美的諸範疇が生ずるのだ、ということをわれわれはすでに学んで知っている。したがって美的範疇の分化の原動力になっているものが醜であり、諸範疇はいずれも純粋美に比して醜の要素を多かれ少なかれ含んでいると言ってよかろう。美の諸形態たる美的範疇はそれゆえ裏がえしにしてみれば醜の諸形態でもあるのである。このように解釈するかぎり、本来の純粋美を種々の方向へ牽引し、種々の局面へ誘導し、純粋美に歪曲を生ぜしめ、変容を加えるものとして醜を捉えることもできる。この強い力が何に由来するかを問うのは哲学的なしごとであるが、宗教や道徳の根本問題と共通の深刻性をそこに認めなければならないであろう。

要約

以上述べたことがらをかいつまんで言えば、狭義の美（純粋美）に対して広義の美を考えることができ、前者が美的領域の中心を占める美であるのに対して後者はその周辺に分散した種々の美であり、さらに前者が調和的快感をもたらす純粋な美であるのに対して後者は何らかの動機（たとえば醜に属する動機）でこれを否定し変容した美を含んでいるのである。

「美的」と「美」との包摂関係

一般に今日では既述のごとく「美」は「美的」に包含されると考えられている。しかし「美」の概念規定のしかたによっては、この包摂関係が逆転するばあいもありうる。

古代ギリシアの哲学文献においては、今日の用語法で「美しい」という形容詞に相当する καλός という語が、主として人間の行為について用いられている。つまり立派な行為、みごとな振る舞い、という意味で「美しい行為」という表現が認められる。だがこのばあい καλός を「美しい」と翻訳してしまうことは、はたして正しいだろうか。ギリシア語で「よい」に相当するのは ἀγαθός であるけれども、行為に関してこの語が用いられるときには、主として行為の結果をさすようであるから、むしろ「有用な」ものとして「よい」という意味である。一方、καλός は有用性とは関わりなく、行為そのものの価値を指示しているのである。そうなると καλός は倫理的価値をさすことになる。だがしかし、既述（第二章第二節）のごとく、ギリシア的思惟の特徴として、倫理的価値と美的価値との領域的区別は明瞭でないから、καλός は近代的な aesthetic よりもかえって外延の広い概念である。καλός と呼ばれることがらは aesthetic よりも広い範囲に存在する。これを図示すると次のようになる。

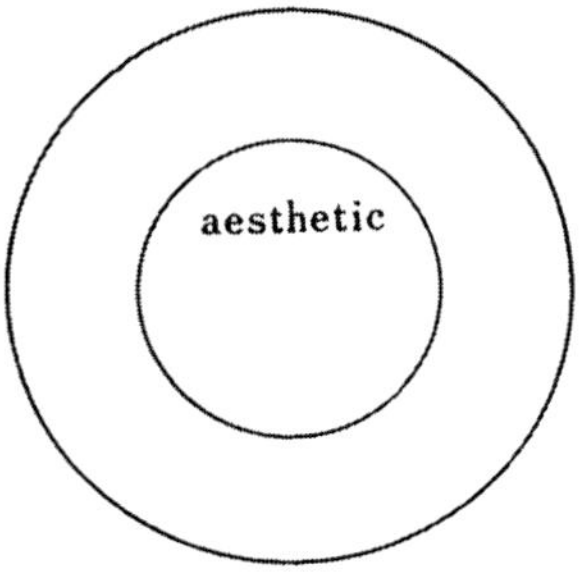

近代美学は行為の美そのものをただちに考察対象にはしない。もしわれわれがそれを思惟するとき、少なくとも想像力に訴えざるをえないだろう。想像力は勿論感性の一種である。したがって、想像力によって現前化され、生き生きと思い浮かべられた「行為の美」はたしかに近代美学にとっても考察すべき対象になっている。それは内容的には倫理的要素を豊富に含んでいることは間違いないが、想像力によって感性的に現象せしめられるという点で、すでに美的なものに転化しているのである。

前述の美的範疇のうち、たとえば崇高にはしばしばこの種の「行為の美」の契機が含まれている。すなわち崇高は美的範疇のなかでも特に倫理的意義の大きなものなのである。そして悲劇的な人間存在の美たる悲壮についても同様のことがいえる。

また芸術のジャンルのなかには、このような倫理的な行為の美に敏感なものがある。文芸は特にその傾向をつよくもっている。なぜなら文芸は他の芸術ジャンルに比べて特に想像力の活動に負うところが多く、そのためしばしば想像芸術（Phantasiekunst）として特徴づけられる事実から推量しても容易にわかるように、素材としての倫理的価値も想像力のはたらきによって美的な品質として具象化されやすいからである。（なおこの事情については後の第三章で改めて説明したい。）

美が感覚的快にとどまらず、それをのりこえた精神的快の性質をもっていることは既に述べたとおりであるが、古代美学では専ら超感覚的な美に力点が置かれ、人間の行為（πρᾶξις）、精神状態（ἕξις）、知識を求める活動（ἐπιστήμη）などにおける美、さらに徳の美（τὸ τῶν ἀρετῶν κάλλος）などが力説された（プロティノス『エンネアデス』Ἐννεάδες, I, 6; περὶ τοῦ καλοῦ を参照のこと）。近代でも特に「形而上学的な美」（metaphysische Schönheit）という呼称を用いて美の超感性的性質を明言する学説がある（ヒルデブラント『美学』D. v. Hildebrand: Ästhetik, I, 1977. を参照のこと）。

さて以上の所説において、われわれは二重の意味で美の広狭二義の別を知りえた。すなわち

（1）「美的」が「美」を含む関係

（2）「美」が「美的」を含む関係

がそれである。

近代美学においては前者の関係が優位を占めている。しかし現代の社会生活の錯雑した様相や、特にそれとの関係で複雑な表現形態をとるに至った現代芸術の種々相に直面すると、十八世紀以来の近代美学――つまり「感性学」を出発点として発展してきたÄsthetik――の理念では、もはや十分満足のいくような解釈ができないことも事実である。したがって最近の芸術研究が近代美学の枠組みをとり払って、敢てそれ以上に進出しようとするのも当然である。そのばあい、単に反美学的（wider-ästhetisch）となるのではなく、むしろ超美学的（meta-ästhetisch）な探求態度をとるのだと言ってよい。われわれもまたそのような探求態度の学問的正当性を是認すべきであると思うが、右の（2）で示される古代的思惟の特徴は、この際かえって、美学における近代思潮の超克の道を示唆しているかもしれないのである。

第五節　自然美と芸術美と技術美

美の担い手について

美が現われて、それがわれわれの意識によって捉えられる——これが美的体験とよばれる精神活動である。ところで美的体験が成立するためには、美を担う実在的な存在者がなければならないことは改めて言うまでもないほど明白なことがらである。花も風景も小鳥の囀りも、絵画も詩文も楽曲も、みな実在物として美の担い手になっている。それらはたしかにそれ自体実在的存在性（reales Sein）を備えている。けれどもこれら実在的荷担者はどれもこれもみな同じ由来をもっているわけではない。その点からみて、まず天然自然の事物、つまりわれわれにとって元来与えられているもの、所与物（Gegebenes）であるのか、それともわれわれが文化的営為の一部分として制作したもの、つまりよかれあしかれ人工のもの、所産（Produkt）であるのか、が区別されるのは当然である。この区別を含めてなお別の角度から美の類型的分類が可能であると思われるので、以下それについて論じてみよう。

第一の区別法

前述のように、天与の対象か、人工の対象か、所与か所産か——この対立に着眼して割り切れば、まず自然美と芸術美が区別できる。花の美、風景の美、小鳥の囀りの美は自然美に属しているし、絵画の美、詩文の美、楽曲の美は芸術美に属している。ところが現代社会では種々の生産技術の長足の進歩にともなって、技術的に構成されたもろもろの事物にもかなり濃厚に美的品質が認められるようになった。美学はもはやこの事実を無視することはおろか、簡単に芸術美のうちに繋ぎとめておくこともできなくなった。それゆえ、ときには技術美の概念を確立して、これを芸術美とは別種類のものとして独立させる必要に迫られることもある。（ただし技術美は芸術美に近いことはたしかであるし、また自然美に近い面をももっている。その理由についてはすぐ後のくだりで述べることにする。）

要約すれば、美的現象の荷担者たる実在的対象の由来に応じて、自然美のほかに、芸術美と技術美が区別される。すなわち自然美を担うものは所与物であり、芸術美と技術美を担うものは人工物である。

第二の区別法

自然美、芸術美、技術美の三者において、それぞれの美がその荷担者たる対象にとって本質的・必然的（wesens-notwendig）であるか、それとも単に非本質・偶然的であるかに応じて、改めて二分される。すなわち芸術作品は既述の広義の美——換言すると多種多様な美的なもの（das Ästhetische）——表現内容もしくは表現のしかたとして含むことができるし、また是非ともそうしなければならない。つまり芸術そのものは本質的・必然的に美的なのである。美的であることを意図しない芸術はない。

これに対して自然美も技術美も、ともにその美は荷担者たる自然物や技術的制作物にとって決して本質必然的ではない。もう少し詳しく説明すると、自然物が美を本質必然的として含んでいないということは、われわれが自然物と関わりをもつときに、およそ美醜の論議から離れて、知的関心や効用的関心からこれを扱うことが多いことから推量して諒解されるだろう。要するに自然物はその本質からいって「美的に中性」(ästhetisch neutral) なのである（これに反して先述の芸術作品は美的中性たりえないのである)。また技術的制作物についてみれば、これは元来生活に役立つもの、有用なものとして、効用価値を発揮するようにつくり出されたものである。それゆえこれが有用性を欠くことは許されないが、美しくあることは必ずしも必要ではない。要するにこれまた美的に中性なのである。

しかしながら、たとえ対象が本来美的中性の存在であろうとも、われわれはこれを何らかの機縁で観照し、これに何らかの美的品質を認めることもできる。自然美、技術美の美はまさにそのようにして捉えた美なのである。

ところで自然美や技術美がその荷担者たる対象にとって本質必然的だという主張――前述のわれわれの主張とはまさに正反対の考え――もまったくなし得ないこともない。だがこの主張の背景ないし地盤にはかなり極端な形而上学的解釈が自然・世界・宇宙などの秩序について施されていないと、この説は成立しないのである。

いまもし自然のすべての存在者について、それが本質必然的に美であるとみなすと、宇宙の森羅万象はことごとく美しいということになるから、その思想は「汎美主義」(pancalism)と呼ばれる。汎美主義においては美は自然美にも芸術美にも共通になるから、自然美と芸術美は連続し、相互間に横たわる深い溝渠は埋められてしまう。したがって汎美主義は両者の美を統一的に説明するにはまことに好都合な思想である。このような思想は古代末期の新プラトン主義哲学(Neoplatonismus)の代表者プロティノスの美論によくあらわれている。

プロティノスは「一者《ト・ヘン》」(τὸ ἕν)と呼ばれる究極的原理からの「流出」(emanatio)によって宇宙の森羅万象の生成を説いた。一者はそれ自体で不変化かつ完全である。したがって何ら他の契機を必要とせずに、満ち溢れた自己自身の本質を流出させて、宇宙の万物を生成させるのである。ところでこれは別角度からみれば存在の下降運動であって、下降の極は物質的存在である。これはいわば一者の放つ光を反射する鏡面のようなもので、今度はこれが存在の上昇運動の出発点になる。この上昇運動は一者への憧憬と解される。世界を一者から発したものとみるこの一元論的図式は、一者の対極たる物質にいたる中間段階としてヌース(νοῦς)、霊魂(ψυχή)、自然(φύσις)を含んでいる。ところでプロティノスにとって本当に存在するものは美でなければならず、このことからヌースは直ちに美であることができる。ヌースを通じて霊魂が美となる。つまりヌースは霊魂の美を基礎づけるのである。行為や活動の美は形成する霊魂に由来する。また霊魂の美によって身体の美が成立する。このように霊魂は神的なもので、それが美を分有するかぎり、それがふれる対象はことごとく美となる。このような筋道で、まず一切の自然物が神的一者に由来する美を担うことになった。

さてプロティノスの立場からみて、自然美と芸術美とはどんなふうに繋がるのだろうか。プロティノスは芸術制作における技術《テクネー》（τέχνη）について考察しているが、その際大理石を材料とした彫像の美（これはたしかに芸術美である！）は、それが大理石であるがゆえに美しいのではなく、技術《テクネー》が石に与えた形相《エイドス》（εἶδος）ゆえに美しいのだ、と述べている。だが、この形相は物質に在るのではなくて、思案している彫刻家の心のうちにあったものである。芸術家は石にこの形相を与える技術を分有しているからこそ芸術家なのである。技術はただ単に眼に見えたものを写しとる、模倣するというばかりではなく、理性的形式（λόγος）へ高まるものなのであるが、この理性的形式は自然さえもがそれに由来するような根源的意義をもっているのである。技術を行使することによって技術から制作物（作品）へ送り込まれるものは、宇宙創造主から被造物へ送り込まれるものと同じ形相なのである。形相は後者のばあい物質のなかにあるのではなく、創造主のなかにあるのだ。（プロティノスの美論については Ἐννεάδες, I, 6; περὶ τοῦ καλοῦ および V. 8; περὶ τοῦ νοητοῦ κάλλους を参考して欲しい。）

かくのごとくにして、プロティノスは自然美と芸術美とが統一的に捉えられる所以を、徹底した一元論的・流出論的形而上学を背景にして論証した。しかもこのばあい現世の美（自然美も芸術美も）が彼岸の美と類似していることの理由として、形相の分有（μετοχὴ εἴδους）が考えられているのである。ここにもプラトン哲学の継承が認められるわけである。さらに中世初期のギリシア教父たち——たとえばバシリウス（Basilius, ca. 330–ca. 79）——は汎美（πανκαλία）を説いた。その思想は偽ディオニシウス・アレオパギータ（Pseudo-Dionysius Areopagita）文書にも見出される。すなわちすべての存在者で美にして善なるものに与からぬものはない、という見解が流布していた。しかしながら、先述のごとくこのような形而上学が美についての——われわれ近代人の——経験内容を少なからず歪曲するおそれなし、としない。

ではつぎに技術的制作物を本質必然的に美なるものとみなすことは可能であろうか。それを肯定するためには芸術という観念を解消してしまって、すべてを技術活動に吸収し、その上で効用価値と美的価値との同一性ないし不可分性を論証しなければならない。デザイン分野でしばしば主張される「機能主義」理論や日本の「民芸論」の主唱者たちの見解などには、概してこのような技術一元論および価値同一説が前提されているように思われる。(12)

第三の区別法

精神的意義がどの程度実現されているか、という観点に立てば、自然美と芸術美にはその深さないし高さが強く感じられるけれども、技術美にはその感じが乏しい。ときには浅薄かつ低俗だと思われることがある。勿論、三者ともに、美であるかぎり、既述（第三節）のごとく、そこに垂直的次元が備わっていて、高下の別が相対化されることは否定できないのであるが――。

しかし芸術美は特に強烈な精神的活動から生じるものである。ドイツ観念論美学がこの点を強調力説し、その結果――第一章第五節でふれたように――美学の考究対象をほとんど芸術美に限定しようとしたのであった。そもそも芸術制作は創造的（schöpferisch）と特徴づけるべき特殊な人格性の活動によって実現されるのであって、日常生活の実践主体によるわけではないのであるから、その産物たる芸術作品は美の現象を通じてわれわれ観照者をこの創造的人格性（schöpferische Persönlichkeit）にふれさせてくれる。換言すると、その際、われわれ作品観照者は作品に関する認識活動を行なうばかりではなく、作品の作り主の創造的人格性にふれて、自己自身のうちにもこれと対応し、感応するものを追求してやまないのである。さらに言い換えれば、観照者は作品を対象としてしっかり見据えるだけではなく、むしろそれを機会にして自己自身を省み、その根柢を窺視して、自己の究極的な存在のしかたを探求しているのである。（芸術作品の観照に際して、しばしば追創作（Nachschaffen）とか追体験（Nacherleben）の意義が強調されることがあるが、そのばあい真の狙いは右に述べたような観照主観の深い反省のまなざしを確認する点にあるといってよかろう。）以上のことはかならずしも観照者自身に自覚されているとはかぎらない。逆説的に響くかもしれないが、むしろ知らず識らずに自己の深奥に反省のまなざしを投げかけるのが芸術作品の観照者である。

他方、自然美は天然の所与物に基づく美であるから、芸術美がその創作主体の精神活動に依存しているのと同じ次元で、その精神性を論ずることはできない。これは自明の理である。ドイツ観念論美学、とりわけヘーゲル美学のばあい、自然そのものがすでに精神の疎外態であると考えられていたから、自然美の精神的意義は否定されざるをえない。しかしながら、自然そのものは風土としてつねに個人の生活や民族の文化を育てはぐくむ母胎である。芸術もそれが民族の生の表現であると考えられるかぎり、その根源は自然そのもののうちに深く喰い込んでいるといわねばならない。芸術は民族を媒介として自生するものだとみなければならない。芸術美はこの意味で、その内的生命を自然に負うているということができるのではあるまいか。そうだとすれば、自然美と芸術美は外観上の差異はともかく、内面的には切っても切れない連繫をたもっていて、自然美を観照することによってわれわれは芸術美の観照に優るとも劣らぬ内面性ないし精神性を感得するのである。

たしかにわれわれは自然対象——たとえば風景——をさながら箱庭を拡大したもののように、すなわち諸要素（山、川、森、橋、道、家屋、村落、など）の配置に心くばりを利かせた形式美として観照するだけではない。ときにはむしろその形式美を否定して、没形式のまま、混沌たる自然の秘奥を直観し、それを通して絶対他者（das ganz Andere）の存在に対する深い畏敬（Ehrfurcht）の感情を体験するのである。

省みれば芸術制作は創造的人格性の積極的な発動をまってこそ可能になったが、いま述べたような自然美については、われわれが絶対的な受容態度に徹するときにはじめてその神秘的な深さが開示されてくる。したがって芸術美と自然美はともにわれわれの究極的主観性に関わる精神性ないし内面性を備えるが、その関与方向はまさしく逆で、前者においては積極的発動、後者については絶対的受容を示しているのである。

自然美が神秘的なもの、超絶的な他者性を示すということは、美的体験を宗教的体験に接近させるであろう。これは芸術美が道徳と通じあうところを多くもつというのと対比して興味ぶかい。ここでゲーテの『旅人の夜の歌』(Wanderers Nachtlied) を読んでみよう。

Über allen Gipfeln
Ist Ruh.
In allen Wipfeln
Spürest du
Kaum einen Hauch:
Die Vögelein schweigen im Walde.
Warte nur, balde
Ruhest du auch.

この詩には、奥深い自然の沈黙と静寂が、日常的な生活の営みに属する対象認識や理解を超えたところにあって、われわれを包み込み、われわれはそれを絶対的に他者として畏敬の念をもって仰ぎみつつ、それに惹きつけられ、ついにはそれに帰一するという体験が謳われている。勿論この詩はそれ自体すでに文芸作品なのだから、これに表現された体験は芸術美のかたちをとっているけれども、その表現の素材になっているものは、まぎれもなく自然美の体験である。そしてこの詩の内容はまさしくゲーテの汎神論的思想によって規定されているのだといってよい。

同じような趣旨を盛った、立原道造の『ひとり林に…』という詩を引用しよう。

だれも　見てゐないのに
咲いてゐる花と花
だれも　きいてゐないのに
啼いてゐる鳥と鳥

通りおくれた雲が　梢の
空たかく　ながされて行く
青い青いあそこには風が
さやさやすぎるのだらう

草の葉には　草の葉のかげ
うごかないそれのふかみには
てんたうむしが　ねむつてゐる

うたふやうな沈黙にひたり
私の胸は溢れる泉！　かたく
脈打つひびきが時を　すすめる

ところでこのような深い意味で捉えられて、畏敬の対象となる、卓越した意味での自然美に対して、われわれは

「絶対的受容」の態度、「期待する」態度を失ってはならない。自然詠に優作を残した歌人 若山牧水の作品から二首引いてみよう。

天地《あめつち》のこころあらはにあらはれて輝けるかも富士の高嶺は

いはけなく涙ぞくだるあめつちのかかるながめにめぐりあひつつ

普通、山容の形式美を讃えられる富士山も、ときには「天地のこころ」の露呈として輝き出たように感じられることがあり、そうなるためには、よほどの好機、幸運に恵まれねばならないことを改めて教えられる気のすることがある。後者は上高地附近の眺望がまったく思いのほかの美しさで、歌人は山を仰ぎ、空を仰ぎ、森を望み、渓を眺めてわけもなく流涕する。この機会に出会うのは、作者に俗世間の雑事を越えた深い意味の期待の態度があればこそである。大いなる自然を前にすれば、自己はまことに言うに足りない卑小な存在である。対象の絶対的優越に対する自己の帰依はたしかに美的体験そのものを宗教的体験の形式に近づけることになるのである。

さて芸術美と自然美に比べると、技術美は何ら超越的性格を含まない。なぜなら技術活動それ自体がすでに日常生活に奉仕すべきものであって、日常世界の基本構造たる効用連関につよく束縛されているからである。技術によって実現される目的はどうしても日常世界の枠の外に出られない。現代人の生活はすでに日常的に便利な機械なしには済まされないという意味で、機械との共生（Symbiose）である。今後ますますこの傾向が強まるに違いない。しかしどんなに技術化が進んでも、技術は本来、目的を達成し、目標に到達するために選ばれた複数個の手段にすぎない。そのうちの一個を技術として定着させるのだから、技術には絶対性というものはなく、相対性をそれから払拭することはできない。このように、目的の日常性と、手段としての相対性のゆえに、技術そのものはどうしても超越性をもつことができない。それによって産出された制作物に宿る美も、精神性の稀薄な現象になるのはやむをえないと思われる。

しかしそれでもなお、技術的制作物が美を宿し得て、技術美という語が積極的に語られる理由は何であろう。それは、後述するように、いわゆる「機能的快」を誘発する機能美が、もっぱら技術的制作物に備わり得るからである。周知のごとく、機能は実体と対立する観念であって、機能的快はそれを感じる人間の人格的実体そのものにふれることのない、心的機能にのみ関係する快楽である。したがってそれは人格的実体に及ぼす精神的快としての美的快から一応区別されなければならないが、他面において機能的快を誘発する対象の側には一定の形式的秩序が備わっていて、それをわれわれが感受するとき、本来の美的体験に生彩を与えるのである。繰り返して言えば、機能的快は本来の美的快の体験を形成する要素に算入されることはないが、その周縁部にあって、それを全体として生彩あるものにするのである。技術美と呼ばれるものの体験構造はこのように把握されるといってよいと思う。

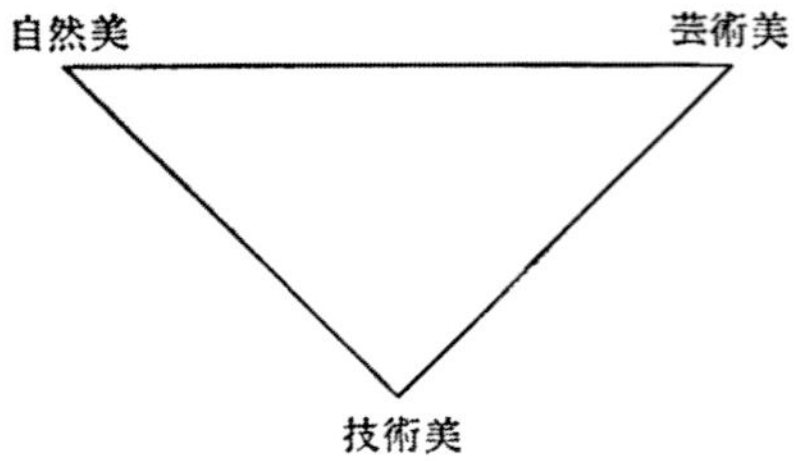

もう一つ、技術を近代的・科学的知識の発達にともなって成立した生産技術に限定しないで、すべての行為を容易ならしめる「わざ」として捉えたとき、諸種のスポーツ、遊戯、武芸、また宗教的な修行などに至るまで、この「わざ」の性格を示しているのがわかる。そしてこのような「わざ」の過程のうちに独得の美的契機が直観されるばあいがあり得る。技術を最大限に広くとれば、技術活動そのもの——獲得された結果ではなく——に美が宿るばあいのあることを否定できないだろう。

さて、以上に述べたことがらを右のような図式にしてまとめることができる。

第六節　自然美と芸術美

前章で美の主要な類型としての自然美と芸術美と技術美の相互の位置づけを行なったが、本章では、とりわけ自然美と芸術美の内包する優先関係に着目してみよう。

芸術は自然美の模倣によって成立する

（a）　芸術が自然美を模倣する（μιμεῖσθαι, nachahmen）ことによって成立するという思想は古くから承認されてきた。だが模倣すべきモデルとしての自然美が、つねに単独の対象として自然のうちにあらかじめ存在するとはかぎらないから、ばあいによっては数個のモデルからそれぞれ異なった部分を選択して模倣し、それらを組み合わせた結果が理想的な美を体現するようにしなければならない。

古代ギリシアの画家ゼウクシスはクロトンのヘラ神殿に奉納すべきヘレナ像を制作するために、市中の美女五人を選出してモデルにしたといわれる。この選択的模倣の実行は、次のようなソクラテスの説を例証するものとして、当時のギリシア人には受けとられていたようである。すなわちクセノポーン（Xenophon, c. 430–c. 354 BC）の伝えるところによれば、画家パルラシオス（Parrhasios, 420–390 BC）に向かってソクラテスは「きみが美の原型を模写しようとしても、一身にそれを具備した完璧なモデルを見つけることは難しいから、幾人かのモデルのそれぞれ最も美しい部分を組合わせ、全体像が美しく見えるように努力するのだろう」と訊ね、画家はこの問いかけに対して

「その通りです」と肯定しているのである（Memorabilia, Ⅲ, 10, 1）

（b）しかし前述の考えかたから芸術美の美としての独自性は十分に説明できない。なぜなら、そのばあい美はもっぱら自然の側に偏在していて、芸術活動はただそれを画面や石材などへ移す行為を意味するにすぎないからである。はたして芸術美は自然美の転写にすぎないのであろうか。もしそうなら芸術そのものは美的中性で、自然美のおかげではじめて美的性格を獲得することになる。たとえ複数のモデルからそれぞれの最も美しい部分を選びとって、これらの部分を総合し一個の理想美を獲得できたとしても、この理想美と芸術制作の技術そのものとの関係はまだ明白になっていない。したがってわれわれとしては、（a）の思想を修正して次のように考えた方がよいと思う。すなわち、自然が美であろうとなかろうと、――自然は本来美的中性であった――模倣（μίμησις）という技術活動そのものが、新たに、自己に固有の美的品質を産み出してくるのであると――。

たとえば山紫水明の名勝地の風趣を描くにせよ、猥雑醜怪な都邑の一隅を写すにせよ、それら題材の美醜にかかわりなく、それを写しとる技術的活動に美を産出する能力が備わっていると考えることができる。

美学史を省みれば、アリストテレスが『詩学』（Poetica, IV, 1448b.）のなかで「忌まわしい動物や屍体は、その実物をわれわれが見ると苦痛を感じるが、それを模写した絵はわれわれが喜んで見るものだ」と述べているのに気が付く。ここでアリストテレスが言及しているのは快ないし喜悦（χαίρειν）であるが、これを美と読み替えても一向に差し支えないと思われる。また『弁論術』（Rhetorica, I. 11, 1371 a.）にも、模倣のモデルそれ自体が快でなくても、よく出来た模倣作品は快であるという趣旨の一節が見出せる。

模倣作用に固有の美は十八世紀になって理論的に重視されるようになった。イギリスのハッチソン（Francis Hutcheson, 1694–1746）はシャフツベリ（Shaftesbury, Anthony Ashley Cooper, 3rd Earl of, 1671–1713）の門下であったから、当然、プラトン的なイデア的な美を尊重したけれども、そのような原美（original beauty）ないし絶対美（absolute beauty）のほかにも、相対美（relative beauty, comparative beauty）を是認している。ハッチソンのいうところによれば、模倣は「その原物が完全に美を欠如していても、美でありつづけるだろう。そのさまは画中に老いの醜さがあっても、突兀たる岩石や山嶽があっても、うまくそれらが再現されていれば、豊かな美をもちうるだろう」（An Inquiry into the Original of Our Ideas of Beauty and Virtue, 1725, Sec. IV. Par: 1.）。なぜなら相対美は、原像と模像の類似性、目的と手段との適合性においてわれわれが感じる快感から生じるものだからである。要するに相対美とは「模倣の美」にほかならない。

自然美は芸術美の反映である

右に述べた思想と逆の発想も可能である。すなわち、われわれが芸術作品で認める美の観念、また芸術家の脳裏に生じる美の観念が風景のような自然物にあてはめられて、はじめて自然美としての風景美が生じると考えることができる。そのばあい、眼前の風景がたまたま含んでいる雑多な要素——美的に中性であったり、あるいは積極的価値をもちえないような要素——は観照者の胸中でいちはやく適当な処置を施して、意識の焦点から遠ざけるようにし、反対に、美にとって本質的に必須と思われるような印象を心のなかで強調しなければならない。しかもこのような意識操作を実行しやすい視点というものが実際に探索されねばならないだろう[13]。

右の意識操作は、現象学的に言えば、美的対象の志向的構成にほかならない。自然美対象も——芸術美対象と同様に——意識の志向的構成作用によって生じた意識内在的存在者なのである。この点については後章で詳論する。

『源氏物語』のなかには自然美と芸術美の関係について以下のような興味ぶかい記述がある。「若紫」の巻で、光源氏が山の上から京の街の方向を眺める個所があるが、そこで「はるかに霞みわたりて、四方《よも》の木ずゑ、そこはかとなうけぶりわたれるほど、絵にいとよくも似たるかな。かかる所に住む人、心に思ひのこすことはあらじ」と源氏は感想を述べている。この「絵にいとよくも似たるかな」という述懐は、風景から受けた自分の印象を「絵」という語でもって類型化しているのである。ところが光源氏の所感に対して供人たちは、まだまだこれよりもすぐれた風景美はほかにもあると言って例をあげ、源氏の気をまぎらわす。すなわち「近き所には播磨の明石の浦こそ、なほ殊に侍れ。なにの、いたり深き隈はなけれど、ただ海の面を見渡したるほどなむ、あやしくこと所に似ず、ゆほびかなる所に侍る」というのである。そしてあたかもこれを伏線として「明石」の巻では「所のさまをば更にもいはず、つくりなしたる心ばへ、木立、立石、前栽などの有様、えも言はぬ入江の水など絵に書かば《心のいたり少なからむ絵師はえ書き及ぶまじ》と見ゆ」と語られる。つまり思慮の少ない画家ならとても描けないような情趣のある風景や住居の景観だというのである。前段を読むと、源氏の――したがって紫式部の、そして当時の人々の――美意識においては、絵画美の投影として自然美が捉えられていることが判明するが、後半部に読みすすむと、それと同時に凡庸な芸術家の創り出せないような自然美もあることをも暗示しているように思えるのである。そしてこの思想は自然美と芸術美の根本的な差異をわれわれに気付かせてくれることになる。

自然美と芸術美の異質性

以上の説明をもってしては、自然美と芸術美の先後関係は明らかになるが、両者の美としての独自性はまだ判然としない。（模倣によって生じるとか、反映・投影によって成立つといっても、それだけでは生成の秩序を語っているにすぎないのである。）

既述のごとく、美の荷担者たる実在的対象に着目すれば、それが天然の所与物であるか、あるいは人工物であるかに応じて、自然美と芸術美の区別がつけられる。しかしこのばあいにも、二種の美がそれぞれどのような独自性を示すかは明示されていない。要するに、荷担者たる対象は区別されても、そこに宿る美はまだ無差別である。

それゆえ今度は美的品質として、自然美と芸術美が完全に異質であって、しかもたがいに対立関係に立つと考えてみよう。そうすると芸術美は、形式の整った、秩序正しい、そして日常的現実から完全に隔絶し孤立して、それ自体で完結したものだと考えられ、自然美はその逆、つまり没形式で、渾沌として捉えがたく、限界づけられず、日常的現実よりもさらに純度の高い現実性をもつものだとみなすことができる。これを要約すると、芸術美はコスモス（Kosmos）的であり、自然美はカオス（Chaos）的なのである。(14)

しかしこのような対極的な二種の美がいかにして成立するかを吟味する段になると、どうしても共通のもの——所与の日常的現実——からの創造的構成という作用がなければならないことに気が付く。この過程は是非とも明瞭に示されねばならないのである。

また実際の例にてらして考えても、自然美がはたして没形式・脱形式の「自然元素」——地、水、火、風というような元素——的なものの体験だけで説明し尽せるであろうか。芸術美についてみても、特に現代芸術のなかには既成観念を破催して、形式の美にとらわれず、偶然の機会がもたらす渾沌に賭けているような傾向も少なくないではないか。(15) したがって芸術美をコスモス的、自然美をカオス的ときめつける思想はそれ自体すでに硬直化する惧れがある。

価値契機としての自然美と芸術美

さて自然美と芸術美の区別が対象規定上のものでなく、美的品質そのものの区別を意味すると考えて行くと、さらに一歩を進めて、両者の対立を解消して、相互補完の協力関係を理論づけようと考えるようになるのは当然であろう。そのときわれわれは、自然美と芸術美をともに美的体験（美意識）の構造契機として捉えなければならない。換言すれば意識内在的契機として捉えなければならないのである。しかも既述のごとく美的体験は美的価値体験なのだから、自然美的契機も芸術美的契機もともに価値契機——つまりともどもに美的価値体験を構成する契機——でなければならない。

たとえば日本や中国・朝鮮の陶磁器を考えてみると、これを精神的生産活動の表現とみるかぎり、まぎれもなくこれは芸術美であるが、他面、窯芸としては、自然が偶然与えてくれたものの受容とみなさざるをえない点もあるから、むしろ自然美的品質も備えている。(16)

さらに一般化していえば、すべての芸術作品には芸術美的価値契機と自然美的価値契機が備わっていることになる。逆に、自然物の美にも自然美的価値契機と芸術美的価値契機がともに備わっている。ただし芸術作品については芸術美的価値契機が優勢であり、自然物については自然美的価値契機が優勢となっていることは当然であろう。(17)

自然美と芸術美の区別ないし対立を対象のそれから解き放って、美的価値体験の内容と考えて、その理論的基礎づけを実行したのは日本の大西克禮（1888-1959）である（大西克禮『美学』上巻、第三章を参照されたい）。大西克禮によれば、「美的なるもの（das Ästhetische）は常に吾々の美的体験の内容を意味」し、「従つて芸術美も自然美も亦常に美的体験の内容として考へられなければならぬ」（一七七頁）。「芸術美といひ、自然美といふ時、それが孰れも美である以上は、その美の本質は究極に於いて一つでなければならぬ。しかしながら吾々が芸術品から美を享受する場合と、自然対象から美を感受する場合とに於いて、仮令その美としての本質は究極的に一つのものであるとしても、吾々の一般的、直接的体験に即していへば、その主観的様相が、直ちに同一であると言ひ難いことは明白な事実である。……要するに一言にして蔽へば、両方の場合に美は本質的に一つであつても、言はばその外周的、直接的の意識体験に於ける現れ方にはかなりの相違があることを否定するわけには行かない」（一六二頁）。大西博士はそれゆえここに「芸術感的契機」（kunstästhetische Momente）と「自然感的契機」（naturästhetische Momente）の概念を導入して右の直接的意識における美のあらわれかたを説明しようとする。すなわち芸術作品の表現性や形式的構成の把握などはたしかに意識に直接あらわれてくるし、感覚的素材性や自然的存在性の把握も同様であるが、これらのうち前者は「芸術感的契機」、後者は「自然感的契機」に属する。「美的体験が直接的反省の上に示す様相は、常に此の両種の内面的契機の相互関係によつて、種々の仕方で規定されてゐる」(一六二頁)。こうして大西説に従えば「芸術感的」なるものは、「精神の美的創造性に基づくところの一切のものを包含するのに対し、自然感的なるものは、広義に於ける自然の素材的所与性及び存在性に基づくところの一切のものを包含すると考へることができる」(一七七頁)。

第七節　技術美の位置

技術美と自然美の親近性

技術美という語はいうまでもなく技術製品に宿る美をさしているが、いまその制作目的や過程を無視して、ひたすらその結果(製品)だけをわれわれが美的態度(ästhetische Einstellung, aesthetic attitude)で観照すれば、自然美の観照とほとんど変らない効果を得るだろう。科学にもとづく工業的生産技術が進歩して、今日われわれは単に自然物の模造品を巧妙に制作するばかりか、自然界に元来存在しない多種の合成物質を造り出しているが、このような新しい素材や媒材を加工してふたたび技術がつくり上げた物品であっても、そこに宿る美は自然美と特にかわるところはないといってよい。つまりわれわれが観照主観として美的態度をとりつづけるかぎり、対象が自然的所与物であろうと人工的(技術的)所産であろうと効果そのものに大差はないのである。(ここで述べられている美的態度というのは、対象の――現実的存在には無関係な――仮象(Schein)に対応する意識全体の構えをさすのである。)

技術はその制作物を自然物の織りなす連関の真只中に置き、われわれはこれをあたかも第二の自然であるかのごとくに受け容れている。従って技術製品が美しく観られるようになる条件が、自然物の連関、自然環境のうちに見出されても少しも不思議ではない。建築物やその集合体である都市、道路、橋梁、交通機関などが織りなす景観がいかに自然環境の美と適合するかを考えるのは、今後のわれわれに残された重要な美学的課題であろう。

ともあれ技術美は自然美と違和感なく接続できるものだということができる。それどころか、自然物の連関のなかで、むしろ自然との協力のなかでこそ、技術美はその美を輝かすことができるのである。勿論技術所産は所詮人工品であるから、自然物だけがもつ純正性（Echtheit）を欠いているが、それでも自然環境との調和をはかることができる。(17)

技術美と芸術美の親近性

ところで他方、技術美は、それがまさしく技術的生産活動にもとづくとみなされるかぎり、芸術美と共通性をもっている。芸術と技術一般との根本的類同性については第三章で詳論するが、ここでは両者の独自性を承認した上での相互浸透に注目してみよう。

すでに芸術内部にも建築や工芸のように実用（日常的効用）を兼ねた部門があって、一般にそれらは実用芸術（nützliche Künste）と呼ばれているが、この分野では技術的契機は殊のほか重要である。なぜならたとえば技術がしっかりしていないと建造物は実用に耐えないし、道具類についても同じことが言えるからである。それゆえ西欧中世のロマネスク建築からゴシック建築へと推移する建築様式の歴史的発展は、当時のアーチ制作の技術の歴史的発展をあとづけたものにほかならない、とも言うことができよう。実用芸術の分野では技術活動が根深い層まで芸術に喰い込んでいて、その意味で芸術美と技術美のあいだに明確な限界線が引けなくなっている。それゆえ視野を拡げてみれば、芸術美は実用芸術の部位において技術美と重合するということができる。

いま広く芸術の全体領域にわたって捉え直してみると、現代においては右に述べた実用芸術のみならず、芸術全体がいわば技術化し、芸術美と技術美の混淆がいたるところでみとめられるようになった。すなわち芸術が全体としていちじるしく技術側面へ傾斜し、美術や音楽の制作や演奏、映画の撮影や上映などは近代技術に負うところがきわめて多くなった。また同時にその半面、技術はその本来の目的たる効用価値の追求から脱却して、非効用的かつ遊戯的な契機を増大させていくのである。換言すれば「わざ」が「たわむれ」の性格を強めるようになるわけである。元来、芸術には深刻・切実な日常的実用性から脱した遊戯的契機が多く含まれているのであるが、いまや技術がその遊戯の契機と緊密に結びつくことによって、両者の関係はいよいよ不可分のものとなり、全体的にながめると、芸術美が技術美へ接近するかたちになる。

純粋な美術の領域へ技術過程が大幅に進出すると、美術全体の重心の在りどころをかつての絵画・彫刻からあらたに建築・工芸へ移動させることになる。その結果、絵画・彫刻に顕著な抽象化をもたらす。建築や工芸が絵画や彫刻に比して生産技術に多く依存していることはいうまでもない。しかも建築・工芸は本来、モデルを定めてそれを描写・再現する芸術ではないから、建築作品・工芸作品そのものは何かの具象的模像である必要はなく、その意味において本来抽象的芸術に属している。右に述べた技術性と抽象性の高潮はたしかに現代美術の特色の一端を示している。現代の絵画や彫刻の制作過程に近代的工業技術が積極的に採用されているというのも、旧来の具象的表現の手段としてそれを利用するだけではなく、技術過程そのものが新しい種類の美をもたらすことにひとが気付いたからである。多様な試みのもとに、新しい美の発掘が現代の芸術家たちによって企てられたのである。

以上述べて来たとおり、技術美は片や自然美、他方では芸術美に接続し、部分的に重合し、あるいは浸透して両者の中間的位置を占めることになる。そして技術美と自然美の親近性をみいだすのは、われわれが観照主観として反省するときであり、技術美と芸術美の相互浸透性を反省するのは、技術行使の主体としてのわれわれである。

誰もが認めるように芸術は人間の創り出した文化の一形式である。文化は芸術のほか多くの、生活に有用な諸形式を含むが、それらのなかには芸術のごとく作品を固定することはなくても、日常生活全体とのつながりをもったまま、人生にとって深い意義を与える美的現象がある。このような文化の美的側面を文化美と呼ぶことが許されるであろう。

第八節　文化美

衣・食・住という人間にとって必須の生活要素の宿す美的性格をしらべてみるとどうなっているだろうか。住はすでにかなりの程度まで建築芸術のなかに繰り入れられているが、衣・食すなわち服飾や料理はかならずしもその全体が芸術に編入されているとはいえない。勿論、染色や織物に工芸的性格はみとめられるが、それは服飾の全体でなく部分である。服飾は単なる美術工芸の枠のなかに収まらず、それを着用する場所柄、時刻、状況に応じて、広くデザインの分野に関連して眺められる必要があるだろう。たしかに純粋な芸術美ではなくても、このように衣・食・住のうちには美的意義の深いものもある。これらを一括して文化美と呼ぶことは不当ではあるまい。

このほかにもさまざまな趣味、閑暇の利用、スポーツ、遊戯などに、それぞれ独自の文化美が生じる可能性をみとめることができる。これらにはみなひとしくあそびの要素が含まれているが、厳粛な年中行事のように、民間信仰に発生起源をもつ民俗のなかにも、部分的に装飾や演出術になみなみならぬ美的意義をもつものがある。日本独自の茶の湯、生花、聞香（香道）などは儀式的要素を多く含んだ文化美である。一般に、儀式、祝祭、祭典、典礼などや作法などには、形式的・装飾的な美的効果がつきものである。

さて文化美は自然美や芸術美のようなそれ自体で独立した(sui generis)性格のものではない。それは多かれ少なかれ複合的なものである。ただしこの複合性は対象そのものに基づくのではなく、道徳や宗教を含めた文化理念とでも呼ぶべきものに依存している。勿論対象そのものに対してわれわれがとる美的態度――つまり主観的条件――によって個々の文化美が成立するのであるが、まさにこの美的態度を経験的に制約し、あたかも主観の習性のごとく活動させているのは諸民族固有の文化理念である。美的理念も経験的観点から見れば、このような文化理念の一部をなしている。したがって民族に固有の美的理念の形成は、その民族の文化の伝統からきり離せないことがらである。この意味で文化美は芸術美に比して一層深く伝統に根差しているということもできる。しかしその半面、文化美は自然美や芸術美よりも普遍性において劣り、異質文化圏に生活する人々には理解されにくいきらいがある。(18)

第九節　人間美

身体美

自然物のなかから特に人間をきり離して、これを独自の美的対象として扱うとき、人間美という種類が成立する。しかし人間を身体と精神ないし霊魂という構成要素から成るものと考えれば、身体美と魂の美（人格美）が区別される。

身体を字義通り physical なものと受けとれば、身体美もまたやはり自然に属するであろう。そこで身体美は、他の生物のばあいと同様に、類の美（Gattungsschönheit）として捉えられる。これは生物の類的本質――馬なら馬の、小鳥なら小鳥の種類の本質――に適合した性質が、感性的品質として直観されるときに成立する美である。この美が人間の身体にも直観されるのである。多少この点を詳しく眺めると、解剖学的にみて人間には二足歩行に適した骨骼や筋肉がそなわり、比較的大きな脳を容れるに適した頭蓋がそなわっているが、この特徴は人類の本質規定——homo sapiens や homo faber などの規定——の基礎になる事実であって、これが人体に独自の比例関係をもたらし、全体として一つの美をそこに生ぜしめるのである。これこそ人間にとって、まさしく類の美とよばれるべきものである。類の美が直観されるためには、自然の客観的合目的性（objektive Zweckmäßigkeit）、すなわち身体の有機的組織が生命の維持に好都合にできているという判断を暗黙裡に先立てていなければならない。しかしこの客観的合目的性は男性と女性とでは内容的に相違点がある筈である。それゆえ身体美は当然男女の性差にもとづいて区別されねばならない。ただし類の美は男性のばあいには男性に普遍的な標準的比例をもった身体にあらわれるし、女性のばあいも女性に独得の標準的比例にもとづいてあらわれる。

古典期ギリシアの人体彫刻は、右に述べた類の美に相当する身体美をギリシア的な合理的思惟によって基礎づけようと腐心した。とりわけ有名なのは彫刻家ポリュクレイトス（Polykleitos, c. 452–405 BC に活躍）の主張したカノン（κανών）という比例である。この語はもともと尺度を意味するが、かれ以後若干の修正を経つつながらく西洋の人体美の規範として通用した。ガレノス（Galenos, c. 129–199）の伝えるところでは、ポリュクレイトスのカノンによると、美は身体各部分の比例のうちに存する。つまり指の指に対する、指全体の掌および手首に対する、またこれらの前腕に対する、前腕の上腕に対する比例、結局各部分相互間の比例のうちに存する。そしてまた完全性（τὸ εὖ）はこの事例のごとき数的関係に依存しているという。

ギリシア彫刻の求めてやまなかったカノンは自然的な性質のものであった。自然に与えられている人体比例を計測して獲得したのである。換言すればプロポーションのみごとな生身の人間を測定して獲得したのである。決して古来の美しい彫刻作品を計測したのではない。

人格美

ところで人体美に男女の性差があるのは当然であるが、男性的な美とか女性的な美という観念には、ただ身体的な類の美の観念だけでは説明不十分な点が含まれていると思われる。なぜなら男性的な美も女性的な美も身体のみでなく、まさに内面的なもの——精神や魂のごときもの——の顕現と不可分に結びついているからである。換言すれば、まず「男性的なもの」や「女性的なもの」の概念は、かならずしも心身を区別せぬ全体的人間の示す特性として構成され、美的品質がそれに結びつけられることによってはじめて「男性的な美」、「女性的な美」の観念が成立するのである。後段で述べるように、このばあいの美は道徳的色彩の濃厚なものである。道徳性とのつながりの深さという点で人格美は他種の美に勝《まさ》っているといえるだろう。

そもそも人間の身体全体の示す表情が単に外面的な感覚的刺激をこえて、より深い内面的生命や精神的活動を表出するものであることは恐らく自明の理ではあるまいか。たとえばうしろ姿はその当人の経てきた人生そのものや運命を暗示しているようだ、と世間でもしばしばひとが語るではないか。それにも増して、とりわけ容貌は感覚的・形式的美醜をこえて、精神や心をもっとも顕著に表出する身体部位であるから、人格的な人間美が顔貌に集中的に観取されるのは至極もっともなことである。

容貌に関しては、素材的な意味での生得的な目鼻立ちのよさ、つまり顔の造作がバランスやプロポーションが適正であることに基づく美と、その事実をふまえつつもそれとは別種の、全体的人間的魅力の美を担うものが区別できる。外貌の内側から仄かに揺れ動いてあらわれ出る情動が後者の核心をなすが、これは古語でいうところの「気色《けしき》」に相当するであろう。古語では一般に心の動きの顕在化を「気色だつ」とよび、さらに激しい怒りなどの情念の顕在化を「気色ばむ」とよんだ。人間美の魅力は勿論後者にある。前者の美容は類型として固定的に捉えられやすく、したがって個性的存在者の魅力をあらわしにくい——つまり素材的な外貌の形式美が個性の魅力の発現の邪魔になる——ばあいも決して珍しくない。それゆえ単なる外貌の美は観照者の精神活動をながく刺激することができず、精神的深化を徹底させることができない。遂には美男・美女も退屈な印象を与えるにすぎなくなってしまう。

道徳的に高邁な人格性が具体的な行為や所業にあらわれると、それがそのまま美的意味を帯びて観照の対象になる。さきにわれわれはアリストテレスの説を紹介して、かれが美の主要な形式として、秩序、比例、被限定性を挙げたことを述べたが（第二章、第三節）、このうち被限定性とよばれたものは、対象の大きさが全体として制限を被ることを指していた。感覚的事物についてはその大・小は一見して明瞭にわかるが、魂のようなそれ自体では知覚できないもののばあいには、そもそも魂（プシュケー ψυχή）の大きさ（メガ μέγα メゲトス τὸ μέγεθος）が何であるかを識らねばならない。この認識作業は精神的機能の卓越性（アレテー ἀρετή）を研究するしごとにひとしく、アリストテレスはこれに倫理学という学問を配当した。それゆえかれの『ニコマコス倫理学』（Ethica Nicomachea）を調べてみると、かれがそのなかで特に矜持《きょうじ》（メガロプシュキア μεγαλοψυχία）という徳《アレテー》を力説強調しているのに気付く。この徳は倨傲でもなく卑屈でもなく、いわばその中間に位置しつつ、しかも価値的には倨傲や卑屈とは比べものにならない高さを備えている。これが中庸（μεσότης）とよばれるものである。アリストテレスは「矜持ある人（μεγαλόψυχος）にはあらゆる卓越性における大（τὸ ἐν ἑκάστῃ ἀρετῇ μέγα）が属していると考えられねばならない」（1123 b）と述べている。このように矜持という性質は魂の大きさの点で最高位にあるが、このような魂の極大に美という性質が結びつくと考えられる。アリストテレスは「美にして善」（カロカガティア καλοκἀγαθία）が矜持ある人の条件であると説いている。すなわち道徳的な価値の高さと美的価値の高さとは、このばあい、矜持ある人格によって統一され、具体的に結びついたかたちで現われることになるのである。古代美学ではこのように美は道徳的善と融合してわかちがたくなっている。

素材としての道徳的善が、形式としての美によって変容され、そこに道徳美ないし人格美が成立つと考えることは少しも不当ではない。しかし古代美学のカロカガティアのごとく美と善がはじめから一体となって融合していて、それが感性を媒介として現象するとみることもまた可能である。

歴史に登場した人物で、何らかの意味で尊敬されたり、愛慕されたりする者は、実相がどうであろうとそれには関わりなく、一般に美化して捉えられる傾向がある。このことはある意味で人格美というものの存在を裏付けているのではあるまいか。美の概念が完全性の概念ときり離しがたく結ばれていることは、たとえば十八世紀の美学的諸著作に徴して明白であるが——そして両者を厳密に峻別したのはカントであったのだが——、美を完全性と同一視しようとすれば、その結果として理想の人物を美化して表象せざるをえないであろう。アイドルのように愛慕すべき人物を美化する作用は、精神的・人格的な価値の高い人物の形像を表現するばあいにも必須である。(19) 要するにこれらのばあいには、美化と理想化が等値であり、またそのかぎりにおいて美が理想の一部分をなすことが示されているのである。

第十節　形式美と内容美と機能美

対象構成契機の美

これまで説明して来た三種類の美、すなわち自然美、芸術美、技術美のいずれの対象をとり上げても、形式美や内容美や機能美がそこに成立する可能性がある。形式美・内容美・機能美は対象の種類の区別とは別に、対象を構成する契機——形式、内容、機能——に宿る美なのである。

したがって自然美・芸術美・技術美という系列と、形式美・内容美・機能美という系列は異種のもので、たがいに他から独立している。それゆえ自然美対象が形式美と内容美のどちらをより多く対象構成契機として含んでいるか、また芸術美対象が形式美と内容美のいずれに重きをおいているか、という問題には一般的なかたちで答えることはできないのであって、個々の具体的事例に即して考察するほかない。ただし機能美については、これが特に技術的構成物にもっとも顕著に、典型的に現われるということ、換言すれば、機能性という契機が技術製品においてもっとも濃厚に意識されることは確かなように思われる。そしてこの機能性の意識が多かれ少なかれ前提になってこそ、機能美が成立するのである。

形式美と内容美

形式美と内容美はいうまでもなく、それぞれ対象の形式および内容に即して現象する美である。形式美を優先させたり、形式にのみ美の本来の担い手を承認したりする美学説のことを形式美学と呼び、内容について同様のことを認める美学説を内容美学と称することは既述のとおりである（第一章、第五節）。そのばあいにも言及したことであるが、それでは一体何を指して形式とよび、何を内容と名づけるかは決して簡単に確定できるものではない（形式・内容は相関関係に立つものと考えられねばならないが、その複雑な事態の分析は第三章で詳論されるであろう）。

たとえば音楽や建築の分野で、内容の名に価するのは何であるといったらよいのか。その形式と内容はどこに境界線をもっているのか。これに比べると、絵画や彫刻では形式と内容がはるかに明確に区別されているようにも思えるが、それは具象的な描写・再現を原理とする作品のばあいにすぎないのであって、いわゆる抽象美術になると、全体としてむしろ音楽にすら接近していると言えるのではなかろうか。文芸のばあい、たとえば詩の韻律ばかりが形式ではあるまい。物語の組み立ては一体形式なのか内容なのか。このように芸術作品を例にとって考えてみても、形式と内容の関係はただ単に容器と中身の関係ではなく、もっとはるかに複雑に入りくんだ関係だということがわかってくる。

機能美とその位置

ところで機能美は一方で形式美と、他方で内容美と関連をつくっている。「形式は機能に従う」(アメリカの建築家ルイス・サリヴァン Louis Sullivan, 1856–1924 のことば) といわれるが、もしこの命題が正しければ機能美の概念は形式美のそれを包摂・吸収してしまうことになるだろう。しかし他方、機能の本来の意味を有機体（生物体）が生命現象を維持し促進するはたらきと解するならば、内容美の一部分はたしかに右の意味での機能——つまり生機的（vital）なもの——に基づいて生じると考えられるであろう。機能の意味を少し拡張して、日常世界を超越して行く精神のはたらきにもあてはめ、この精神機能を美のイデアへの憧憬と積極的に結びつけようとする思想はプラトン以来の伝統となって美学史を貫流してロマン主義の美学に及んでいる。

対象がどの程度の機能を保持しているかということは、実際に種々の機械装置で測定したり、あるいはじかに身体で触れて使用してみたりしてはじめて確かめられる。これに対して、いま問題になっている対象の機能美は、実際に使用してみなくても——つまり実践の局面から離れても——単に機能の仮象について生じうる。つまり美的観照作用の客観的相関項として機能の仮象が成立すれば、それだけで十分機能美の意識が生じるのである。対象の機能そのものがたとえ実証されなくても、その対象がいかにも機能的であるかのように、外観を与え、見かけの機能性を生じていれば、それだけで対象の機能美は十分成立する。機能美は美の種類としてあくまでも観照意識に属し、前述のごとく実践活動からきり離されているのだから、対象の実用的効力、効率をそのまま保証するわけではない。だが、逆に対象の機能の効率が高いときには、その認識が暗黙の前提となり、下敷きとなって、鋭い機能美意識が生まれることの多いのも事実である。

なお機能の実効性にもとづく快感というもののあることは否定できない。それは通常、機能的快（Funktions-lust）と呼ばれているが、なかには、対象の機能とこれに誘発された主観の意識機能とが融合してしまっているのだと考えることができるばあいも含まれている。

たとえば激烈なリズムの音楽を耳にすると、知らず識らず勝手に体が動き出し、思わず踊り出すというようなばあい、情動の機能が満足させられて快感を意識しているのである。情動のみならず知性についても同じことがいえる。推理小説の面白さのなかには、たしかに知的な機能的快が含まっている。他方、小気味のよいナイフの切れ味、などというのは、対象の機能性と意識の機能性が合一して機能的快を生じたばあいを指しているのである。以上に例示したような機能的快がはたしてすべて美的意味を帯び、美意識をかたちづくるかどうかは一概には語れない（後章で再度ふれることにする）。

さて機能美は上述のごとく形式美と内容美の両方に関わりをもち、両者につながる。しかしそのつながりかた、その位置は両者を結ぶ直線上の中点ではない。むしろこの直線の外側にはずれたところにあり、いわば偏平な三角形の頂点をなしている。かえりみれば形式美と内容美はともに対象の実体性にかかわる美であった。なぜなら事物はすべて形式と内容の組合わせによってその実体性を構成しているとみなせるからである。しかるに機能美はまさにこの実体性に対立するところの機能性にもとづいている。実体概念と機能概念はあくまでも峻別されるべきものである。この理由で機能美は形式美・内容美を結ぶ直線上に位置させるわけにはいかないのである。これを図式化すれば次のようになる（図A）。

さらに、先述の自然美・芸術美・技術美の系列と、いま明らかになった形式美・内容美・機能美の系列を関係づけると次のようなプリズム状図式が生じる（図B）。次図において技術美と機能美の結びつきは他のいずれの結びつきよりも強くかつ明確である。しかるに自然美と芸術美は、形式美と内容美のいずれにも結びつくから二通りの図式的表示が可能である。

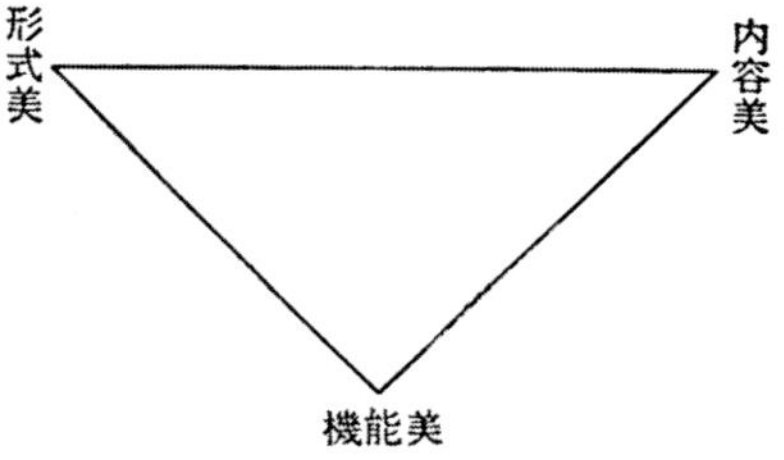

図 A

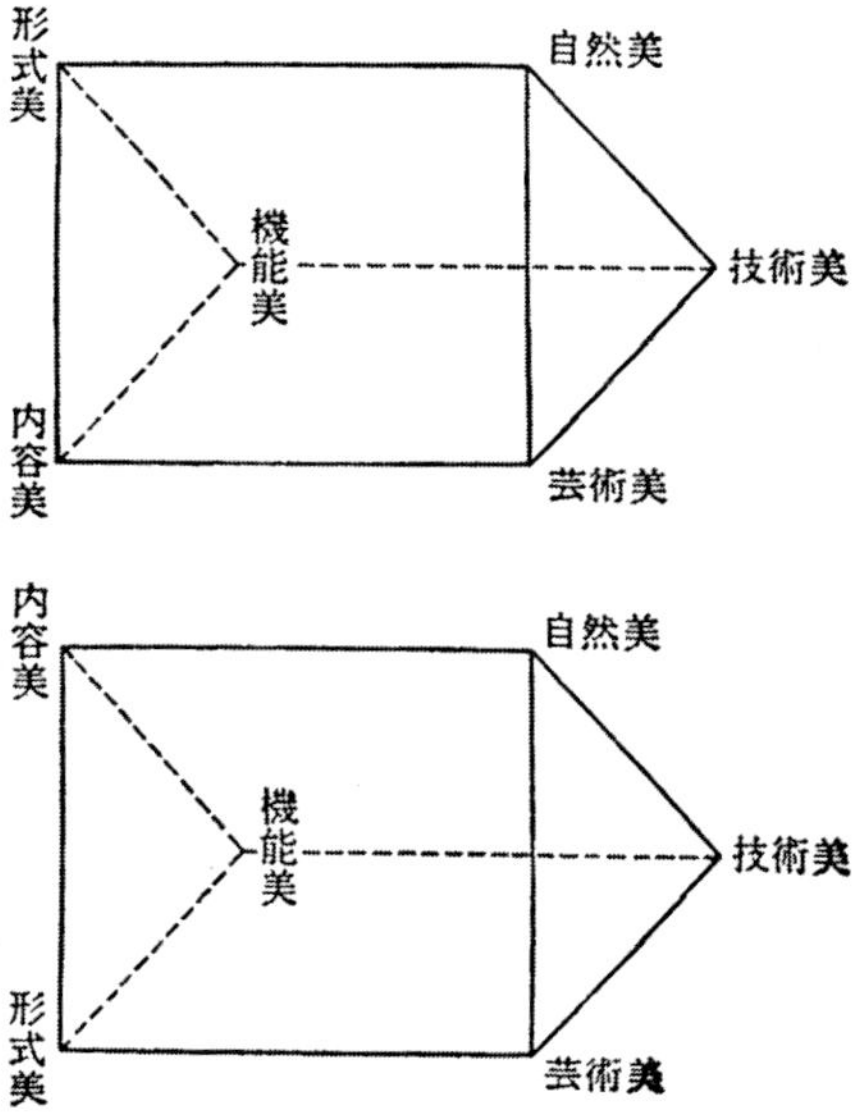

図 B

第十一節 美的価値の判断

類型論と価値論

前章までわれわれは美的品質を主として類型論的（typologisch）見地から考察してきた。その結果、美的品質はそれ自体広狭二義にわかれており、広義の美はさまざまな美的範疇を包含することがまず明らかになった。さらに美的品質を担う対象の存在のしかたに着目して、それには自然美、芸術美、技術美の区別があることも判明した。また美的品質を担う対象の構成契機にもとづいて、形式美、内容美、機能美が区別されねばならないこともわかった。しかし忘れてはならないのは、これらのことがらがいずれも対象における美的品質の存立をあらかじめ黙認した上で析出された結果だという点である。したがって――右の黙認事項につながることだが――肝心の美的価値の何たるか、その本質は、まだ手をつけられていない。価値ある品質としての美の意義はまだ考究されていない。したがって本章以降しばらく価値論的（axiologisch）見地から考察をつづけなければならない。

美的判断の論理的構造

価値論的考察の端緒として、美的判断の論理的構造を分析し、それによって美的価値そのものの本質認識に接近したい。

美的判断を認識論的観点から分析すると次に示すように四個の特徴をとり出すことができる。（以下の論述はかつてヨナス・コーンが実行した分析に負う点が多い。cf. Jonas Cohn: Allgemeine Ästhetik, 1901）

（1）　直感性

ある対象に美的価値を認めて、「これは美しい」とわれわれが下す判断――すなわち美的判断――は直感的判断である。カントが『判断力批判』第一節において、「趣味判断」（Geschmacksurteil）は直感的（ästhetisch）であると規定したのは、まさしくこのことである。美的判断のこの特性は認識判断と比較すればもっとも容易に理解できる。たとえばいま、「これは植物だ」、「これは花だ」、「これはバラの花だ」などと次々認識判断を下すとき、われわれは感性を通じて与えられたデータを、悟性の働きによって構成された概念――植物とか花とかバラとかの概念――

にいわば吸収・解消してしまう。バラの概念のなかには当然のことながらバラの色も香もその他の感覚的印象も残ってはいない。バラの概念は論理的構成物として抽象的な存在だからである。ところが美的判断を下すばあいには、感性が与えてくれたデータの具象性はいつまでも消えずに残っていて、主観の自我は直接それとの関わりを保ちつづける。したがって一輪の花の美を判定するとき、われわれはどこまでもこの具象的な一輪の花を直視しながら――勿論実際の知覚でなく想像に訴えてもよいし、回想してもよいのだが、とにかく具象的な対象をひたと見すえながら――美的判断を下すのである。そのばあい概念として抽象化された「花というもの」、「花一般」を認識しているのでは決してない。美的判断のばあいのように感性的具象性が保持されるのは、カント流に語れば、対象の表象（Vorstellung）が主観に関係づけられるからである（客観に関係づけられると認識活動になってしまうのである）。カントは以上のような事情をさして直感的と特徴づけたのである。そしてこのように美的判断が直感的判断であるがゆえにこそ、美はそれ自体、論証作業によってはじめて把握される、というような存在ではありえないのである。つまり美は直接的体験のうちに自《みずか》らを現出させるのである。かくして美的価値は直感性に固有の価値である。

（2）　自己目的性

美はそれ自体が目的となっている。決して他の何ものかのための手段となっているわけではない。先述のコーンの用語を借りると、美は自己目的的な内包的（intensiv）価値であって、手段的価値たる結果的（konsekutiv）価値でないということになる。しかし内包的価値のなかには、美のみならず、真や善も含まれている。なぜなら真も善も決して何かのための真理であり善行であったりするのではなく、自己目的性をもっているからである。これに反して有用性（効用価値）は当然ながら結果的価値に属する。

しかしながら前述の花の例をとりあげて、この花を純粋に植物学的見地からみれば、それはとりもなおさずその植物の繁殖のための器官であり、その色香や形状のもたらす感覚的刺激も繁殖という目的に奉仕していることが認識できる。したがって花もまた結果的価値を担うことになる。この事実から推して、一輪のバラの花が美的判断の対象（美的対象）であることと有用性についての認識判断の対象（認識対象）であることが排斥しあわないことは歴然としている。すなわち対象の担う価値の点で美的価値と効用価値、美と用とが同一対象の上に生じることは少しも不合理ではない。美と用は乖離背反せず、重合するのである。ただしそうだからといって、美と用が必然性をもって結ばれるわけでもない。すなわち有用だから美であるともいえないし、逆に美だから有用だともいえないのである。美と有用性の重合はただただ偶然的に起こるのである。

（3）　個別性

美は具象的な個物の上に成立する。先述のごとく、美は直感性と自己目的性を特徴とする価値として現象するのであるから、抽象的な概念連関や手段の連鎖からきり離されて、独立自存することが可能である。真や善は上述のごとく内包的価値に属し、そのかぎりにおいて美と並んでいるが、他面真も善もより大きな連関のうちに置かれてこそ、はじめて価値でありうる。このような性質の価値を――やはりコーンの用語を借りて――超在的（transgredient）価値と呼ぶ。真理はつねにより大きな一般的真理の一部分でなければならないし、善もまた個々の善行の背後に存在する道徳的善の理念とつながりをもちえてこそ価値たりうるのである。

かりに真理が個別的なら、それはもはや論証の対象ではなく、信仰上の奇蹟のごときものであるほかない。繰りかえしになるが、真理はつねにより大きな一般的真理の一部分だからである。林檎の実は熟したら枝を離れて地上に落下するが、この個別的事実は万有引力の法則という、より大きな真理の連関のなかに編入されることによって、はじめて真理の価値を実現するのである。

また道徳的善の理念とのつながりを欠けば、一行為がはたして美徳か悪徳か、そのけじめを失い、善悪は相対的にしか区別できなくなる（科学技術が進歩すると、そういう事例が多くなるであろう）。たとえば節倹の美徳は、見方を変えると、吝嗇の悪徳と判定される。善の理念はこの相対性を止揚する全体性を担っている。ところが美は真や善のばあいと違って、より大きな連関を必要としない。この性質をコーンは内在的(immanent)価値と呼んだ。したがって美は内包的かつ内在的な価値だということになる。

芸術美の例について考えれば、個別的作品はみなそれぞれに一個の全体性——美の世界とでも名付けられて然るべきもの——をかたち作っている。個にして全という性質、換言すれば、単一の存在者でありながら世界の全体を自己のうちに映すモナド（monade）的な存在者の性質を美的なものはもっているのである。さらに言い換えると美は自己完結性を示すのである。

以上に述べた諸価値の位置付けを図式に示すと次のようになる。

- 内包的価値——
  - 内在的価値……………美
  - 超在的価値…………真、善
- 結果的価値…………………………有用

（4）妥当の要求性格

美的価値の妥当性は主観的である。そう考えることは少しも無理ではない。だが、そうだからといって、主観の勝手気儘に、その都度の気分で、美的判断が下されてしまう、ときまったわけではない。美的判断は主観的とはいえ、それには恣意ならざる妥当性が認められるのである。

美的判断を経験的事実として捉えてみると、そのかぎりにおいて、結果はまちまちで、判断の基準ないし目安は存在しないかのごとくである。古くから西洋には「趣味は論議の外《ほか》」（De gustibus non est disputandum.）という諺が通用しているし、日本にも「蓼喰う虫も好き好《ず》き」という俗諺がある。これらはともにひとびとの趣味・嗜好は多様であって、それが合理的には説明しきれないものであることをあらわに示している。このことを省みても、経験的事実問題としての、美的判断の妥当性を保証してくれる基準を設定することが覚束ないことがわかる。それゆえわれわれは事実問題（quaestio facti）から視線を転じて権利問題（quaestio juris）に向けなければならない。

権利問題としてみるかぎり、美的判断を下す主観は——心理的に意識する、せぬにかかわりなく——自分独りではなく万人にこの対象の美を是認してもらいたいと思い、そのような権利要求を行なっている。このことは判断者の心理的事実では決してない。カント流に言うと先験論理的（transzendentallogisch）問題であり、認識論的問題なのである。美的判断の当否は検証手段を欠いている。だから認識判断のような客観的妥当性を失っているけれども、そのかわり妥当の権利要求を行なって各々の判断主観に拘束ないし制約を加えているのである。この拘束は超越論的ないし先験的な性格のものである。この意味において美的判断——したがって美的価値——は主観的普遍性をもっているということができる。

右に述べたような拘束の必然性をカントは範例的必然性（exemplarische Notwendigkeit）と呼んでいる。ということは、ひとびとが美的対象を、知らず知らずのうちに、普遍的規則の範例として判断するものだと考えられるからである。(20)

単なる快適の価値はこのような妥当の権利要求を行なうことができない。快の体験は主観の自己の上にいつまでも滞留する。いわば閉鎖的構造を示すのであって、本質的に自己本位のもの、エゴイスティックなものである。刺激はたしかに客体から受けとるのだが、快そのものは客体への関係づけを失い、主観の自己にのみかかわる。

ただし美から派生した快のみは構造を異にする。すなわち美的快とよばれる体験のみが右のエゴイズムを打ち破り、閉鎖の厚い壁を突破して、他の主観との連帯性を希求するようになるのである。美的価値の体験は——美の自己完結性とはうらはらに——開かれた体験と称すべきものであって、主観的普遍性を基礎として、体験内包が普遍的に伝達される可能性を生み出すのである。

なお美的判断の結果をアンケート方式で調査して、蒐集された資料を統計的に処理してみても、判断の妥当性の経験的検証はできるが、その超越論的（先験的）構造までは解明できない。なぜならこのような調査結果それ自体が経験的事実の累積にすぎず、いわゆる「事実学」の資料になるだけで、「経験」から「経験に先立つもの」を帰納することは不可能である。

われわれが美学のなかで追求しているのは、美そのものに関することがらであって、事実としての個々の美ではない。勿論、後者の直感的把握を抜きにして美そのものの空疎な思弁に趨ることは厳に戒めるべきだが、多くのひとびとが経験したことがらを無計画・無方策に累積した結果からは、美そのものについて教えられることはないのである。既述のごとく、われわれのしごとは「本質学」および「超越論的哲学」に属しているのであって「事実学」に属してはいない。

プラトンは『大ヒッピアス』のなかで、「私は多くの人々に美しいと思われるところのものを問うているのではなく、美であるところのものを問うているのだ」(298 d) と述べている。「多くの人々に美しいと思われているもの」(ὅ δοκεῖ τοῖς πολλοῖς καλὸν εἶναι) はアンケート調査の可能な経験事実であるが、「美であるところのもの」(ὅ τι ἔστιν) は本質学的・超越論的研究によって解明されるものである。

美的価値と価値判断

以上に述べたことがらは、美的判断についての事実問題と権利問題を峻別するカントの批判主義の哲学の見地から導出されていた。権利問題はいうまでもなく批判主義美学が考究すべきものである。そして事実問題は心理学的美学に委ねられることになるのは理の当然であろう。

しかしこのような批判主義の思想とは別に、現象学の立場から美学に挑んだインガルデン（Roman Ingarden, 1893–1970）は美的価値を客観的に経験に先行する品質——客観的アー・プリオリ——とみなし、「価値そのもの」と、経験的に下される「価値判断」とを区別している。前者はアー・プリオリの存在であるが、後者は相対性を免れることができない(cf. R. Ingarden: Erlebnis, Kunstwerk und Wert, 1969)。この区別を念頭におけば、（1）対象のもつ「美的に価値ある品質」（ästhetisch wertvolle Qualität）に対して、しばしばまったく非美的（außerästhetisch）な価値判断——たとえば宗教的価値判断——が下されることがありうるのも不思議ではなかろう。（2）また対象のもつ美的価値についても、これを十全に把捉できて美的判断が下されるばあいと、何らかの阻害因子が生じたために美的判断が歪められるばあいがわかれて、価値判断が動揺することも判然とする。これら価値判断の相対性は、心理的意味のものであったり、歴史的意味のものであったりするが、要するにわれわれの経験に由来するわけである。

美的見地からすればまことに崇高きわまりない雄渾な仏像、たとえば薬師寺金堂の本尊薬師如来なども、寺僧や篤信の徒にとっては、美的対象としての彫像を越えた宗教的価値にみちた礼拝対象となっているであろうから、かれらがこの尊像を規定する判断は宗教的価値に関する判断である。美的判断はこのばあい、宗教的価値判断に基づけられ、それをふまえたかたちで、二次的に下されることになるであろう。

右の薬師如来像は保存状態も良好であるから、彫刻芸術の作品としてみたときに、これに対して美的価値判断が十全に下されるのは勿論である。しかるに興福寺仏頭についてみれば、これは薬師寺本尊にやや先んずるがやはり白鳳期彫刻の優作であるのに、のちの十五世紀の火災で銅造丈六仏から焼け残った頭部であるから、膚は焼けて鍍金もほとんど認めがたくなっている。このような事故は美的観照にとってとりかえしのつかない損傷を仏像に与え、美的判断の阻害要因になってしまっている。したがって完全な丈六仏像だったら下されたであろうと推測される十全な美的判断も、すでに現状では不十全なものにとどまらざるをえない。

第十二節　美的価値の意義

前章で美的価値に関する判断の論理的構造を分析した。しかし美的価値がわれわれの生活や存在に与える意義については、もう少し一般的な視野で捉え直す必要があるから、以下にそれを若干の観点に整理して述べることにしよう。

理想価値としての美

美はしばしば真や善とならんで精神的な理想価値の一環をなすと考えられている。すなわち人生においてわれわれが関与し、実現したく思う価値、追求すべき価値の一つと考えられている。このことは美が感性的現象でありながらそれにとどまらず、同時に感性を超えた深遠な精神的意義を開示するものであることを示している。

美と真

人生を充実したものにし、人生の意義を実感させる局面はさまざまであるが、美的静観（ästhetische Kontemplation）の態度をとることによって、われわれが美的価値を体験するのも人生充実の特殊局面の展開にほかならない。

しかし静観的態度はつねに美的意味のそれであるとはかぎらないし、そこに実現される価値もつねに美的価値とはいえない。なぜなら真理の価値もまた同じく静観的態度のもとに実現されるからである。したがって静観的態度そのものには美的意味のものと理論的意味のものと二種類が区別されることになる。広義の静観的態度に対立するのは実践的態度である。

- 静観（Kontemplation）
  - 美　的（ästhetisch）
  - 理論的（theoretisch）
- 実践（Praxis）

古代ギリシア人は静観（テオーリア θεωρία）を理論的と美的の両方の意味で捉えていた。（θεωρία という語形は今日の theory, Theorie, théorie などに残っているが、美的意味は消滅してしまっている。）

他方、中世から近代にいたるまでひとびとは静観的生活（vita contemplativa）と実践的生活（vita activa）を対立させてきた。たしかに実利を追って活動するときには、ひとは静観の意義を忘れがちであるが、元来、静観は実践の欠如を意味せず、それ自体実践生活上の矛盾の止揚でなくてはならないのである。

右のようにながめてくると、美を観ることと真理を考察することとは根本的に通ずる点をわかちもっているということができよう。

美と虚構

美はしばしば真理の反対物たる虚偽とも深い関係を結ぶことができる。特にこのことは芸術美において顕著である。なぜなら芸術的表現はいわゆる「絵そらごと」であり、虚構（fiction）として特徴づけられることがきわめて多いからである。たしかに芸術的表現が字義通りの真《まこと》であるはずはない。むしろ古くから芸術美は「真《まこと》らしさ」（verisimilitudo, vraisemblance）を示すものと考えられてきた。真らしさは芸術的真理（künstlerische Wahrheit）を端的に示しているが、半面においてそれは美が虚偽と結合したものとして捉えることもできるであろう。いな、芸術的真理とは、虚構が美と結ぶことによって自己を価値的に変質させ、自己を高めることを必然的に含んでいると考えてよい。

芸術美に限定して考察すれば、表現の題材には人生そのものの不条理性（absurdité）が現代では殊のほか好んで選択されるようである。この不条理性は倫理的問題であるが、同時にまた人生の実存的真理の一側面を鋭く剔り出したものだといえる。不条理性に何らかのかたちを与え、美的態度をもって観照するに適わしく形成することが、実存主義的思潮に沿った芸術家のつとめであろう。そもそも人生の虚偽、生活態度の欺瞞性を暴露することは芸術にとって深刻な題材であるが決して非本来的なことがらではない。そしてこのことはすでに善悪と美の関係を示唆しているわけである。

美と「よさ」の価値

これまですでにたびたび機会のあるごとに述べたように、美は道徳的善とつよく結びつけられて感受される。この善はたしかに「よさ」である。美もまた一種の「よさ」ではあるまいか。しかし他方、有用性や快適もまた「よさ」の価値に属している。したがって「よい」と言う価値賓辞は実にさまざまな意味を包みこんで、はなはだ曖昧な概念である。

通常われわれは「よさ」の包含する多種の意味をことさら細分することもなく、習慣的に「よい子」だとか、「よい絵」だとか、ごく大雑把にこの語を使用しているが、学問としての美学はこれらの多様な意味のなかから特に美的意味での「よさ」を剔出し、特記しなければならない。一つの目安として、有用性や快適は精神的・理想価値に属さないという事実があげられるだろう。美と道徳的善のみはこの精神的・理想価値を構成していたのであった。その点からみて両者には共通点が認められる。繰返しをいとわずにいえば、古代ギリシア人は両者の融合形態をカロカガティアと呼んだのである。

美と悪

カロカガティアの観念が美と善の必然的結合を証明しているように、悪は醜と結びついて捉えられる。醜悪という語の存在がそれを物語っている。しかしながらそれとは違って、悪が美と積極的に結合する可能性を見のがしてはならない。つまり美が悪を荘厳《しょうごん》するばあいがないとはいえないのである。この事実は、美的価値も倫理的価値も――前項で説いたように――ともに「よさ」の価値に属しはするものの、本来、異次元におかれるべきものであって、善のみならずその反対物たる醜も美と深くかかわりあうことを拒否しない所以を示唆しているのである。

芸術作品の表現題材には古くからさまざまな悪がとりあげられる。しかも勧善懲悪を目的として否定され、打倒されるべきものとして取材されるばかりではない。悪人の人間的活力の大きさとか、心ならずも背徳行為にいたった動機の深刻さなどが好んで主題に選ばれることがある。このようなばあいには言うまでもなく作品は悪徳の讃美に陥るのではない。人間本来の弱みに根ざした苦悩の大きさを伝達することが大切なのである。そのためにはこのような題材を芸術家が的確に把握しなければならない。素材はかれによって巧みに形成されなければならない。その力量の逞しさ、形成技巧の卓抜さのおかげで、作品全体に美的価値が与えられるのである。換言すると、芸術家が題材・素材を適切に把握し、形成する活動を通して、素材としての倫理的反価値（悪）が美的価値を担うものに変容されるのである。

美がもし純粋性を保持しようとすれば、対象から道徳的内容契機を排除しなければならない。さもないと美の自律性が保てないからである。だがそのようにして確保された美の純粋性は、実際には、純粋性に名を借りた内容空疎な形式に堕する懼れがある。(21) 具体的な美的体験は感性的形式の美だけにかかわっているのではなく、感情の深さの次元（Tiefendimension）に沿ってもろもろの苦悩や悲哀を含んでいる。つまり美的価値は人間存在の最深の基底層に根ざし、倫理的価値とその内実をわかちあっているのである（したがって両者を先述のごとく単に「よさ」

に属するものとみなすだけでは不十分だということがわかる)。

倫理的問題を単に習俗の次元で扱うのではなく、人間存在の最深層で捉えるならば、おのずから宗教的問題に通じることになる。なぜなら宗教は道徳を基礎付けるからである。キリスト教ではいわゆる「原罪」の悪というものを考えるが、悪そのものにも深さの次元が備わっていて、小さな悪から根源的な悪までこの次元に沿って分化しているのだと考えると、原罪的悪の自覚の深まりとともに、芸術的表現の内容にもこの形而上学的・宗教的な悪の契機がより濃厚に、より深く浸透していく。

前述のごとく悪行をなす人間の活力の大きさとか、背徳の動機の深刻さとかをうかがわしめる題材が芸術家の適切な形成活動によって美的価値に転化するばあいには、まだかならずしも既成道徳の価値体系が否定されるわけではないし、ましてその体系の顚覆・改変がひとびとによって意図される必要もなかった。ところが、悪そのものの深さが根源的に問われる状況においては、既成道徳の価値体系はすでに規範的意義を失ってしまう。それだけに、芸術美と悪のつながりは非常に深い層位で実現されるということができる。(22)

美的価値の優越性

しばしばひとは美的価値が他のいかなる価値より優越すると主張する。唯美主義、耽美主義の世界観・人生観に支えられて、このような価値体系を学問的に組織することもできるであろう。

たしかに真、善、用など世俗的な水準で諸価値を並置したばあいに、美が超日常性を帯びていることを理由として、他の価値に優越する位置を占めると説明されても一応納得できる。しかし超日常性という点では、完全に世俗的なものを排除した宗教的価値——聖性——もまた典型的にこれに該当するから、われわれは美的価値と宗教的価値——美と聖——の関係をできるだけ明確に認識しなければならない。前項で示唆した美と悪のかかわりが「美の深さ」を探求する手掛りであるとすれば、美と聖のつながりはいわば「美の高さ」をわれわれに暗示するものといえよう。つまり美は聖と結ばれるときに、価値の階梯をかけ昇って、他の価値にまさる高い位置を占めることになるのである。

芸術的表現の内容として宗教的なものが認められる例はあまりに多すぎる。いわゆる宗教芸術——特に宗教美術——が古今、洋の東西を問わず、芸術活動の主流を占めている事実を省みて、われわれはいまさらのように驚かされる。いま仏教についてみるに、日本の平安時代には密教仏画の優作がつぎつぎに輩出したが、たとえば『大威徳明王像』(ボストン美術館蔵)や『黄不動』(園城寺蔵)は密教尊像独得の忿怒相を湛えて、いやが上にも聖なるものの畏怖が表出されているけれども、他面『孔雀明王像』(原氏蔵)のように、着衣に切金《きりがね》をふんだんに利用して、あくまでも静謐なたたずまいのなかに装飾美があらわれて、聖なるものの魅惑を示しているものもある。宇治平等院鳳凰堂の本尊阿弥陀如来はいかにも超越的世界から俗人信者の悩みや訴えを聴取するがごとくに、穏やかな表情で礼拝者を眺めているが、時代を遡って奈良時代の作と覚しき奈良新薬師寺の香薬師については秋草道人・会津八一が

　ちかづきて　あふぎ　みれども　みほとけ　の　みそなはす　とも　あらぬさびしさ(『南京新唱』)

といみじくも詠んでいるように、礼拝者の存在と関わりのない超越者のまなざしを示している。

作品の享受ではなく、制作行為そのものに聖性の契機を見出し、芸術創作を宗教的境地に高めたいと庶幾する芸術家はやはり数多く出現した。仏師は仏像を刻むにあたって「一刀三礼《らい》」の崇敬をこれに捧げなければならなかった。フラ・アンジェリコの画業はこれに匹敵するような敬虔な制作態度に依るものと解される。西行法師の作歌修練はかれが明恵上人に洩らしたことばから推測できるのであるが、「……此の歌即ち是れ如来の真の形体なり、されば一首読み出でては一体の仏像を造る思ひをなし、一句を思ひ続けては秘密の真言を唱《となふ》るに同じ、我れこの歌によりて法を得ることあり」と述べて作歌活動すなわち宗教的活動という信念をあらわに示している。ともあれ、これらの事例からも芸術活動そのものの宗教化、美的価値の聖化という現象が明瞭に把握できる。[23]

ここで注意しなければならないのは、たとえ聖性との結合によって価値階梯の最高位に昇った美といえども、後述するように、それが美的体験の充足状態と考えられるかぎり、顚落・下降の危険にさらされるということである。美の高さははなはだ不安定な状態を本質的に含んでいるのである。

美の超日常性

すでに折にふれて述べたこともあるが、美はたしかに超日常的な性質をそなえている。換言すると、美的価値はすべての効用価値（有用性）から脱却し、これを超越しているのである。そもそも日常世界には効用価値の遠近法とでも称すべき構造秩序がそなわっている。われわれの生存にとって最も有意義で役に立つものが手近に置かれ、距離の増加に反比例して役立たないものが置かれる。この配置は日常世界に生きているかぎり、われわれ自身が各自においてその都度構成してゆく構造秩序なのである。（ただし純粋な自然環境として意味づけられた世界、およびその構成とは異なっている。）かくして効用価値は日常世界の構造秩序を意味づける原理と考えられる。

ところが美的価値はこのような効用価値の支配する日常世界の秩序を一挙に超えてしまう。(24) しかし日常世界の超越といっても、われわれが生存しているのは日常世界以外にはないのだから、具体的にはどのような体験をさして超越と呼ぶのであろうか。——それを一言で表現すれば、それは事物・事象に対する根本的な驚きを経験することである。驚きの体験下において、時間や空間の秩序が日常世界と異なった性格のものになり、世界そのものの意味づけも変化する。後章でも詳論するが、この驚きがただ単に生理・心理的現象を意味せず、したがって強烈な感覚的衝動を指していうのでないことが理解されるであろう。根本的な驚きは、日常生活内で慣習的に反応する知覚の過程を、一挙に超出する体験である。その対象は新しさという性質を与えられる。この種の新しさも単なる感覚的新鮮さや珍しさで置き換えられない、いわば反省的に気付かれた根本的な新しさという意味をもっている。かくして根本的な位相での驚異体験が、超日常性を条件づけることが明らかになった。この驚異体験は美意識の根柢をかたちづくっているということができる。繰返していえば、美は要するにこのような超日常次元における驚異体験の対象であり、内包である。

美の現象性

美的価値が現象する価値だということはいくら強調してもしすぎることはない。美には現象性が認められるのである。しかしこのことは、美が実在対象の外見や形態として現われねばならない、という意味では決して尽きない。もしそうなら美的価値は対象から与えられる感覚的刺激によって起こる快に帰着せざるをえなくなる。このように美を快感へ還元してしまう思想は美学説として偏狭にすぎる。

対象の諸部分のあいだに生じる比例関係——釣合い、対照、均衡、調和など——も知的な分析過程を経ずに直接に直観されることが多いのであるが、このような関係の直観的把捉もまた一種の現象なのである。してみれば、美的対象は単なる感覚的現象にとどまらず、より広義の現象性においてこそ、その美的価値の担い手たる資格を承認されているのである。

これに反して美以外の価値は現象性を必要条件とはしていない。すなわち真も善も有用も、聖も、それ自体のもつ価値内容は決してそのまま現象するとはかぎらない。それらの内容は適切な感性的契機を媒介となしえたときに、はじめて現象しうる。

美的価値が現象性をもっているということは、ただ単に対象が意識に現出して、いわゆる志向対象になっていることを指しているのではない。現象することそれ自体に運動がそなわっていて、それが目的論的終極（エンテレケイア ἐντελέχεια）に到達したとき、はじめて美的価値の契機となりうるのである。

現象することそれ自体は一種の形式である（このことは現象形式の概念として後章で説明される）。この意味の形式に対して真、善、聖などが内容になりうる。換言すれば、現象としての美的価値は形式として作用して、真、善、聖などの価値を包みこむことができるわけである。だがこのような形式・内容の結合はエンテレケイアに達した現象によってのみ可能となる（さもなければ絵画も真理や徳行や聖物の例示ないし比喩的説明にすぎなくなって、美的価値を担う芸術作品にはなりえない）。またここでいう形式は先述のごとき対象構成契機としての形式美でいう形式とは別の視点から眺められたものであるから両者の混同は避けねばならない。むしろここでいう形式は美の自律的価値を保証する契機と捉えられねばならないものである。(25) すなわち素材的諸価値を包みこむ美的価値独得のはたらきを敢て形式と呼んでみたのである。

美と醜

美的価値の反対概念はだれが考えても醜であろう。ところで醜について考察することは、美的価値そのものの構造を知るためにもすこぶる有意義である。

醜はたしかに狭義の美を否定したことばである。しかし先に第四節でもふれたように、醜は決して美的範疇の外に締め出される現象ではない。狭義の美を調和や比例の観念で説明したり、快感の効果から基礎づけようとしたりする学説は古くから存在したが、かりにそれらの考え方を許容することにして醜なるものをふりかえると、たしかに醜は比例のわるい、調和を欠いた、歪形や奇形を特徴にもち、不快感を催させるものに生じているといえる。要するにそれは狭義の美を価値的に否定したものである。けれども醜はすべてにわたって消極性を示すわけではない。醜なるものは醜であるかぎり、その現象性においてなかなか強力なところがある。もし現象的に微弱で、いわば迫力に乏しければ、醜にすらなりえないだろう。したがって醜は価値性の面では消極的でありながら、同時に現象性の面では積極的な現象だということになる。

狭義の美は積極的な価値内包の積極的な現象である。美も醜もともに現象的には積極的なのだから、美と醜のあらわれかたが消長関係に立つわけでは決してない。つまり醜は美の現象が稀薄になったり、消えてしまったりした状態を言うのではなく、かえって美に対抗するような迫力を備えさえするもの、いわば反美の顕現なのである。

	美（狭義）	醜
価値性	積極的	消極的
現象性	積極的	積極的

ところで醜が右のごとく現象性において積極的だということは、前項で説いたように、美的価値(広義の美の価値)が現象する価値だという事実に少しも背馳しない。したがって醜を広義の美のなかに数え入れることは少しも不当ではないのである。要するに醜は美的範疇のうちにとどめられるべき性質のものなのである。

かくして醜は狭義の美の価値に反対のものであるから、美的反価値と呼んで差し支えない。反価値として働くのは狭義の美に対してである。しかしそれが広義の美に属することを妨げる要素は何もない。

醜ほどには反価値性が顕著でないとしても、崇高、悲壮、滑稽、フモールなど代表的な美的範疇はいずれも純粋かつ典型的な調和的快感の効果から多少はずれた内容の感情を観照者のうちに誘発する。しかしこれらのものはみな広義の美に属しているのである（この点についてもすでに第四節で示唆しておいた）。

さて美的価値の否定にはもう一つ別な意味が含まれている。すなわち先述の現象性そのものが衰弱してしまって、その結果、狭義の美の品質はおろか、広義の美の諸品質までも消失してしまうことになると、価値的に中性（neutral）となり、美的価値領域の外にはみ出してしまう。このような「非美的」性質を「美的外」(außerästhetisch, extra-esthétique）と形容するばあいがある。

第十三節　美的価値の体験

美的　主観・客観関係

美的価値の体験は主観と客観の相関関係をふまえて成立している。この事実を確認するために、認識や実践のばあいと比較してみると、認識活動ではあくまでも客観の優位性が保たれ、実践活動では逆に主観優位の関係が貫かれなければならないのに、美的価値の体験においては主観と客観のあいだに微妙なバランスが維持されていて、主観なくして客観なく、客観を抜きにして主観はみとめられないのである。

ところでこの美的関係においては、主観と客観とが「物」同士の実在的関係に置かれているわけではない。デカルト流にいうと、客観は「延長物」（res extensa）であり、主観は「思惟物」（res cogitans）であるが、美的関係はこのような二つの実体間の関係ではなく、——つまり「物と物」との関係ではなく——「物」とは違った「心」を考えて、「物と心」の関係として捉えられるべきなのである。中世スコラ哲学以来の伝統的な考え方を踏襲しつつ、これを改変した近代の心理学者ブレンターノ（Franz Brentano, 1838-1917）を直接の祖として、現代の現象学は意識の志向性（Intentionalität）を説くのであるが、この術語を導入していえば、いまわれわれが当面問題にしている美的主観・客観関係（ästhetische Subjekt-Objekt-Beziehung）は、まさしく「物と心」の根本関係として、志向的関係なのである。

現象学が教える意識の志向性とは、意識がつねに「何ものかについての意識」（Bewußtsein-von）だということである。この志向性にもとづいて、対象が本源的《オリジネール》に自己を意識に与えて現出してゆくのである。この対象の、意識に対する自己能与（Selbstgebung）は、当然あらゆる意識生活について妥当する根本的事実であるが、特に美的なものが意識に己れを与えてゆくことを確認し、その現出のしかたを分析し、記述し、またどのような経過をたどってその特殊な現出のしかたが可能になるかを理論的に探求してゆくのが現象学的美学の基本的課題である。現象学の方法は――勿論ここでは詳述できないが――たしかに美学研究領域では殊のほか有効である。（注（5）を参照してほしい。）繰り返していえば、美的価値の体験は志向的体験なのである。

直感的体験

美的価値の体験は前章の叙述から容易に察せられるように、直感的体験である。これをくだいて説明すると次のように言える。すなわち美的体験は直接に感受し感動する体験の過程なのであって、認識活動のように与えられた対象について概念を構成する作用でもなければ、実践活動のばあいのように主体の意志を強く働かせる作用でもない。美的体験にのみあらわれるこの固有の直接性――われわれはこれを今後美的直接性と呼ぼうと思う――をかつてフォルケルト（Johannes Volkelt, 1848–1930）が示したように、没概念性（Begrifflosigkeit）および没意志性（Willenlosigkeit）ということばで特徴づけることもできる。

直感的体験はいうまでもなく知識構成の活動よりも一層ふかく自我に喰いこみ、自我を蕩揺させる。体験は単なる知識――書物を読んだり、伝達された情報を通じて得た知識――と違って、はるかに重かつ大なる主観的意義をわれわれ各自の自我にもたらす。たとえば机上の知識として太平洋の広さを考えることができても、実際に炎熱や荒天をついてヨットでこれを単身横断する冒険的な体験に比べれば、その知識がきわめて抽象的な把握にすぎないことは明白であろう。美的価値が抽象的な知識としてではなく、体験として、しかもすこぶる具体的な直感的体験として把捉されることから、その内実の豊かさ、自我にとっての意義深さが推測できるにちがいない。換言すれば、美的直接性は決して空疎で無規定的な直接性ではなく、認識活動のばあい対象の概念構成のために失われてしまう具象的契機を回復もしくは蘇生させる条件として機能するものなのである。

美的直接性と日常的直接性

前項の叙述から美的直接性の特徴が大づかみになったと思うが、次に、これが日常生活を支える基礎となっている日常的直接性からどのように区別されるかを明確にしたいと思う。

そもそも日常生活において、われわれは自然が元来与えてくれるもののほか、多種多様の文化的所産によっても周囲をとりまかれていて、それらのものが各人各様の環境を形成している。この環境を細部まで注視してみると次のような事実に気付くであろう。すなわち現代生活にあっては、高度の学問や技術がもたらした結実をわれわれは世間一般のひとびととともに何ら特別な感慨もなく享受し、至極当然のこととして大いに活用している。この現象は衣食住の一切に及んでいるから、あまりに身近に過ぎて普通には気付かないのである。高度の学術が開拓した機械文明の所産は、それを産出した学術の過程そのものへ自分で介入しなくても、それを操作するための最少限度の知識さえ得られれば、容易にこれを支配し、消費することができる。たとえば日常生活へ流入してくる各種各様の電化製品は、それを産出したエレクトロニックスの高度の知識をもちあわせなくとも、さながら木石のごとき自然物と同様に扱うことができる。つまり取り扱いの解説書を一とおり読了すれば、あとは適当にボタンを押すだけで機械はちゃんと作動してくれる。このようにひとびとは学問・技術の過程に立ち入らなくても結果だけを単に物象化して扱うことができるのである。この際重要なのは、学問・技術が日常生活へ適用されるために必要な媒介物として自己を規定することなしに、日常生活へ直《じか》に受け容れられるということである。換言すると学問・技術という媒介過程が一挙に飛び越えられ、いわばそれを無化して最終結果たる製品をあたかも自然物視しているという事実である。省みれば技術の発達はこのような日常生活の特性を促進助長してきたのではあるまいか。けだし技術文明は、技術的操作をできるかぎり簡略にし、自然物を扱うのと同様に容易に操作できることを新製品開発の目安に置いているのであるから――。そうなると技術社会の日常生活は、日常化というかたちをとって、生活全体の「自然化」をおしすすめることになる。高度の技術文明の真只中に在りながら、われわれは自分の環境を自然であるかのごとくにみなし、技術の産物を自然の木石のように扱うことに馴れてしまうのである。技術文明という本来自然に対抗して人間が開拓してきたものが、いまやあまりに人間生活に近く喰いこみすぎて、かえって自然の占めるべき位置を奪っているのである。厳密な意味での自然はかくのごとくにして技術の背後に隠れてしまうことになる。以上に述べた、媒介の飛越ないし無化、自然化は日常生活が直接性を示していることと等しい。実際、日常生活に直接性が成立していなかったら、われわれは日々の些細な実践もできなくなってしまうではないか。

日常生活の基礎をなす生活実践上の直接性に比べると、美的直接性なるものは意識に与えられたものの感性的品質を保持するところに生じる。この感性的品質の豊かさは少しも抽象的認識過程によって削減されたり、濁らされたりせずに、当初の品質をそのまま保持して、美的意義を生ぜしめるようになるのである。この美的直接性は、日常的直接性がもっぱら生活実践の方面で問題とされるのに対して、主として直観や感動という意識作用を規定する原理としてあらわれるのである。(26)

美的対象の意味構成のしかた

自然美と芸術美を比べたばあい、両者の美的品質がどんなに異なっているかについてはすでにこれまで説明したつもりである。この相違は観方によっては、それぞれの対象の美的意味の志向的構成のしかたが異なっているという事実を物語っているのである。

芸術美においては作品を創作する際の芸術家の意図は多かれ少なかれ明確に認識することができるし、それを知り得たならば、かれの創作を追体験してみることによって、対象的意味の構成もあきらかになる。ただしこの際解釈作業が多様化して、一義的に規定することが困難なことも否定できないのであるが――。これに反して自然美のばあい、いわば造化の神意《ヌーメン》（numen）は測りがたいから、自然対象の美的意味構成は芸術美のばあい程明確には行われない。無論、それだからといって自然美が品質的に芸術美に劣るわけでは決してない。美的意味構成のしかたが異なっているということに注目すれば、ここでの探索は打ち切って差し支えない。

同じく芸術美のなかでも、芸術の種類（ジャンル）や様式の差異に応じて、対象の美的品質の構成方式はいちじるしく違うことがわかる。たとえば人体の造形のしかたについて見れば、古代エジプトの絵画では頭部、上半身、下肢の造形はあたかもそれぞれが独立したもののごとく別々に行われているが、これは人体を全体として一個の統一的視覚形像と認めるのではなく、人体の存在の確実性を各部分それぞれの造形を通じて獲得しようと意図したから生じたのであろう。顔面部も鼻梁は側面から捉えられるのに、眼は正面から眺めた形に描かれる。これは鼻と眼の存在の観念を具象的に捉えているのだといって差し支えない。古典期ギリシア彫刻になって統一的視覚形像が完成したといえる。人体の外観は同時に内的生命ないし生機的なものによってみたされることになった。それは神々の形姿にも通じる像であった。時代がずっと降ってデューラーの人体比例図は当時の画家が理想とするようなプロポーションの哲学的基礎付けを内包するものと言うべきであろう。またミケランジェロのアダムの像や『最後の審判』のイエス像の雄渾な姿は現実の人体モデルからは得られない崇高さにみちている。しかし視線を日本近世の浮世絵に転じると、そこにみられる女性の姿は、さながら美麗な衣服の下には肉身が存在しないかのごとくであり、たまに裸身が描かれても人体比例を無視したような造形を見せている。それはあたかも人体造形そのものの拒否を意味しているかのごとくであり、封建社会の習俗がそれを条件づけているように思われる。

右に示した若干例は、時代、民族、芸術意思（Kunstwollen）、作風の違いに応じて千差万別の芸術的表現が可能であることを暗示しているが、要するにこれらの制約を受けて対象の美的意味の志向的構成のしかたも左右されることを物語ってもいるわけである。

価値体験の特性としての美の頽落

前項においてわれわれは美的価値体験における対象の品質的意味の構成のしかたが多様に分化せざるを得ない所以を知りえた。ところで他方、これらの対象を体験するしかた、体験過程そのものについても、やはり美的価値体験ならではの独自性が認められる。

美的価値の体験はまさしくそれが価値体験であるかぎり、体験主体たる人間存在に一般に属すべき頽落現象（Verfallen）から脱却するすべを知らない。しかも美的価値の体験であるかぎり、崩落現象（Hinfallen）を示すのである。美的存在の崩落性については、かつてロマン主義時代の美学者ゾルガー（K. W. F. Solger, 1780–1819）の思想に示唆されて、現代のベッカー（Oskar Becker, 1889–1964）が現象学的存在論の立場から改めて主張したことがある。かれの説くところでは「深渕によって距てられた二個の敵対的存在原理」のあいだにはりめぐらされた緊張が少しでもゆらぐと、たちまち美は崩れて転落してしまうのである（cf. O. Becker: Von der Hinfälligkeit des Schönen und der Abenteuerlichkeit des Künstlers (1929), in: Dasein und Dawesen, 1963）。しかしこのような存在論的主張がなされるためには、是非とも美的価値の真に充実した体験を超越論的現象学（transzendentale Phänomenologie）の立場から反省する必要があった。いなむしろそれが出発点となり、手掛りとなって存在論的主張が可能になったのである。われわれはいまここでベッカーの所論を参考にしながら、美的価値体験の枠内で美の崩落現象を観察することにしたい。

そもそも美的体験はその体験の強度において決して微弱なものではない。むしろはなはだ強度の大きいもの、迫力にみちたものである。しかし他面、緊張をはらんだ強さであるから、柔軟・強靱というよりも脆さを示す側面ももちあわせている。ゾルガーやベッカーはこの脆さやはかなさをとり出して美的存在の独自性を特徴づけたのであった。美的体験の示す脆さは尖端性（Spitzencharakter）と言い表わせるであろう。何によらず鋭くとがった先端はほんの少しの刺激にも傷つき易く、そこなわれやすいものである。美しいものはまさに鋭い先端のごとくに破壊されやすい。だから美しいものに触れてはならない。触れれば俗世の汚辱がそれを汚してしまう。そのような、現世に存在しがたい美を湛えた対象の相関者として、意識過程もまた急坂を登頂するような観を呈する。すなわち美的体験過程の絶頂点、登りつめた極点は決して平坦な場ではなく、急上昇から急降下への激変点のごとくに表象されるであろう。わかり易くくだいて言えば、美的体験過程そのものがそこで屹立しているのである。この過程そのものは前述の傷つきやすい美的対象との相関関係において成立していることは改めてここで確認しておこう。そして、美的体験過程はその絶頂点において一種の不連続を示し、飛躍を実現しているとみなすことができる。

かつてプラトンは『シュンポシオン』（饗宴 Symposion）のなかで、身体の美、魂の美を経て美のイデアにいたるエロース（ἔρως）の修行を叙述した折に、この道程の終りに「突如として」（ἐξαίφνης）ひとは美のイデアを観るのだと述べた（210e–212 a）。すなわち美のイデアの観照体験には「突如」という時の熟しかたが必要なのである。これはまぎれもなく時間の流れの飛躍である。この飛躍を招きよせること自体、美的体験の時間構造を暗示しているのではあるまいか。つまり「突如」という時熟が美的体験そのものを構造的に規定しているのであって、美的体験の時間的性格が日常生活内部で生存を続ける人間を貫き流れている時間の性質といたく異なっていることを示していると考えられるのである。しかしながら、突如の時熟を得て美のイデアの観照をはたす飛躍者は、永続的に超現世的な飛翔をなしあたうであろうか。かならずや、かれは神話のイカルスのごとく翼をもがれて海中に墜落しなければなるまい。この墜落は人間存在にとって避けうべくもない、本質的な運命である。そしてそれが日常性の水準への転落であるかぎりにおいて、われわれはそれを頽落と呼びたい。

美しいものについての意識も経験心理学的にみれば、対象の触発する刺激への反応が、時間とともに鈍磨し、微弱になるといえる。馴れてしまえば美しいものの魅力も薄れてくる。すぐれて美しい風土に生活している者でも、その地に住み馴れてしまい、日々の衣食の糧に追われる破目にでも陥ると、折角恵まれた美しい風物も目に入らなくなってしまう。利害関係で行動せざるを得なくなると、たしかに美的静観に没入するゆとりがなくなり、たとえ幾分か静観態度が残っていても、美的価値の自律性を保証するに足る意識活動が成立しないのが実情である。

また真《まこと》の美的体験にふさわしい緊張感が失われてしまっても、美的体験の成立地盤として必要な快感体験は残存しうるから、日常生活の疲労をこの快感体験のうちに癒すことは可能である。このばあい問題になるのは快の価値であって、決して美的価値ではない。だが観方によっては、この快感体験を頽落せる美意識とみることもできるだろう。各種の娯楽活動《エンタテインメント》はこのような快感体験に深く根差している。娯楽は一般に、日常生活の倦怠と疲労を文字通りrefreshすることを目的としている。だが所詮日常生活の枠内の出来事であるから、たとえこの倦怠や疲労が癒されたとしても、日常的な効用価値の連関を破り棄てることにはならない。あくまでも明日の生活のためのrefreshmentにすぎないのである。その体験には日常生活内に生じる快をいわば垂直方向に超脱した屹立的な動きが奪われてしまっている。

かくのごとくにして美はそれ自体——すでに何度も繰り返して述べたように——感性的現象でありながら、それにも拘らず精神的価値の高みへとわれわれ観照者をいざなう。だがそれと同時に、感性的現象であるがゆえにわれわれを快感体験のうちに呪縛し、埋没させて、精神の飛躍能力を失わせる危険性をもそなえている。しかもわれわれは多くのばあいその危うさに気付かず、あるいは忘れてしまいがちである。それだけになおさら危険だということができる。

美的価値体験の頽落現象が体験そのものの本質に属する出来事だということを確認する立場は、体験のうちに埋没して、体験に反省のまなざしを投げ得ない、心理学的立場ではない。すべからく体験過程の全体に反省を加え得る超越論的主観性の立場でなければならない。それゆえ頽落状態から美的価値体験を脱却せしめる方途をみいだすためになすべきしごとは必然的に超越論的主観性にゆだねられる。(この問題は第二章の末尾で詳論される。)

美的体験の二重の統一性

すでに第二章のはじめの方でも述べておいたことであるが、美的価値体験ないし美意識の統一性の意味は二重であることが以上の記述から明白になる。煩をいとわずに繰り返していえば、「美的な価値体験」として主観的意識的統一が考えられるほか、「美的価値の体験」として客観的対象的統一性が考慮されねばならない。

まず後者のばあい、美的価値はその根拠をかならずしも意識体験のうちに求められなくともよいわけで、たとえば数学的原理、生理学的原理、物理学的原理、宇宙論的原理、形而上学的原理、神学的原理などの超意識的な超越的価値根拠に基づいて成立する美、これを部分的にか全面的にか、とにかく意識に内在化することを意味している。

前者のばあい、価値ははじめから価値体験というかたちに限定して考えられる。この価値体験には、認識体験、実践体験、宗教的体験など種々のものが属していて、そのうちの一種、一特殊相として美的体験が考えられるのである。したがって美はすでに内在的な性質を帯びていて、その成立根拠はもっぱら意識の機能的・構造的特性に求められねばならない。(なお既出第一節を参照してほしい。)

さて右に述べたとおり、美意識の統一性という観念も、分析すれば二つの対立した思想に分裂してしまう。主観的側面を尊重するべきか、客観的側面を重視すべきか、いずれを選ぶのが至当であるのか。われわれはいずれを偏重することもやめて、主観・客観の相関性という事実にもとづいて、対立した見地を止揚し総合することに留意しなければならない。

第十四節　美的体験の活動形式

美的観照と芸術創作

美的体験の活動形式は、美的観照（ästhetisches Betrachten）と芸術創作（Kunstschaffen）に二分される。このうち美的観照は享受（享楽）とかたく結びついているから、美的享受（ästhetisches Genießen）を美的観照のかわりに芸術創作と対立させることもある。

さて対立する両形式の相違点を考察すると、美的観照は純粋に意識作用の範囲内にとどまる活動であるが、芸術創作は身体を使い、技術を揮って作品をつくりなすことに目標が置かれているから、意識作用の外に出なければならない。両形式にはこの点ですでに非常に大きな差異がみとめられる。しかしわれわれはここでは問題を美的体験の意識作用の範囲に制限して考察しようと思う。したがって美的観照も芸術創作もともに意識体験の——つまり美意識の——根本的な活動形式として統一的観点から眺められることになる。

美的体験は既に前章でも説明したとおり、主観・客観の特殊な相関関係にほかならないのであるが、美的享受は受動的かつ受容的（passiv-rezeptiv）な関係であり、芸術創作は逆に能動的かつ生産的（aktiv-produktiv）な関係である（ただしここでいう「生産」は意識対象ないし意識内容の生産ということであって、物質的なものの技術的生産を指すわけでは決してない）。

美的享受は自然美、芸術美、技術美のいずれをも対象となしうる。なぜなら自然美も芸術美も技術美もみなひとしく対象の美的契機だからである。ところが芸術創作は当然のことながら芸術美的対象——つまり芸術作品——だけにあてはまる概念である。

さらに美的享受は公衆（Publikum）の体験として、素人もその主体でありうる。これに反して芸術創作は芸術家の体験するものである。したがって両形式の体験主体のひろがりを比べれば、創作主体は——たとえ「日曜画家」のように玄人気どりの素人まで含めて考えても——その存在範囲が美的享受の主体の存在範囲よりもかなり狭く限定されているということができるだろう。

両形式の混在・融合

芸術創作を心理的過程の側面で捉えてみると、これがいかに緊密に美的観照（美的享受）とからまり合っているかがすぐわかる。すなわち、個々の芸術家は創作のさなかに、現につくりつつある自作を、ある程度まで観照し享受する。この過程を時間の経過でわけて考えると、その長短は実にさまざまである。極端に短いのは何といっても即興的創作（Improvisation）のばあいである。つまり創作と観照が同時にはじまり、平行して進み、同時に終る。しかも両者間にはほとんどずれがない。これに対して、鏤刻の作は創作の開始以前にも、創作の途中にも、計画や計算のほかに長い観照の時間が要求されるに違いない。むしろ創作に費やす時間よりも観照時間の方が長いかもしれない。いずれにしても芸術創作に従事する者が自作そのものを観照し享受することは、創作活動の遂行上不可欠である。それだけにまた、芸術家は創作完了と同時に、ひきつづき自作の観照享受に円滑に移行することもできるわけである。さらに芸術作品の批評という活動も美的観照を前提として可能になるのだと考えれば、芸術家は自作の観照を介して創作と同時に自作の批評も実行していると断定してよかろう。

右に述べたように、創作と観照が一人の芸術家の実際の創作活動全体の心理的過程のなかで混在し融合することは疑う余地もない事実である。他方、これとは多少様子を異にするが、既成の芸術作品——自作であれ、他人の作であれ——を美的に観照し享受し得た者が、その体験内容を素材に使って、別種類の創作を始めるというばあいもありうる。たとえば連歌、俳諧のごとく日本の中世後期に盛行をみた文芸活動においては、複数の創作主体の存在をまって、全体作品がはじめて形成されてゆくが、その際各人はそれぞれ他人の句を十分観照し享受し得て、それに適わしい附句を創出するのである。そこには予定された調和のごときものが感受されていて、その調和感を損なうことなく、むしろそれを導きの糸として理念的に受けとめながら、それを具象化すべき附句を案出して、全体のイメージの流動を按配するのである。

さらに時代を遡って平安時代の屏風絵と和歌の関係を探ってみると、屏風絵の観照者は単に当該絵画の観照享受にとどまらずに、すすんで画中人物に感情移入したり、共感したりして、すっかりその人物になったつもりで、主人公の立場から和歌を詠むという例が少なくなかった。これは屏風歌と呼ばれる種類の和歌であるが、そのほかにもしばしば歌人が実地を訪うこともなかった遠隔の名勝とか、歌枕とよばれる故地に取材した和歌を詠むことがよく知られている。これは想像のうちに風物を観照すること、もしくは想像力によって享受すること——すなわち想像観照（Phantasieanschauung）もしくは想像享受（Phantasiegenuß）——を前提とし動機とした創作活動とみなすことができる。かの『古今和歌集』の詩宗、紀貫之は殊のほか多数の屏風歌、月次歌《つきなみ》——つまり四季十二ヶ月を描いた月次絵に寄せた題詠——を詠んでいるようである。他人の作品の観照享受を糧として新規の作品の創出に立ち向かうことは、和歌のような強固な伝統を形成している芸術ジャンルにおいては殆ど必須の創作訓練であるとも考えられる。いわゆる「本歌取り」はその真髄においては単なる換骨奪胎でなく、本歌の十全な観照享受が成立してはじめて、その意想の転換が有意義となるのである。したがって先行作品のどのような品質、どのような契機を観照して、それを新しい創作の発条となしうるかは、この種の現象の本質を把握するためには是非ともふかく省みられねばならない。

降って近代の芸術創作においては、創作家がオリジナルな素材体験を使わないで既成作品の題材を踏襲したり借用したりして作品を形成することも目立つようになった。なかでも原作品を批判的に観照しつつ、それを踏まえていわゆるもじりを創出するパロディー（parody）の盛行をみるに到った。

ところで創作体験と観照・享受体験の混在・融合が一般的に認められるからといって、芸術家こそ自作の最もよき理解者であり、最も卓れた享受者であるという結論を導き出すのは早計にすぎる。芸術作品の把捉や解釈や享受はかならずしも作家の意図と合致するとはかぎらないからである。つまり作家本人以上のよりよき理解や享受がありうるのである。そこにこそ芸術作品の観照享受や解釈の独自性が存在するのである。勿論、作品の産出動機や着想、主たる意図、技巧の苦心などは作家本人がいちばんよく知っているわけであるが、ただその事実は遂一作家に聴問して追認するだけが作品の理解でも享受でもない。作者不明の立派な作品は世に多く伝えられているし、さなきだに太古の造形的遺品や、作家の創造的人格性の観念が未発達だった時代の作品は、直接、間接を問わず作家の意図を知りえないのであるから、解釈者や享受者は作品の独立性をこのようなばあいに最も深く自覚するに違いない。芸術作品の解釈作業については後章で改めて検討することにしたいと思うが、要するにいまここで確認しなければならないのは、芸術作品というものは産み出されたとたんに、生みの親たる作家の手をふりほどいて独り歩きをはじめるということである。（ただしこのことは芸術作品に限らず、一般に「客観化された精神」（objektivierter Geist）と呼ばれるもろもろの精神的形成体に妥当する運命である。）　作家の心のうちをいくら捜しまわっても、一旦独立独歩しはじめた作品の命運を予言するに足るだけの情報はそこにはみつからない。換言すれば、芸術作品の存在、およびその運命は、創作過程を探索しようとする芸術心理学の立場からは説明できない。それは作家の意識に内在するような対応物をもたず、むしろまったく超越的な評価秩序のうちに晒されているのである。したがって芸術作品の歴史は、究極的にはどうしても芸術哲学の出動を要請しなければならなくなる。

芸術観照

芸術作品はいうまでもなく一種の美的対象であるから、その美的契機に向けて美的観照が行なわれるのは当然であるが、後段で詳説するように芸術的なものには純粋に美的なものから区別された要素が含まっている。たとえば作品形成の活動としての技術などがそれである。したがって芸術作品に対しては単に美的観照と呼ぶよりは芸術観照(Kunstbetrachtung)と呼ぶ方が適わしいばあいがある。

芸術観照は芸術作品の表現内容を受容し享受するという受動性をそなえているばかりではなく、すすんで作家が行なった作品形成を追創作(Nachschaffen)する能動性をも含んでいる。[27] つまり芸術観照においては芸術家が行なった創作の過程を観照者が再度自分の意識のうちに繰り返すのである。

しかし厳密に考えると、観照者はどれほど創作の技巧に通暁していても、自己意識でもって創作者の創作活動の全過程をあますところなく追跡し、これをカヴァーすることは不可能ではないかと思われる。なぜなら創作は、技巧を行使するばあい、むしろ無意識的、身体的な活動であるから、他人の意識に吸収されてしまうことはないからである。それゆえたとえば贋作は、たとえどんなに原作を忠実に模写してあっても、原作者の意識・無意識、精神と身体を打って一丸とした具体的・個別的存在をそっくりそのまま再現することはできないのである。元来、意識と無意識、心と物の間にはいかんともなしがたい存在方式の差異があるのだから、簡単に物(このばあいは作品)を心に還元しきれない。このように考えてみれば、追創作という意識活動にははじめから厳しい限界が設けられているといわねばならない。要するに追創作体験は芸術創作主体への共感(sympathy)の体験以上に出ることはで

きない。(28)

美意識における「意識内容の生産活動」

美的観照(29)(享受)が十全に行なわれるためには、美意識における「意識内容の生産活動」がなければならない。芸術創作においてもそのような美意識内容の生産が前提されていないと、物質的素材に立向って技術をふるって作品をつくり出すということもできない。それゆえ、哲学的美学にとっての研究課題は、美意識における生産性をいかに説明するかにしぼられてくる。美的なものは意識内在対象として生産されるのであり、単なる認識対象とちがった性質のものとして創出されるのでなければならない。

この問題に対する哲学的解決法は現代においてはほぼ次の二種のものに帰着する。一つはカント以来の批判主義の流れから生じたものである。今世紀初期の新カント派美学の驍将H・コーヘンは、「純粋感情」(reines Gefühl)のア・プリオリの生産性を強調し、これによって美意識が、その他の意識方向——認識や道徳の意識方向——から根本的に区別された、自律性をそなえたものとして確立されると説いた。しかしこれは新カント派的認識論にもとづく美学思想というよりは、プラトン美学に似た一種の形而上学的美学思想である。「純粋感情」はプラトンのいうエロースに相当するもので、それが目指すところは「美しいもののうちなる生産」である。

さて他方、フッサール以来の現象学がやはり右の問題に発言力を保持している。「現象学派」として、しばしば扱われるフッサールの初期の門下生たちは、超越論的哲学としての現象学に親しまず、主として事象の本質を直観する方法によって、美や芸術の諸現象の解明にあたったけれども、現象学の哲学としての本領はむしろ構成——すなわち意識の志向性にもとづく対象的意味の統一性をつくり出すしごと——におかれたということができる。したがって志向的構成によって美的対象をつくりなすことは現象学的美学にとっても根本問題であるにちがいない。この現象学的美学の根本問題を扱いながらも、新カント派のコーヘンの哲学に接近して、いわば現象学と新カント派との奇妙な折衷に趣ることとなった実例としてはR・オーデブレヒトの美学があるということを指摘するにとどめよう。なお現象学者が用いる構成（Konstitution）の語義は二重化していて、対象の「意味形成」（Sinnbildung）と対象の創造（Kreation）の両義のあいだを動揺していたことも否めないようである（美的対象の志向的構成の過程に関しては第十九節でR・インガルデンの説くところを中心に検討することにする）。

さて右に示唆したように、美意識の根本的な創造作用にもとづく美的価値内包（ästhetischer Wertgehalt）の生産方式の特性を析出するにせよ、あるいは意識の志向性にもとづく美的対象の構成方式の特性を剔出するにせよ、考察の目的は「美の意識的統一性」と「意識の美的統一性」、つまり意識論と価値論の両面にまたがり、両者を総合する活動を解明しようとする点に置かれている。この活動は、換言すれば、美的体験の最も深い根源に根ざすものだ、ということができるであろう。(30)

第十五節　美的直観と美的感動の融合統一

直観作用と感動作用

美的体験の実質をなす心的作用には多くのものが考えられるが、なかでもその基本をなす心的作用は直観作用（Schauen）と感動作用（Fühlen）である。この両作用は緊密に融合して調和のとれた全体をかたちづくっている。直観しつつ感じ、感動しつつ観る（Schauendes Fühlen, fühlendes Schauen）というのが美意識を心理学的にみたばあいにもっとも顕著に目立つ特徴である。したがってこの体験特性を美的規範（ästhetische Norm）の一つに数えることもできる。[31]

両作用の融合の実例を示そう。唐時代の詩人李白の詩句に

浮雲遊子意

落日故人情

というのがある。この句は「空に浮んでいる雲は旅人のこころか、あかあかと入る夕日は友人の感情か」という意味であるが、この詩句を読むと、直観内容（雲のたたずまい、没陽）がそのまま感動内容（旅人の心、友人の感情）と融合しているように思われる。すなわち直観と感動の融合統一をまことにみごとに示す例となっている。

さて十八世紀には「美のセンス」(sense of beauty) とか「第六感」(le sixième sens) という呼称が流布し、あたかも美を感受する特別な心的要素が存在するかのごとくに考えられた。したがってかかる「美感」が本来備わるか否かが、備わるとすればその「起源」(origin) はいかに考えられるべきかが人間の美的能力を論ずる際のもっとも肝要な論点となった。しかしながら実際にはかかる特殊感覚は存在しない。心理学的には、美意識といえども通常の感覚、表象、連合、想像が主要な要素をなし、ときに思考や意志がこれに加わるにすぎない (cf. Fr. Kainz: Vor-esungen über Asthetik, 1948)。

ところでこれらの諸要素はどんな種類の意識体験にも含まれているわけだから、これらの有無が美意識を他から区別する徴標にはならない。むしろこれら諸要素の組合わせかたや強度の相対比によって、美意識は他種の意識から区別されるし、また美意識内部での様態の多様性が規定されてくるのである。つまり美意識統一性の心理学的、内在的根拠がここにみいだされる。

芸術的天才とよばれる人も、心理学的にその意識要素を分析すれば、平凡人とかわるところはない。ただしその絶対的な強度や機能性において、天才は凡人を断然凌駕する卓抜性を示すというべきであろう。

さりながら先述の諸要素のうちには、美的体験に絶対不可欠なものと、そうでないものとがある。たとえば思考や意志はしばしば欠如することもあるのである。勿論、知的内容に富んだ芸術種類や芸術様式においては、これを観照するばあいに、知的理解の助力を必要とするから、思考作用のはたす役割はかなり重大である。しかしすべての芸術種類や芸術様式に思考作用が必須であるとはいえない。（たとえば、工芸や装飾美術に比べると、一般に文芸の方が比較的多くの思考要素を含んでいる。また同じ文芸のなかでも、『万葉集』的な様式、すなわち事物を素直に客観的に描写したり、心情を率直に吐露する表現に比べると、『新古今集』的な表現様式の方は、知的理解をつよく要求しているところをもっている。）また意志作用は芸術家が創作にとりかかる発端や創作遂行過程において無視すべからざる要素であることはいうまでもないが、観照にあたっても一種の努力や忍耐のかたちでそれが働いているばあいがある。（たとえば『源氏物語』全編五十四帖や、プルーストの『喪われし時を求めて』のように度はずれた長篇小説、またことにロブ＝グリエらのアンチ・ロマンのように難解なものの観照と、通常の映画、演劇の観照とを比べると、後者の方が努力や忍耐の必要度が小であるということができる。無論、これは一般的なはなしで、例外を求めればきりがないが――。）

要するに思考や意志は、美的体験においてはあくまでも随伴的要素であって、それ自身が主役を演ずることはない。これに対して、前述の残余の諸要素は、広くみて直観作用か感動作用か、そのいずれかに属していて、たがいに縺れあい、融けあって、美的体験に不可欠な本質的契機をなすのである。

感覚の役割

ここで美意識内で働く感覚の役割について多少くわしく検討してみよう。今日の心理学では感覚の類別はかなり複雑化しているから、往時のごとく五感――視覚、聴覚、触覚、味覚、嗅覚――を挙げるだけでは不十分であろう。しかし感覚の種類をどれほど細かく区分してみても、美的体験においては、そのうちの唯一つの種類だけが作用するとは考えられない。むしろ具体的な体験のなかで、全体的な知覚活動が重視されなければならない。けだし美意識は独自の統一性をもった、繊細な全体的体験だからである。だが各感覚がみな同じ資格をもって美意識の全体性を形成するための先導的な役割をはたすのか、といえば、そうではない。やはり諸感覚のうちに優先権をもつものと、そうでないものとの区別がおのずからつくのである。プラトンは『ヒッピアス大篇』で美を特に視覚と聴覚のもたらす快に結びつけて説明しているが(298d)、それ以来、視・聴二種の感覚は多くの他種の感覚よりも美学的に優遇されて、「美的感覚」とよばれることもあったし、またなかでも視覚が聴覚以上に重んぜられる傾向も生じてきた。この傾向は中世から近世初期にかけて持続したとみてさしつかえない。(ただし中世ではキリスト教の影響で聴覚が優位にあったとみてよいふしもある。)

ところで視・聴両覚は、しばしば高級感覚とよばれて、他の感覚(下級感覚)から区別された。なぜなら、視・聴両覚にかぎって精神生活全面に影響を及ぼすからである。つまり、下級感覚のばあいには、感覚刺戟によって起る印象はまず感覚器官そのものの上に限定され、しかるのち間接的に精神生活に何らかの影響を及ぼす。(味覚のばあいを考えてみよ。たとえば渋みの印象は舌と隣接の口腔粘膜に鋭い反応を生ぜしめるが、全体的気分に影響すること少なく、まして精神状態には関与しない。)視覚や聴覚は——程度をこすとまた話がちがってくるが——刺戟の印象が網膜や鼓膜の上に生じたとは意識されずに、われわれの意識全体で受容されているように思われる。直接に精神生活に影響するのである。すなわち局在化(Lokalisieren)しないのである。したがって視覚、聴覚はただちに精神的快をもたらすことができるが、下級感覚はそうすることができない。このように感覚を高下に区別できるのも、美的感動の深さの次元に対応して、感覚そのものの構造におのずから高下の次元に相当する契機がみとめられるからである。

だが下級感覚とよばれるものが美的体験形成の主導権を握れないとしても、なおそれらが美的体験に参加する可能性は決してないわけではない。たとえば自然美の体験においては、嗅覚、温度感覚、運動感覚などが視覚、聴覚に加わって、この体験の美的品質を複雑なものにする。つまりこれらの諸感覚の参加によって、絵葉書の風景写真をみるのとちがった実感がえられ、一層いきいきと享受されるのである。芸術美の観照においてもたとえば、古代エジプト彫刻などのばあいはきわめて微妙な面の凸凹の観照が重要であるけれども、これは触覚的効果というべきものであろう。実際に手で作品に触れずとも視覚がこれに代行し、過去の触覚的経験の記憶が触覚的に再現されるのである。したがって絵画に描かれた像も、ときには触知可能な（tastbar）様式で示されることもある。ヴェルフリン（Heinrich Wölfflin, 1864–1945）が「線的」（linear）な様式と「絵画的」（malerisch）な様式とを区別したとき、前者の対象には右のような触知可能性を承認している（H. Wölfflin: Kunstgeschichtliche Grundbegriffe, 1915）。また陶芸作品、ことに日本の茶陶の類は、その観照に際して手にとり、掌上でその重みや面の麁《そ》密を感じとらねばならないのである。ここでも触覚は視覚とならびその効果を補完するのである。

諸感覚が視・聴二覚を主導者とえらびながらも、美的体験の過程のなかへ積極的に参与し、視覚・聴覚に協力して全体的体験を形成してゆくという事情は右に述べたところからも明瞭になったと思うが、感覚それ自体が内包する漠然たる情動的品質を発展させて、美的感動の核心的部分へ喰い込んでいく過程についてもわれわれは無知であってはならない。P・フランクル（Paul Frankl, 1878–1962）は単純な感覚的直観の印象が次第に変形・展開して一層主観的な感情の表現とみなされるにいたる一連の過程を「ムタチオン」（Mutation）と名づけている。この過程は観方によっては美的直観と美的感動を結ぶ関係と考えられるのであるが、感覚印象——たとえば赤色の印象——は「温かさ」や「生命そのものへの近さ」を直接に感受させることになり、それが精神的感動の表象に転形して、一種の「情熱」を感ぜしめるにいたる。このような感覚の主観化は、要するに精神的感動への変動過程を示しているわけである（cf. P. Frankl: Das System der Kunstwissenschaft, 1938）。

美的距離

すでに説明したとおり、直観作用と感動作用が調和的に融合するのが美意識の構造的特徴であるが、それが成立するためには、対象と自我とのあいだに適切な距離がなければならない。これをいま「美的距離」とよぶことにする。このばあい「距離」という語は物と物との物理的距たりよりも――眼と物、耳と物の距たりもまだ物体と物体との距たりにすぎない――、むしろ心と物との心理的な距たりをさす。その距離が近すぎると感動的要素が過大になりすぎて、対象のもつなまなましさの印象を払いのけることができない、それゆえオルテガ・イ・ガセー（José Ortega y Gasset, 1883–1955）はこのことを「なまの現実」（live reality）とよんでいる。逆に距離が大にすぎて対象が自我から遠くなりすぎると、印象が朧ろげになって十分に直観されにくく、したがって感動も稀薄になってしまう。それゆえ距離が適切であるためにはおのずから上限と下限がなければならない。その限界の内部こそ美的体験が無理なく成立する範囲である。これがすなわち美的距離である。だが、下限と上限を確定しようとするとき、そこに個人差のあることがわかる。したがって定量的にこれを示すわけにはいかない（距離の問題は、イギリスのバルー（Edward Bullough, 1880–1934）が主として心理学の立場から詳論したことがある。cf. E. Bullough: Psychical Distance, 1912）。

美的距離は、後章でのべる美的無関心性（ästhetische Uninteressiertheit）の態度と深くかかわっている。つまり下限を越えて近いところに対象があるばあいには、自我はこの対象の存在になまなましく関心づけられる（interessiert）から――後章でのべるような理由で――美的態度をとりえない。しかし逆に上限以上に対象の位置が遠ざかると、あらゆる関心が欠けてしまうから、――後章でのべるような理由で――これまた美的態度が生じえない。ただ美的距離の範囲に対象が在るときにのみ、自我は対象へのある程度までの「内面的関与としての関心」をたもちつつも、しかも対象の現実存在に利害的関心を払うことなく、直観と感動の融合を可能ならしめる態度をとる。

ところで距離の観念に呼応するのは、知覚に与える対象の「大きさ」ないし「小ささ」であろう。距離が近すぎると対象は大きすぎるし、遠すぎると小さすぎるわけである。人間の知覚にとって、対象が過大でも過小でも、美の印象は生じない。すでにわれわれは第三節でアリストテレスの被限定性（ὡρισμένον）の概念にふれて、対象の大きさが全体として限られていなければならないことを学んだはずである。アリストテレスは「眼でよく捉えうるもの」をεὐσύνοπτον とよんだが（《Rhetorica》『弁論術』1409a, 35）、この観念は詩にも美術品にも通用するものである。

第十六節　美的直観

ひとくちに美的直観というが、これは決して単一種類の作用ではなく、もともと (1) 感性的直観（sinnliche Anschauung）(2) 想像直観（Phantasieanschauung）(3) 知的直観（intellektuelle Anschauung）に属するものから成っている。それらのものが美意識の統一性のもとで、美的意味そのものに変様して、美的体験の契機になっているのである。

感性的直観

この作用によって美的体験はいきいきとした感性的具象性を保証される。このばあい主導権を握る感覚が、視覚と聴覚であることはいうまでもない。美的意味で感性的直観が行なわれるには、ただ単に受動的態度で自我が対象に接するというだけでは十分といえない。円滑に滞りなく行なわれるためにはそれなりの知識も訓練も要る。たとえば時間についても、通常の生活では気付かれないような、微細な分節化が直観的に捉えられなければならない。それは多くのばあい運動現象と結びついて起るけれども、微細な時間の分節を直観するのでないと、微細かつ複雑なリズムは体得できないし、いわゆる「間《ま》」のとりかたも成功しない。この分節は詳しくいえば世界の「意味」の分節である。少なくともこの点で日常性を超えている。したがって感性的直観はこの局面ではむしろ身体的直観になっている、といってよい。

想像直観

心理学的にいえば、想像とは、かつて一度眼前に存在した対象を意識に思い浮かべることである。すなわち目下不在の対象をありありと心に再現する再生的想像力の活動である。したがってこれを第二次的知覚作用とよぶことができよう。しかしこのようにかつて経験した対象でなくとも、われわれは意識の内面に多かれ少なかれ具体的に対象をつくり出して思い浮かべることができる。これを創造的想像力（schöpferische Phantasie, imagination créatrice）とよぶ。

さて想像直観は諸芸術のうち特に文芸の観照において重要な作用である。すなわち「詩語の直観性」（Anschaulichkeit der dichterischen Sprache）の問題として、ながらく美学および詩学で重んぜられた。若干の例をあげて説明すれば

あさみどり花もひとつにかすみつつおぼろにみゆる春の夜の月　（更級日記）

白雲にはねうちかはしとぶ雁のかず（古本〔かげ〕）さえみゆる秋の夜の月　（古今集詠人しらず）

同じく月を詠んでも、春の夜の月と秋の夜の月とでは観照性がちがってくる。

久方の月の桂も秋はなほもみぢすればや照りまさるらむ　（古今集　壬生忠岑）

つれづれと空ぞ見らるる思ふ人天《あま》くだりけむ物ならなくに　（和泉式部）

右のごとき和歌は空想のなかで明瞭な視覚形像をかたちづくることなしには読者に感動を与えない。絵に描かれたよ

うなすがた、かたちが詩に盛り込まれているわけである。また次の詩では

てふてふが一匹韃靼海峡を渡って行った　（安西冬衛）

このばあいわざわざ蝶を「てふてふ」と仮名で書き、「韃靼《だったん》」海峡と漢字で記すことで、この詩の直観的品質を個性的なものとし、独得のニュアンスを与えている。

このようにありありと形像が意識に浮かぶように詩句を練ることの大切さをさして、ローマの詩人ホラティウス（Horatius, 65-8 BC）は「詩は絵のごとく（あれかし）」（ut pictura poesis）と述べている（Horatius: De arte poetica, 361)。しかし詩はつねにかならず視覚的形像の想像直観によって受容されるとはいえない。直観的形像を全く含まなくても、観念や感情を示す語句だけでも、十分含蓄の深い詩句は作れる。（ゲーテやシラーの詩にはそのようなものが少なくなく、思想詩（Gedankenlyrik）とよばれる。）詩的直観性を第二次的視覚的直観性――つまり詩を絵画の再現――とみるべきでない所以は、啓蒙期の批評家レッシングが（Gotthold Ephraim Lessing, 1729-1781）『ラオコーン論』（Lessing: Laokoon 1776）で力説した。今日では詩が読者の自我の深部に達して、この自我を震蕩させるような「体験」の飽和にもたらすとき、詩は直観性をもつのだ、と考えられている。（M. Geiger: Die psychische Bedeutung der Kunst, 1928, in: Die Bedeutung der Kunst, 1976)

知的直観

形而上学の立場からみて、美が絶対的超越者の本質にかかわりをもつとみなされるかぎり、これを捉える作用は美的直観と考えざるをえない。そのような形而上学的美学では知的直観と美的直観は融合することになる。またこの作用を遂行するための地盤として、一種の神秘的体験が指摘されることがある。

しかしこれらの思想から少々はなれて、一般に対象の本質が直接的に把捉されるとき――すなわち本質直観、イデ

ア的なものの直観が行なわれるとき――知的直観と美的直観が結びつく可能性がある。しかもこのばあい、「本質」は、経験的に知られたものでもよいし、形相的、理念的なものであってもよい。

先述の知的直観と美的直観の融合を積極的に主張したのはドイツ観念論美学の代表者の一人シェリングである。(F. W. J. Schelling: System eines transzendentalen Idealismus, 1800; Philosophie der Kunst, 1802–1805)。かれは「同一性」の原理にもとづいて、あらゆる対立概念を調和的に統一しようとしたが、理論的認識や実践ではこの意図は実現できず、ただ芸術のみが、それをいわば驚異(Wunder)として実現しうる。したがってシェリング哲学の最大の関心は芸術に集中することになる。

美的かつ知的なる直観を神秘的体験として解釈したのは古代末期のプロティノスである。かれの説くところによれば(第五節参照)、一者への上昇運動は憧憬であるが、われわれがその終極において一者と合一するとき、神秘を体験することになるのである。一者への回帰は ἐπιστροφή (involutio) とよばれるが、美的直観はこの回帰の神秘的体験にほかならない。

なおまた「芸術的形像」の直観――かならずしも十分な意味で「美的直観」といってよいかどうかは決定できないことが多いが――と神秘的体験の結びつく他の例として、仏教(特に密教)でいうところの「観法」をあげることができる。このばあい「仏像」観照の効果を(「観法」実践の側面から)説明することになるわけであるが、そのほかにも「仏国土」の想像直観(想観)が重要視されることがある(『観無量寿経』にみえる「十六想観」)。しかしこれは信仰の立場からいえば、往生への意志を刺戟するための手段であるから、浄土教で説かれている「念仏称名」の行為よりも劣る(観仏より念仏!)。ただし禅宗のように瞑想によって禅機を得て悟りに達することを重視すれば、瞑想的静観は一種の知的直観となり、その形式はまたしても、美的直観と接近する。逆に芸術の側からみて、その表現に一種の禅機をみとめる思想も、この点からみて許容できるように思われる。

本質直観には種々のばあいが考えられる。自然物の「類の本質」(Gattungswesen) の直観がまず第一に重要である。この類的本質への適合性が直観されるときには、その作用は単なる知的直観でなく、美的直観となる（第九節参照)。絵画、彫刻のような「模倣的芸術」において対象を「模倣する」というとき、ただ原物を模写して複製（コピー）をつくるというのではなく、右のごとき本質をつかみ出すのでなければならない。

自然物のみならず社会的、歴史的存在者についても、その類的本質が直観される。王侯、貴族にはそれぞれ王侯、貴族らしさが、庶民には庶民らしさが、類的本質として直観される。

類の本質の直観にもとづいて生じた美を類の美 (Gattungschönheit) とよぶこと、そしてこの美が、類の（存在の）理念への「適合性」の直観に帰着せしめられることは前述のとおりである。

本質直観は具体的な個物に即して行なわれる。そこに得られる本質は、類的本質のみならず、個別的本質でもある。(例　x氏に即して、「日本人」らしさを直観するほかに、特にy氏z氏でない「x氏」ならではのこと、「x氏」らしさを直観する)。

右のように「直観された本質」もまた形而上学的な知的直観の内容と同様に、「客観性」をそなえている。だから本質直観は決して直観者の主観的恣意ではない。

普通われわれは、肉親や親友の容貌を知悉していると思い込んでいるが、はたしてそうであろうか？　群衆のなかから瞬時に肉親を弁別することはできるけれども、このとき判断の基礎にある直観内容を、たとえばくわしくことばで再現してみようとしても、十分には果たせないだろう。ふだん何気なく観ている対象でも、いざデッサンしてみようとすれば、これまでまったく気付かなかったものが急にみえてくる。無意味だと思っていたものが、美的観点から有意義なものに変じてくる。普通には見えなかったものが、見えてくる。われわれの美的直観はまさにそれを積極的に看取する作用である。類的、個別的本質の直観、超越的なものの直観が語られるのも、右のような現象がよく知られていればこそである。

第十七節　美的感動

美意識内の感情作用

これまで繰返し説いたように、美的体験は美的直観と美的感動の融合統一をその構造特性として示すものであった。したがって美意識内の感情作用は、後述するように細分できるけれども、結局は美的直観と結合するかぎりのものとして捉えられねばならない。

このことは美的感情の全体としての性質をつよく制約するものであって、(1)　美的直観が美的距離内の対象に対して「無関心的」な静観的態度にともなわれているのと対応して、自我の内面にはつよく深い共感が惹起される。共感はかならずしも美的領域に固有のものでないが、美的静観（ästhetische Kontemplation）に対応して生起するばあいには特に美的共感（ästhetische Sympathie）とよばれる。これは静観対象がなまなましい刺戟や印象をさけて仮象性を示すのに対して、自我の内面でできるかぎりの生動性をかたちづくる情動のありかたをさすのである。(2)　美的感情はつよく深い美的共感をかたちづくるのみではない。美的静観態度に制約されて、全体として明澄で、大きな静謐に帰着する。このことは共感の生動性と一見矛盾するようだが、実際はそうでない。なぜなら共感のつよさ、深さも美的感動の純粋性のゆえに得られる性質であって、この同じ純粋性のゆえに明澄・静謐という性質が美的感情の全体を彩っているのである。この純粋性、浄らかさは日常的実践の場ではなかなか獲得しがたく、維持しがたいものである。美的直観と緊密に結合・連繋しているからこそ、美的感情に許されるものなのである。（したがって、芸術表現の内容をかたちづくる感情の表出や、また作品から受容する感情効果——たとえばアリストテレスが『詩学』で唱えたカタルシス（κάθαρσις）のごときもの——についても、道徳的意味の純粋性とは異なる、まさしく美的意味の純粋性が語られてしかるべきである。[32]）

〔A〕　対象の構造契機たる、素材、形式、内容に対応させて感情を分類すると、

（1）　感覚感情（Sinnengefühl）

（2）　形式感情（Formgefühl）

（3）　内容感情（Inhaltsgefühl）

に区別される。

ところで感覚感情と感覚の区別はあまり明確でない。感覚感情という名に値するものが実際に存在するかどうか疑わしい。（たとえば歯痛という感覚刺戟は、たしかに「憂鬱な」気分を誘発する。だから感情の一種だ、と主張する人もあるかもしれないが、しかしこれをたとえば「悲しみ」というような客観的な感情とただちに同一視できるかどうか疑わしい。また指に浅くささったとげの痛みは、歯痛とちがって、気分を誘発することすらしないことが多い。）形式感情は対象の形態に対する心的反応であるが、多くのばあい形態への好みが習慣的に定着することによって生ずる。さらにそれが地盤となって創作の発想を制約することにもなる。このことは個人において起るばかりか、集団の美意識にも起る。民族に固有の形式感情があるとさえ主張されうるのである。

右に述べた感覚感情や形式感情は、感情そのものの構造特性とは関係なくとり出された。しかし内容感情はそうではない。内容感情は主観のはたらきとふかく関係することによって成立するから、感情そのものの構造特性をあらわに示すものである。

〔B〕　したがって内容感情を次のように分類することができる。

（a）対象的感情　(gegenständliches Gefühl)

（b）関与感情　(teilnehmendes Gefühl)

（c）主観的状態感情　(subjektives zuständliches Gefühl)

対象（*Gegenstand*）と状態（*Zustand*）とは対極的関係に立つ。つまり（a）と（c）は感情体験の内部での客観側面に重点を置いたものと主観側面に重点を置いたものの区別である。（b）はその意味で両者の中間に位置している。

ここで対象的感情というのは、対象に「感情移入された感情」(eingefühltes Gefühl)のことをさしている。たとえば画中に描かれた人物の表情や身振りは、その画を観照する者にとって、ただちに喜怒哀楽の情の表出(Ausdruck, expression）として受容される。喜怒哀楽の感情にかぎらず、はるかに名状しがたく繊細微妙な情動の種々相の表出として受けとめられることもあるのである。しかも大切なのは、これが対象と観照者のあいだの直接的関係だということである。つまり論理的に類推するという迂回路を経て、ようやくたどりついた結論ではないということである。このように対象との直接関係のもとで、対象に属するものとしての感情内容が観照者によって把握されるというのが感情移入作用（Einfühlung）の特徴である。（類推を経ないばかりではない、対象に関する詳細な経験的知識の有無にもかかわりなく、感情移入は原本的な直接性をもって遂行される。美的領域外の例であるが、たとえば嬰児が母親の慈愛にみちた表情につよく反応するのは決して経験知の累積によるわけではない。まさに原本的な人間の心の活動としての感情移入がなされているから、この反応が起るのである。）さらに感情移入が対象の直観のもとに起るということを忘れてはならない。勿論、想像直観のばあいでもよいが、とにかく対象が感性的具象性をそなえて観照者に与えられていなければならない。（ただ単に、主観の抱く感情を無差別に投入することや、対象の立場——対象が人間であるばあいが多いが——に身を置いて共感するということが感情移入ではない。世上行われる「感情移入」の用語例にはしばしばこの種の誤解にもとづく誤謬がみとめられる。）

以上のように考えてくると感情移入の説は美的直観と美的感動の統一性を一面においてよく説明していると思われるのである。ところで、ここでわれわれを待ちうけているのは次のような設問である。すなわち、感情移入作用によって観照者が把握する感情内容が、いかにして多種多様に及びうるのであるか、つまり観照者は経験したこともない感情内容を、論証や類推のごとき論理的手続きも経ずに、はたしてまったく直接的に体験しうるのであろうか、という疑問である。第二に提起される問いは、感情移入を遂行する際の観照者の実感と、対象の表出している感情内容とは、はたして同一かどうか、という疑いである。第一の疑問に対しては、一般に観照者は対象が表出する感情内容を——まったく正確に同一の内容として体験はできないものの——完全に感得しそこなうこともないのであって、観照者は多様な感情内容を感じとる可能性、すなわち Fühlenkönnen をもち得る、と答えることができる。第二の疑問もこれと関連している点がある。すなわち観照者自身が感情移入遂行過程でもつ実感は、対象に属するものとして対象的に把握された感情移入内容とは一応きりはなして考えることができるのである。つまり対象的感情としてとらえられたものは感情の表象であり、仮象性をもっているということができる。（もしこのような可能性が存在しえなかったら、観照者は実感として体験できないような感情内容は対象に投射できないことになる。小説や劇や絵画のなかで描かれるきわめて非日常的な異常な行動や心理は、凡庸な生活を送っているかぎりでの観照者には全く理解できないことになる。だが実際には、われわれはオイディプース王の悲運やオセロウの惨劇を、主人公の感情表出に即して理解しているではないか。これらのばあい主人公の表出する対象的感情は仮象感情としてとらえられているのであって、実感になっているのではない。）

さて感情移入の対象が人間や人間的なもの（擬人化されていれば人間そのものでなくとも、空想上の存在、天使や菩薩、動物、植物でもよい）であるばあい、感情移入作用はもっとも円滑に、障害なく遂行される。しかし対象がもし生命を欠いた存在者であったり、生命をもっていても表情に乏しい対象であったりしたら、別種類の感情移入が行なわれる。すなわちその対象が気分の象徴とみなされるのである。これを前述の本来的感情移入（eigentliche Einfühlung）に対して、象徴的感情移入（symbolische Einfühlung）ないし気分移入（Stimmungseinfühlung）という。たとえば地上の風景に対してはこの種の感情移入が可能であるといえる。

日本の「やまと絵」の風物には気分移入を要求するものが多いというべきであろうか。たとえば『源氏物語絵巻』の「御法《みのり》」の段に描かれた庭前の草木のたたずまいは、光源氏の最愛の妻紫の上の臨終の場を暗示し、そこに漂う悲愴な気分の象徴として受容されるべきものであろう。また「やまと絵」ならぬ狩野派水墨画においても、たとえば長谷川等伯の『松林図屛風』には宇宙の劇的なリズムを象徴化したような情趣が漂い、画面に人物など配さずとも、観照者の人格に深くよびかけてくるものがある。ついでながら一言付記すれば、地上の風物にはたしか人間的情趣を反映しやすい条件が備わっているけれども、地球の外の月面や火星表面の風景には、地上の人間生活と結びつく要素がなく、したがって気分象徴的感情移入もまったく行われえない。というのもわれわれの経験のなかで歴史的に蓄積され、沈澱してきた「意味」というものがそこには完全に欠如しているからである。従って対象を意味づける作用すら奪われた、奇異な空間のひろがりを観るのみであり、志向の相関者もない不安の気分が観照者の内面にひろがるだけである。

関与感情は対象に対する観照者自身の愛憎の念や同情・共感や反感・反撥などの体験である。これは主観に属する感情のいきいきとした体験であるから、対象的感情のような仮象性をもたず、表象化された感情でもない。たとえば叙事文芸や劇などに登場する人物に対して、われわれはあるときは同情を寄せ、あるときは反感を禁じえない。『ロミオとジュリエット』を観たり読んだりすれば、だれしも主人公たちの運命の経過に同情し、不和な両家の親たちの無理解に反感を抱くようになる。これは対象的感情ではない。なぜなら主人公たちのたどる運命はそれ自体直接眼にみえるわけではないからである。対象に属するものとしての感情内容を体験するのではなく、観照者自身がこれら対象に積極的に反応して、自己自身の現実の感情として体験するのがこの関与感情とよばれるものなのである。関与感情の体験において、観照者は作中人物のよき理解者となったり、批判者となったり、告発者となったり、弁護者となったりする。叙事文芸や戯曲・演劇・映画などの芸術ジャンルにおいて、観照者に実際上もっとも重要な意味を与えるのはこの体験であるということができるかもしれない。（芸術作品の教訓的・鑑戒的機能が実効を発揮するのはこの体験を通してであろう。）

ところで主観的状態感情は、対象に属せしめられない感情内容を体験する点では前述の関与感情と類似点をもっているが、その半面、関与感情のごとく対象に積極的に反応していくのではなく、観照者にとってあくまで受動的に生じる反応であるから、関与感情から明確に区別される。劇や小説の筋が進行するにつれて、観照者自身の心的状態は緩急さまざまなリズムを織りなして、昂揚、震憾、鎮静、抑圧を観照者に経験させる。かつてアリストテレスが『詩学』で力説した悲劇的情緒のカタルシスに存する快感体験も、劇のプロット（μῦθος ミュートス）の構造に依存するものであるから、カタルシス体験そのもの――その由来、原因、動機、効果は別としたとき――はたしかに主観的状態感情に属する面をもつといわねばならない。（叙事文芸の創作にあたって、プロットを練り上げる苦労は、ある意味ではこの主観的状態感情の体験過程をどのように形成するかという点におかれるであろう。筋の展開そのものが、物語をスリルに富んだものにしたり、逆に穏やかな雰囲気に包み込んだりするからである。読者はそれだけでも結構、退屈しないで作品世界にひき込まれて満足するのである。）

前述の関与感情とこの主観的状態感情は、くりかえし述べたように、対象にではなく観照者自身の人格（Person）に属する感情の体験なのである。したがって両者を一括して人格感情（persönliche Gefühl）とよんで、対象的感情と区別することができる。

美的気分

先述の美的感情を広義にとれば、美的気分（ästhetische Stimmung）をこれに含ませることもできる。（1）美的気分は美的体験における情緒的な心的諸作用を一括して、その有機的な統一を示す全体性に対して名づけられたものである。これに対して美的感情は個別的な作用であって、総体感情としての美的気分に浸される。したがって美的気分は個別的感情の単なる複合体ないし総和ではなく、意識全体性、体験全体性に対応する情緒であって、逆方向からいえば、美的気分によって美的体験の主体が深く自覚されることになるのである。（理解をたすけるために比喩をもって説明するならば、個別的感情と気分は、個々の楽音と調性（Tonalität）の関係に似ている。すなわち気分は個々の楽音の心的効果ではなく、楽音の秩序ある配列を規制する調（Tonart）の心的効果に相当する。長調と短調の心的効果の差異はだれの耳にも明らかであるが、この差異感の帰着するところは結局気分の差異である。勿論、調性感の微妙な差異もまた気分の差異に帰せられるところをもっているだろう。絵画について説明すれば、P・デ・ホーホとフェルメールの作品には酷似の構図や画題のもの、時代様式的にも同類型のものが含まれているが、両者の画面全体の色調には微妙な、しかし歴然たる相異がみとめられる。このような全体的雰囲気の差異は心的効果の上からみて、気分の差異に帰着せしめられる。）（2）気分を心理学的観点からみれば、それはまことにたよりない、そこはかとない、うつろいやすい、漠然たる情緒である。「悲しみ」は表象化して対象に属せしめられるような感情――つまり先述の対象的感情――であるが、「そこはかとない悲しみ」、「いいしれぬ悲しみ」はもはや対象的感情として客観的に固定できない気分である。したがってこの気分が向けられる対象は、しかとは定まらない。このように気分は特定対象とのつながりが微弱であるから、それ自体すこぶる流動的で、それだけにわれわれの意識の全局面を蔽い、またあらゆる対象の上に漂う可能性をもっている。気分はこのように主観的で、没対象的である。これを現象学的に換言すると、気分体験は没志向的体験だということになる。（3）さきにも少しふれたが、気分は右のごとく主観的であるからこそ、かえって体験主体たるわれわれの自我の一側面をつよく照射し、自我の深みをあばき出す手掛りを提供することもできる。ハイデッガーが、対象志向的な感情たる「恐怖」（Furcht）から「不安」（Angst）を区別して、「不安」には志向対象が欠けているとみたことは、気分を手掛りとした「実存」（Existenz）論へのアプローチを示すものであり、気分が主体的存在の根源を開示する存在論的機能を潜めていることを喝破したものと解することができるであろう。しかしわれわれは実存論の方向を選ばなくても、さまざまな局面で気分と感情の対立を自我の構造問題に関係させて捉えることができる。たとえば、滑稽なものを眼のあたりに観て、表面上笑ってみせても、心の深層にわだかまりがあれば、笑顔はいつしか硬ばり、本当に心の底からは笑えなくなってしまう。心配ごとや悩みが深層を占めて動かぬあいだは表層的情緒は定着できない。このばあい深層を支配しているのは、没志向的・没対象的な気分で、これが表層的な反応としての笑いの感情と対立し、両者のあいだにつよい矛盾が生じてしまっているのである。むしろ深層の気分が表層の感情を蝕んでしまっているのである。かくのごとく観察すれば、気分には前述のごとき全体性や没対象性のほかに根源性がそなわっていることが理解できるであろう。

カントは認識諸能力のあいだに生じている均衡のとれた整備状態としての「気分」を捉えた。この「気分」のばあい、認識能力が関係しているとはいいながら、一定の対象認識に役立っているわけではないのであって、強いていうならば、「認識一般」に対応する主観的状態としてとらえられているのである（『判断力批判』第二十一節）。この「気分」概念を特に美意識の創造的生産機能に改鋳して捉えようとしたのが現象学の立場に立つオーデブレヒトである（R. Odebrecht: Grundlegung einer ästhetischen Werttheorie, Bd. I, 1927）。かれによれば、美的価値体験を含むすべての種類の価値体験の根柢には純粋な先験的意識の法則性があって、これに従って対象性が生産される。この創造的綜合作用によって認識体験や美的体験がそれぞれ全体的体験になるのであるが、美的体験においては創造性が殊のほか重要なのはいうまでもない。他方オーデブレヒトは感情的契機があらゆる体験に遍在しているという前提に立ちながら、感情的全体性体験を美意識にみとめようとする。感情的全体性は決して個別的感情の総和ではない。むしろ個別的感情を包み込む総体感情（Totalitätsgefühl）もしくは気分とよばれるものである。そもそも気分は対象的志向性を欠いていて、ノエシス・ノエマ――すなわち純粋意識の作用と内容の成分――の関係がそこでは解きゆるめられている。したがって一種独特の自由性が気分にみとめられるのであるが、オーデブレヒトは前述の意識創造作用をこのようなかたちでとらえた気分と結びつけたのである。したがって美的対象のノエマは、知覚的ノエマと感情的ノエマとの創造的綜合統一によって生産されたものと考えられるのである。

気分は前述のごとく、対象志向性からはなれているからそれだけにかえってすべての対象の上に投射されたり――すなわち気分移入（Stimmungseinfühlung）――またすべての対象の上に漂う雰囲気として客観化される。特に宗教的権威に類似した尊厳、厳粛、荘重などの意味が添加された非日常的な雰囲気が自然物や日用品、芸術作品の上に漂うことがある。「アウラ」（Aura）と通例よばれるものが、そのような意味を帯びた雰囲気であることが多い。アウラそのものはたしかに超日常的意義を指示しているけれども、アウラの体験は、かならずしも非日常性に属するとはかぎらず、伝統的な感性の支配下ではいつしか日常化してしまう。アウラの発生は超越的なものとの関わりにおいて生ずるのであるが、アウラの存続はむしろアウラ体験の日常化にかかっている。

W・ベンヤミン（Walter Benjamin 1892–1940）は近代の機械装置の技術的発達によって大量の作品をつくり出す複製芸術の機能に注目し、複製芸術作品はオリジナル作品にともなうアウラの体験を破摧すると考えた。これは伝統が震憾されることであり、知覚のしかたの変化が起ることであるとベンヤミンは考えたから、複製芸術による人間性の革新が構想されたのである（cf. W. Benjamin: Das Kunstwerk im Zeitalter seiner technischen Reproduzierbarkeit, 1936）。

第十八節　美的快と美的享受

美的快

美的感情を効果の側面からみれば、それは一種の快感情（Lustgefühl）である。だが快感情は感覚器官の刺戟からも生じうるし、知的活動や道徳生活にもともないうる。但しそれらは、有機体の生存目的に奉仕することや、認識や道徳の目標を達成することから成立する快である。美的快はこのような官能的快と精神的快の中間に位置し、しかも両者に同時にかかわりあっている。官能的快を単独でとり出して考えると、その対象は前述の「美的距離」をもちがたく、自我にとって近すぎてなまなましい。また精神的快においては、その精神性と快とがつねに必然的に結びつくとはかぎらない。（それゆえ倫理学ではしばしば快楽主義（hedonism）が批判されるのである。たとえばカントの厳格主義（Rigorismus）の倫理学は快楽とは無関係である。）しかるに美は快と本質必然的に結びついている。美は快を基礎として踏まえている。だが快だから美だとはいえず、美的快の対象は「美的距離」内に成立する。そして官能性を忌避して対象から遠ざかりすぎると、快の契機そのものが消失してしまう。

ところですべての種類の美――美的範疇に含まれるすべてのもの――は、ことごとく快感情を惹起するのであろうか。すでに示唆したごとく（第二章　第三節）美的体験は、対象の備えている感情的形状いかんによって、またそれを表現する芸術の種類や様式いかんによって、部分的に不快感の混ざることを禁じえない。たとえば嵐にたけり狂う海辺の岩礁の光景は、決して新緑の高原の柔和な風景のあらわす甘美さをそなえていない。前者にあっては快というよりはむしろ身のひきしまる厳粛さの効果を与える。また悲劇や写実主義的様式の作品では、素材そのものがすでに不快なものであることを否定するわけにはいかない。――それにもかかわらず、美的体験は結局、全体としては快感情の体験でありうる。なぜならば、それらの不快な素材から惹起された感情といえども、美的価値体験という全体性体験に包みこまれるかぎり、すなわちまさしく美的感情であるかぎり、美的意味での「純粋性」の域にまで高められて、日常生活で経験する雑多な不純分子を感情から消し去っているので（第十七節参照）、素材のもたらす不快感はもはや効力を失っているからである。さらにこのような美的純粋化の作用に対応して、対象の存在しかたが、いわゆる「仮象」（Schein）の性質を帯びていることを忘れてはならない。実生活に起れば身の危険を感じるような決闘や殺陣も、それが舞台上のシーンであれば観客は、それに対して何ら不快や恐怖を実感せずに済み、むしろ主人公の立ちまわりのみごとさに痛快を覚えるのである。（E・バークは、ほぼこれと同じような論法で、崇高なもののもたらす愉快（delight）の感情を解釈した。）

かくして美的純粋性の感情としての快は仮象的存在としての対象に対応する。かかる快はたしかに通常の語義での快とは異なる、「高次の快」である。すべての種類の美にはこの意味での快がみとめられる。すなわち美に固有の快である。

機能的快

右にのべた本来の美的快とは異なるが、美的体験に混入して、それを生きいきと精彩に溢れたものにする機能的快（Funktionslust）がある。これは精神活動のさまざまな方面でみとめられるものであるが、特に芸術の領域に限っていうならば、表現内容そのものの快・不快にかかわりなく、そのときの心的作用の機能の良否に応じて生じるのである。どんなに不快なことがらでも、心を強く動かす効果をもっていれば、まさしくこの震憾機能ゆえに、ひとは快を感じることができる（この思想は十八世紀フランスのジャン＝バティスト・デュボスの強調したものである（cf. Jean-Baptiste Dubos: Réflexions critiques sur la poésie et sur la peinture, 3 vols., 1719)。たとえば演劇を観照するばあいを例にとると、前述の状態感情のうちには、すでにある程度まで機能的快を含んでいることがわかる。すなわち劇の進行のテンポや筋の錯綜がもたらす起伏のリズムや登場人物の行動に対する観客の解釈の明快さなどが、観客の心的機能の円滑な発揮を促す。（知的領域での機能的快は、たとえば数学の難問が上手に解けたときの喜びとか、クイズにすばやく答えたときの嬉しさとかである。しかし高度の推理による満足は、単なる機能的快以上のもの、すなわち獲得された結果の客観的な価値の高さに変ずる可能性がある。）

機能的快は美的体験にとっては有意義なものであるけれども、決して美的体験の中軸にすえられるべきではない。すなわち機能的快は自我の表層ないし外被的部分にとどまるだけで、自我の人格中心部ないし深層へは届かないのである。美的体験の主体は単なる心的機能の束ではない。むしろそれを表層にもつ、より内奥の実体的な人格(Person)である。機能的快は、いかにそれが生動的であっても、この実体的人格に根ざしていない。逆に先述の美的感情は実体的人格に発するがゆえに、明澄性と静謐性をそなえることができるのである。

美的感情の深さという現象も実はこの自我の深浅の別にもとづいている。従って反応感情は表面的な層にとどまり、深い自我を規定する、より根本的な気分と対立し、矛盾することもある。「歓楽極兮哀情多」（歓楽極マリテ哀情多シ　漢の武帝『秋風辞』）は悲喜こもごもの矛盾を示し、しかもその矛盾はそのまま深さの次元に吸い込まれていくのである。（M・ガイガーは快を表層的な自我へ及ぼす効果とみなし、深層へ及ぶ効果を幸福、「幸福をもたらすこと」(Beglückung) とよんで区別している。(cf. M. Geiger: Oberflächen-und Tiefenwirkung der Kunst, 1926, in: Die Bedeutung der Kunst, 1976.)）「美は難きもの」（プラトン）であるが、それを表層効果として「聴き易さ」に変様したのが「イージー・リスニング」演奏である。

美的享受

美的享受の体験は美的快の体験に属している。しかし美的享受は美的以外の多種多様な享受（享楽）と共通点をもっているからここではその共通点と相違点を明確にしておく必要がある（cf. M. Geiger: Beiträge zur Phänomenologie des ästhetischen Genusses, in: Jahrbuch für Philosophie und phänomenologische Forschung, 1913)。

（1）（a）まず享受はすべて何らかの意味で快の体験であるが、逆の関係は成り立たない。すなわち快の体験がすべて享受であるとはいえない。次に享受には動機が欠けている。単なる喜悦《よろこび》では、それを動機づけているものを共に意識しているが、享受においてはそのように共に意識される動機がない。ただし享受対象そのものには享受の土台を提供する要素はある。また享受を外からいざない、うながす誘因はある。しかし享受を動機づける目的論的関係は成り立たないのである。（以上は、「何故に享受するか？」という問への三重化した回答である。）

（b）日常生活での諸体験は総じて動機づけられている。したがって前述の没動機的体験たる享受体験は、日常的諸体験からきり離され、隔てられているといえよう。動機づけられた体験は、まさにその動機の去来出没につれてそれ自体昂揚し銷沈するが、享受体験にはそのような動揺はなく、それ自体安定している。勿論、実際には享受体験もその他の体験とからまりあって複合体をなすから、全体的にみると動機づけられた体験に影響されるようにもみえるが、享受体験の本質そのものが変化することはない。

（c）享受の対象は「もの」でも「こと」でもよい。（これに比べて、喜悦の対象は「こと」に限る。）したがって自己の体験そのものも享受対象となりうる。また自己の技能も享受対象になる。ときには「他人の不幸」という認識内容も享受対象になる。これはいわゆる Schadenfreude である。

（d）享受は想像のなかでも行なわれる。通常、想像的享受（Phantasiegenuß）が現実的享受よりも強度において劣ることはいうまでもなかろう。ただし特殊な心理類型の人間にとってはこの強度差はほとんど無きにひとしい。（ベートーヴェンの晩年の難聴克服はそのよい例である。）享受対象たるためには対象は単なる知覚対象の性質を備えているだけでは不十分で、体験的充実相（Fülle）を示す必要がある。

（e）享受は単に意識現象ではない。意識の人格的主体たる自我にとっての出来事である。自我は対象を受容し、対象へ帰依する（Aufnahme, Hingabe）。また享受は自我の深層に対し（深層から発する）体験である。（触覚的快感に例を求めれば、単なる擽りは自我の浅層にとどまるが、それが愛撫の意味を帯びると、その効果は人格的深層に及ぶであろうことが判る。）しかしすべての享受が深みをもつとはいえない。

美的享受において深さが問題となることがある。しかし熟考すれば、その深さが、前述のごとき自我の深層にふれるがゆえのものであるのか、これとはちがった特殊な深さとしての美的な深さ（ästhetische Tiefe）であるのか、簡単には決定しかねることもある。すなわち美的な深さがかならずしも自我深層よりする享受の深さと合致するわけではない。（美的価値の低い浅薄な作品でも個人の偏執狂じみた趣味でもってこれを鍾愛し、自我の深層において享受することもできる。その病理的性質についてはここでは問題にしない。）

（2）ところで前述の享受一般の性質はすべての美的享受に妥当する。それでは美的享受が、まさに美的であるためには、どんな特殊条件がこれに付加されねばならないか。

（a）まず美的享受を対象の点で限定することはできない。すなわち同一対象について美的享受のみならず他種の享受も行ないうるからである。他種享受を排除してもっぱら美的享受にのみ属する対象などというものは存在しえない。

（b）したがって特殊条件は対象でなく体験そのものに加えられねばならない。これには二条件がある。その第一は美的享受が観照における享受だということである。観照（Betrachtung）は自我と対象のあいだに距離設定をなすことである。（われわれはすでに「美的距離」についてのべた。）美的体験は既述のごとく直接的体験であるけれども、この「美的直接性」は決して「距離設定」と矛盾しない。むしろ美的距離があればこそはじめて体験できるような直接性なのである。

十八世紀の合理主義美学では、美の表象を「明晰ではあるが、不判明」(clara et non-distincta=confusa)とみなしていた。「判明でない」ということが概念的認識を排除する直接性をいいあらわしているとすれば、「明晰」ということは美的距離において観照可能ということでなければならないであろう。われわれはこの美的表象の直観性のほかに美的感動の契機を補完的に考えあわせるわけである。

(c) 第二の条件はいわゆる美的無関心性である。一般にわれわれがあることがらに関心をもつというとき、そのもちかたには次のような二種類が属している。すなわち (i)たとえば競馬についていうと、馬が力走する姿態に感動し、生命力にみちあふれた力動性に心を躍らせ、レースの劇的な盛りあがりに昂奮するばあい、われわれは競馬そのものに、深浅の差はさまざまであるにせよ、内面的に関与しているということができる。(ii) しかるにこれとは別に外部からの動機がつけ加わって、もっぱら自分の買った馬券がどの程度の利益をあげるか、というギャンブルの見地からの関心のもちかたもあるはずである。M・ガイガーは (i) を Interesse für etwas (ii) を Interesse an etwas とよんでつかいかたを区別し、さらに (i) の意味の関心をもつことを Interesse haben、もたないことを Interesselosigkeit とよび、(ii) の意味の関心をもつこと(関心づけられていること)を Interessiertheit、その逆を Uninteressiertheit とよんでいる。

さて美的享受は、利害関係にしばられた Interessiertheit を否定するところにはじめて生じる。したがって Uninteressiertheit の状態におかれている。これが美的無関心性の意味である。利害のために左右されるようでは美的享受は生じない。生活的利害はすべからく超越されねばならない。

しかしながら、美的享受は決して Interesselosigkeit の状態におかれているのではない、なぜなら人生における重要関心事、たとえば愛であるとか、死であるとかが芸術表現のテーマにならなかったら、芸術はおよそ空虚なものになってしまうだろう。芸術家はむしろ人生の関心事をすすんでとりあげねばならない。それが美的享受の土台を豊かなものにしてくれる筈である。芸術作品が「面白い」「興味ぶかい」(interessant) といわれるとき、われわれはことがらへの深い内面的関与をはたしているのである。享受は一般的にみると、もともと自我の関わりを有するものであるから、何らかのかたちで「関心づけられている」(interessiert) ことを否めないが、ひとり美的享受のみは、前述のごとく観照享受として、対象と自我のあいだに距離設定を行なうことによって、なまなましい利害関係の拘束から離脱できるのである。

美学史上、美的無関心性を力説した学説として有名なのはカントの『判断力批判』である。カントは「趣味判断」の分析を通じて、この考えに到達した。すなわち「趣味判断」は、「質」の上から分析してみると、「直感的」であって、それを規定する「満足」(Wohlgefallen) はすべての「関心」(Interesse) を欠いている。ということは、「趣味判断」が対象の「現実存在」(Dasein) には無頓着 (indifferent) であって、ただ対象の「形状」(Beschaffenheit) を快・不快の感情に結びつけるだけだというのである。この態度が「静観的」(Kontemplativ) 態度である。

カント以前にも美的無関心性に相当する説をなした者もあるにはあるが、カントにおいてこそこれが美学の根本原理として確立されたのである。カント以後の美学説はほとんど例外なくこの原理を継承しているといってよい。しかしカントの説明は論理的構成の上でまだ不十分な点がある。M・ガイガーがカント説を修正したのはそのような欠陥をそこにみとめたからであった。(33)

外方集中と内方集中

いま芸術作品を対象とする享受を特に芸術享受 (Kunstgenuß) とよぶならば、本来の芸術享受はM・ガイガーのいわゆる外方集中（Außenkonzentration）という意識状態によって特徴づけられるであろう。芸術享受は意識の外に実在的な基礎をもつ芸術作品の観照における享受である。この観照における志向対象はたしかに意識超越的な作品の実在的存在を指示している。享受の体験は観照作用をこのような客体へ集中させるのである。ところが芸術作品は実在的基礎をもっているから、感覚器官を刺戟して、感情や気分をたえず喚起する。享受主体の意識はこの感情や気分のような純粋に意識内在的なものについて集中してしまい、意識超越的な作品客体へ向けられなくなってしまうことがある。これが内方集中（Innenkonzentration）とよばれる意識状態である。内方集中は正当な芸術享受ではないと考えられる。たとえば音楽を例にとれば、鳴り響く楽曲そのものに終始意識を集中するときは外方集中であって、楽曲を正当に観照享受する条件はみたされているが、楽曲の印象はつねに感情や気分を誘発し喚起するから、われわれの意識はややもすれば、その感情や気分について集中状態を示すことになる。このばあいは感情や気分の享受とはいえても楽曲の正当な観照享受とはいいがたい。（ハンスリック（Eduard Hanslick, 1825–1904）は音楽美を把捉する体験において、いわばこの内方集中の意識状態を極力排除すべきことを強調した。）ただし内方集中にも二種類あって、ガイガーは一方を感情や気分への（auf）内方集中、他方を感情や気分のなかでの（in）内方集中とよんでいる。前者では感情や気分への観照態度が成立するから、――正当な芸術享受ではないにせよ――なお美的享受たりうるけれども、後者では観照性がまったく失われるから美的享受の意味を失うことになる。後者は自我が感情や気分に埋没し内在することである。そのばあいにはいわば意識そのものが不透明になって、世界は意識主体に開示されなくなってしまう。

なおタタルキエヴィッチ（Wladyslaw Tatarkiewicz, 1886–1980）は伝統的に美意識と考えられてきたものが、意識の集中を前提条件とした静観作用のそれであるのに対して、芸術の実情はかならずしもそのようなかたちの美意識のみを要求してはおらず、集中に対して夢想（rêverie）が前提になるばあいも多いと説いている。(34)

第十九節　美的対象の志向的構成

美的体験はすでにくりかえし述べたように主観・客観の相関関係であり、志向的体験である。したがって具体的な流動過程のなかで、美的対象は志向的に構成されていくのである。この志向的構成(intentionale Konstitution)の過程を現象学的に記述してみよう(cf. R. Ingarden: Das ästhetische Erlebnis, in: Erlebnis, Kunstwerk und Wert, 1969)。

自然的態度から美的態度へ

自然物あるいは芸術作品をかたちづくっている要素のうち、一定の品質(Qualität)が際立ったもの、目立ったものとして知覚されてくる。勿論、実際に知覚されなくても想像のうちにこの品質が現出してもかまわない。この品質は体験を冷徹な心的状態に放置するのではなくて、固有の興奮へ導いてゆく。この情緒的興奮を根源的情緒(Ursprungsemotion)とよぶことができる。この根源的情緒は従来の美学説にみられる「適意」(Gefallen)と同じではない[35]。右の品質は生成しゆく美的対象の結晶核のように作用する。つまりそれを中核にひきつづいて多くの現象が引きつけられてきて、美的体験がそれ以前の体験の流れから区別される素地《したじ》ができあがるのである。このとき、体験主体たる私(自我)は実在世界の事物やその連関——つまり木石のごとき実在自然物や、物質的存在としてみたかぎりの絵画や彫刻や建造物や楽譜や書帙《しょちつ》やそれらのものを包みこんでいる諸関係の総体——に向けて活動させている自分の意識をさしとどめ、エポケーし、意識の及ぶ範囲——すなわち意識野(Bewußtseinsfeld)——を狭め、日常的体験からまつわりついてくる余韻や残響とよぶべきものを消し去る。この過程は現象学でいう「自然的態度」(natürliche Einstellung）から態度を変更することにほかならない。この過程も先述の根源的情緒がつよく作用しているかぎり成り立つのであって、もし根源的情緒が微弱になると、いわば日常的体験をおしとどめる力も急激になくなってしまう。無論そうなれば美的体験の過程は中断されてしまうし、美的対象の志向的構成も行なわれなくなる。逆にいうと、美的対象の志向的構成の行なわれるかぎり、根源的情緒が活性化しているのである。

「自然的態度」をとって世界に向かうとき、われわれの自我は日常的な全体性を意識しているけれども、ひとたび態度変更が行なわれて「自然的態度」から特殊な美的態度（die spezifisch ästhetische Einstellung）にかわると、日常的全体性は消滅してしまい、これにかわって新しい全体性の意識が生じてくる。根源的情緒の出現によって、われわれが従来実在世界の存在について根本的に抱いていた確信がぐらつくのと同時に、意識の関心は実在的事物や実在的事態からはなれ——つまりそれらの事物や事態の本当の存在はもはや信ずるにたりなくなっているのである——、純粋に品質的なもの（das rein Qualitative）に向けられるのである。この純粋な品質形成体の内容規定（Was）と形式規定（Wie）の構成に美的体験は赴くのであるが、このことを換言すれば、体験主体は志向の方位を変えて美的把捉の客体にさし向けられているということになる。

さて次の意識段階においては、当初単に刺戟的であったにすぎない品質に対して、能動的かつ集中的な直観作用によって捉えられるようになる。このとき品質はただ直観的意識の領野の前面に出るのみではなく、知覚の根源的所与性の領野（Ursprüngliche Gegebenheitsfeld）からもきりはなされて、一個の全体性をつくりはじめる。換言すれば、対象のこの特定品質は、ただ対象の断片や部分的要素をなすのではなく、たとえ小なりといえども一個の全体性をなすのである。そしてもし他種の品質的要素から補完されずともそれだけで十分美的対象の資格をそなえるようなら——つまり品質として自律的であるなら——美的対象の志向的構成過程はこれで終ることになる。（実際には、このような単純な美的対象の構成される事例は多くはないだろう。しいて実例を求めれば、原石のままの貴石はまだ十分純粋な品質を示さないが、不純な品質契機を実際の工作過程ではらい落して、切削と研磨のすえに品質の純粋なあらわれが獲得できるとき、意識志向的対象としての宝石の美的品質もまた構成されるのである。また実際の切削・研磨の工程を経なくても、原石のままにみとめられる美質を核として、想像のうちに志向的構成を行ない、出来上った宝石のみごとさを念頭に浮かべてみることはできるであろう。）

全体性と美的現実性

たいていの美的対象はいうまでもなくもっと複雑な組織をもっている。このことは芸術作品のなかに含まれて現出する美的対象の組織を考えれば、容易に納得できるであろう。そのばあい対象には一種類のみでなく、多種多様の品質が混在しているのである。美的な意味での価値性を帯びた品質は、このばあい決して単独に機能するのではなく、他の同様な品質によって補完される。ただしこの補完作用、つまり諸品質の結合がはたして必然的であるか否か、そこにアー・プリオリの法則性がみいだされるか否か、という設問に対して一般的な答えかたはできない。個々の具体的事例に即してはじめて答えることができるのである。もはや自明のことであるが、多種の品質が数多くたがいに結ばれあって、一個の全体性が生じる。この主・客に亘る全体的構造が生じる点に美的体験の特徴がみとめられる。この全体構造にもとづいて新しい一個の品質が綜合されて出現する。この事情を逆方向からみると、対象の全体品質が諸品質に分節していることになるのである。

さてこのような過程を経て構成された品質は範疇的に（kategorial）形成され、もはやそれの上位に立ってそれを包摂するような概念の作れない、基体（Substrat）としてはたらく。すなわち芸術作品のなかでは、この基体性のゆえに描写対象として成立し、たとえばそれに対して感情移入が行なわれ、また体験全体がそれに対して積極的に関与感情をもつようになるのである。そのために独自の現実性を担うことができる。普通、美的対象を単に仮象とみなすが、仮象説の根柢には認識論的にみて実在世界のみを現実と考える立場が潜んでいる。しかし美的対象が純粋に志向的に構成されたものであるからには、そこには単なる仮象の概念では説明のつかない独自の「美的現実性」がみとめられなければならない。（それゆえインガルデンは構成された美的対象に対応する措定契機があらわれて、対象が特別な存在のしかたをもつと説明している。）このような美的現実性がなければ、芸術史を彩るさまざまな表現様式のそれぞれに固有の現実味が備わることを説明できなくなるであろう。

純粋志向的対象性

以上のような過程で構成された美的対象は「純粋に志向的な対象性」（rein intentionale Gegenständlichkeit）をもっている。芸術作品にあらわされた対象は――描写対象をさしあたり考えると理解しやすい――たしかに観念的対象性をもってしては説明しきれないところがあるが、さりとて実在的対象性の観念で汲み尽せるわけでもない。つまり描写対象は数のような観念的存在と石のような実在的存在とのいずれからもはずれた独得な存在のしかたを備えている。その純粋志向的対象性は意識作用によって構成されるのであるが、存在他律的（seinheteronom）である。存在他律的というのは自己の存在基底（Seinsfundament）を自己自身のうちにもたないで、他の対象性のうちにもつものをいうのである。（その逆に自己の存在基底を自己自身のうちにもつものは存在自律的（seinsautonom）とよばれる。意識の志向的対象は勿論純粋志向的対象のみならず、存在自律的対象性であるばあいもあるが、これは偶然そうなるのであって、必然的ではない。）純粋に志向的な対象性は存在他律的であるから、この対象性自身のうちには何ものもなく、われわれはその対象の存在および規定全体を志向的意識の遂行から汲み出すほかかない。つまりこの対象は志向的意識作用の遂行なくしては存在しえないのである。しかし純粋志向的対象性は意識作用の実有的(reell)成分に還元するわけにはいかない。にもかかわらず、純粋志向的対象性はやはりそれに対応する意識作用に属し、そこから自己の根源を汲み出すのである。この意味で志向的相関者となるのである。

第二十節　美的体験の根源

すでに第二章第一節の末尾の部分で、われわれが美的体験を単なる心的過程とみることなく、むしろ存在論的意味での出来事として捉えるべきであるという理由を述べた。そしてまた前章では、美的対象の志向的構成に与る体験主体がそれ自身すでに日常的生活実践の態度——いわゆる「自然的態度」から離れて、態度変更をなしとげることをも知りえた。美的体験という出来事の起るのは日常的生活のなかではない。美的体験の主体であることは、超日常的な新しい世界の主体でなければならないのである。

驚異体験

美的体験主体がいわば「心を塵寰《ジンカン》ノ外ニ遊バシメ」（与謝蕪村『点印論』）、日常茶飯の世界からたまゆらの離脱を実現することは、それそのものとしてエクスタシス（ἔκστασις）とよばれるべきものなのであるが、要はこのエクスタシスを惹起する引き金に相当するものが何かを探究することである。前章では美的対象の志向的構成に重点をおいて、美的体験の成立過程を主としてインガルデンとともに分析し、最初に根源的情緒の生起することを確認したのであるが、あの根源的情緒が適意の感情よりもはるかに深い根本的な意味を、われわれ各自の人間存在に対して与えるものであることを同時に予測できたのであった。その深くて根本的な意味とは何であるのか?——一言で答えるならば、根源的に新しいものについての驚異（Bewunderung, admiration, θαυμάζειν）の体験、驚きの情なのである。

ところで一般的にみて驚きの心理にはさまざまな局面があるにちがいない。右にのべた驚きの情は、どのような局面における反応であろうか。まず驚きのうち単純で一般的なものは生理的・心理的に一瞬のあいだ秩序の混乱をよび起すようなものである。これをいま驚愕とよぶことにしよう。驚愕は何の心がまえも予感もないときに生じる心的反応である。幼児が悪戯のつもりで物かげにひとをまちぶせして、急に飛出してワッと声をあげて驚かすような他愛ないケースも、雷鳴や地震に不意を打たれるときに生じる驚きも、要するにこの不意打ち効果によって生理的・心理的秩序に混乱を惹起し、一瞬の当惑をもたらすという点では本質的に同じで、いずれも驚愕に属する。しかしこれよりはるかに持続的な震駭《しんがい》もある。親しい人の急な訃報に接したばあいには、直後の心的混乱もさることながら、動揺はながくあとをひき、ただちにおさまるということはない。これは自我の深層を揺蕩させる衝撃であるから、当人を不幸に陥れ、ばあいによっては一生涯その人の魂にかげりを与えることにもなる。しかしこれとても受動的に受容される現象であるから、その点では先述の驚愕とかわるところはない。ただ効果の及ぶ範囲が自我の表層にとどまるか、深層に達するかのちがいである。

ところが美的体験をまさしく体験主体の経験上の出来事として意味づける驚異の情は、――驚愕や震駭とちがって――もっと能動的かつ積極的な活動へ意識を導いてくれる。つまり探求的な深い心的活動へつながるのである。

アリストテレスは哲学の始源をこのような驚異の体験にみとめた（『形而上学』982b）。「驚異することによって今日でも、また最初のときにも、人間は哲学しはじめた」というのである。哲学的な愛知のわざの発生時は勿論のこと、今日でも哲学を始めるときには、かならず、その始源は驚異に根ざすのでなければならない、すなわち驚異は哲学の普遍的な始源だ、とアリストテレスは主張しているのである。しかし驚異は知的活動にのみみとめられるのではない。

アリストテレスに先立つプラトンは、驚異を一種のパトス（πάθος）であるとも述べている（『テアイテトス』155d）。ここでパトスとよばれているものを、後世 passion, Leidenschaft などの語を当てている受動的な心的状態と理解することはかならずしも不当ではない。これは心（θυμός）に座を占める情念であって、外部からの刺激によって動かされるものをさしている語である。しかもプラトンにあっても、この語が愛知の営みの始源を意味している。したがって受動的情念作用が愛知の能動的積極的活動たる哲学の始源になっている。

以上の事情を考え直してみると、哲学とよばれる根源的知的活動と情念の根源、感動の根源とが、驚異体験において融合しているといえるであろう。根源的な直観知と根源的な感動との融合が実現している驚異体験は、直観と感動の融合統一を具現している美的体験の、まさしく根源的意味とよばれるにふさわしいものではないだろうか。先述の根源的情緒はこの驚異の一側面をいいあらわしたものと考えられないであろうか。

新しさの品質

ところで右のように解釈された根源的な驚異体験の志向的相関者は、一言でいえば、新しさの品質である。しかしこの品質は一時的にわれわれの注意をひく目新しさをさすのではなく、持続的な効果を及ぼすような新しさである。そしてその現出のしかたからいうと、この品質はこれまで予想も予測もつかなかった未経験の事物や事態、つまり珍奇な「もの」や「こと」としてあらわれるのではなく、かえって従来だれもがみな熟知のことがら、自明のことがらとしていささかも疑念をさしはさまず、その存在を不思議とも感じなかったようなものなのである。つまり事物としては、珍奇というよりは、むしろ逆に見馴れ、聞き馴れ、感じ馴れてきた平凡なもの、凡庸なことなのである。そのようなものが、何らかの機縁によって、根本的な疑惑や否定の作用に晒されると、従来の信憑性が深かっただけに一層つよく、かつ持続的な驚きをよぶことになるのである。哲学も美的体験も――したがって芸術活動も――ひとしくこのような意味での根源的な新しさに対する驚異にもとづいて成立するのである。われわれはすでに美的価値体験が本質必然的に、したがって不可避的に頽落すべき運命にあることをくりかえし述べてきた。この頽落を克服して、美的価値体験の本来の面目を回復するためには、対象的品質の単なる目さきの新しさや珍しさを次から次へと追い求めてゆく必要はない。疲憊《ひはい》した体験に活力をよみがえらせるためには、むしろ先述のごとき一見熟知、一見自明のことがらの底から掘り起された新しさ、根本的な新しさを相関者とする驚異の体験を獲得しなければならないのである。このような驚異は決して陳腐化しない。陳腐化するのは目さきの新奇性である。各種の芸術表現においても題材を次から次へと新規に追い求める必要はない。たとえ題材は旧態依然としていても、求められている課題はつねに新鮮であることができる。その根本的な新鮮さを発見するところにまことの芸術家的独創性が成立するのである。以上のように考察してくれば、驚異はまさしく美と芸術の生命であり、哲学者の魂をなすものであることがわかるであろう。

驚異の生起

さて右に述べたような根源的な新しさを露呈する機縁となるのは何であるのか。驚異そのものの生起には何らかの法則がみとめられるのであろうか。まず第一に日常化した世界秩序の必然性を肯定するかぎり、驚異の情は起りえない。すなわち悟性的に理解できる必然的法則の支配圏では決して起りえないのであって、悟性によってあらかじめ捉えられ、予測できる範囲内で起ることがらについては、われわれは誰一人として驚かないのである。つまり驚かないということは自明性にひとしいのである。しかし自明性がひとたび疑われて、自明であるように思っていたことがらの、その自明性そのものが問いの主題と化するに及んで、われわれはにわかに驚異を感じはじめるのである。自然現象を自明性のもとにながめるかぎり、自然の驚異を感じとることはないが、花が咲き、鳥が飛ぶというわかりきったことが、ひとたび根本的になぜと問われることになると、たちまち驚異の対象に化する。（自然美ではその驚異が感性的現象とどこまでも結びついている。）驚異の対象そのものが自然の必然的法則に支配されているとしても、それが日常的な自明性の世界秩序から根本的にはずれた位置に晒される機縁には必然的連関が欠けている。したがって偶然性の範疇に属せしめられるほかないのである。われわれの人生にとって、そのような偶然、形而上学的意味での偶然と結びついた驚異の経験が非常に重要な役割を演じていることを、素直に肯定しなければならない。自己自身、すなわち意識内在の極においても、実はこのような偶然と結びついた驚くべきことがらがみいだされる。それはほかならぬ自己の実存（Existenz）である。自分が今、此処にこうして存在しているということ、他人の誰でもなく、まさしく自己自身として存在していることを、ふだんは反省しないでいるが、純粋に、かく徹底的に反省してみると、このことはまさに大きな驚異ではないか。実存の不条理ということも一つの根本的な驚異でないのか。他者との遭遇によって、自己の人生に重要な意味――たとえば愛のごとき――が与えられるのも、一つの驚異ではないのか。

美との遭遇

ところで美的価値体験の根柢にもこのような偶然性と結びついた驚異が存する。この驚異の生起をさして、美との遭遇とよぶことができる。美はあらかじめ体験対象となるべく、その資格をそなえて世界に存在しているわけではない。このことはすでに美的対象の志向的構成について知りえたわれわれにとっては容易に理解できることがらである。したがって超越的存在同士の遭遇、物と心という二種の実体の出会いと同様に、自我と美との遭遇が考えられるはずはない。しかしわれわれが遭遇するのは、つまり自我の対象となるのは、やはり美のばあいでも超越者にほかならない。ただしそれとの遭遇を前提にしつつ、美的価値ある対象が志向的に構成されて、美的体験が成立してゆくのである。美的対象が志向的に構成されたものであるかぎり、既述のごとく、それは意識の実有的（reell）成分に還元されないけれども、やはり意識内在的なものである。したがって美のばあい、超越者からの呼びかけに対応するかたちで意識内在的な、志向的対象性としての美的対象が構成される。換言すると美的体験の発生過程の引き金となりスイッチとなっているのはやはり超越者からの呼びかけであり、その呼びかけそのものが驚異の感情なのである。美的体験が遭遇的驚異によって生起せしめられる以前には、たとえ「芸術作品」の名において何が知られていようとも、それだけではこれに「美」の呼称を冠することはできない。美はまさに遭遇のかたちをとってこそ、われわれ各人の人格的実体の前に現出するのである。かさねていえば、驚異はつねに超越者からの呼びかけであり、われわれはそれに聴従せざるをえない。この聴従はすでに超越論的な経験である。美的体験の根源はこのように超越論的経験にとりわけ深く根ざしているというべきであろう(35)。

第三章　芸術について

第一節　芸術という語の意味

芸術という観念を明確にするためには、まずはじめに芸術ということばのなりたちや意味する範囲――つまり内包に対応する外延――をできるかぎり厳密に捉えておかなければならない。

今日、略字で使う「芸」はもともと「ウン」と発音して、勢よく伸びるわるい草を刈るという意味であった。従って漢字では「藝術」と書くのがあくまでも正しい。（中国簡字体では「艺」と書く。）

「芸」も「術」も、無論日本語として古くから使われているが、「藝術」とまとめてよばれるようになったのは、比較的新しい。ということは、「芸術」の統一観念、一般概念の成立が非常におくれたということを意味している。

「芸術」という語はヨーロッパの fine arts, schöne Künste, beaux-arts の翻訳語である。明治時代には「芸術」を今日の「技術」の意味に用い、「美術」という語を今日の「芸術」にあてたこともある。たとえば坪内逍遥はそのような意味で「小説は美術なり」と主張している（『小説神髄』明一八）。たしかに右の fine arts 等を直訳すれば「美しい術」なのであるから、「美術」という訳語の現われたのもまことに無理ならぬ次第である。

ところで前述のごとく翻訳語として出現した「芸術」であるから、その本質的意味を調査するためには、むしろ古代ギリシアにはじまる西洋美学の思潮を資料に選んで考察した方が便利でもあるし、目的に到る近道であろう。以下その方針に従って叙述する。

さて古代ギリシアにおいても、今日の芸術に相当する統一的な一般概念――すなわち諸芸術のすべてを含み、しかもそれ以外のものを含まない概念――は存在しなかった。そのかわりテクネー（τέχνη, pl. τέχναι）という語があって、今日のいわゆる芸術の類《たぐい》はいうまでもなく、そのほか家屋や靴や衣類を製造する技術や、船を操る操舵術、病気を癒す医術、さらには手品のような娯楽の術までも含んでいた。したがってテクネーはこのように種々雑多な内容のもので、漠然として捉えどころのないことばであった。

しかし重要なことは、このテクネーがすでに一種の知識としてギリシア人にとらえられていたということである。この知識は勿論、純粋な学的認識《エピステーメー》（ἐπιστήμη）ではない。それよりは劣る。けれども単純な経験知《エンペイリア》（ἐμπειρία）よりは勝っている。しかも経験知を超出し、これを統轄する立場が、テクネー（技術知）には必要なのである。かくして、テクネーは経験知と学的認識（学知）との中間に位置するものだ、と考えられていたのである。[37]

既述のごとく、雑多な諸技術がテクネーに含まれているが、特にそのなかで、「模倣技術」（τέχναι μιμητικαί）とよばれる一群が区別されることがあった。（プラトンやアリストテレスにこの思想がみとめられる。[38]）このなかには絵画、彫刻や演劇、舞踊などが含まれている。また――今日の思想からかえりみると多少奇異な感もするが――音楽もここに属せしめられている。

時代が降ってローマ時代になると、アルス（ars）がテクネーの訳語として用いられる。テクネーがtechnic, Technik などの近代語の語源をなすのに対して、アルスからは art という語が生じた。アルスもまた――テクネー同様――多くの技術を包括しているが、そこではわけても知識の性格が強まった。したがってラテン語のアルスは、技術よりもしばしば学問と訳される方が適わしい。これに比べれば近代語の art は、アルスよりもかなり技術の性質が濃厚に含まれている（たとえばドイツ語の Kunst は動詞 können に由来する。類似の造語法をあげれば gönnen>Gunst, brennen>Brunst)。

アルスについては古代末期以降、七種の「自由学科」(septem artes liberales, liberal arts, freie Künste) という観念が成立していた。これは社会的身分からいって自由人たる者が教養として身につけておくべきものをさしている。したがって専門的職人の従事する「製造技術」(artes mechanicae) からはっきり区別をつけられた。[39]

「自由学科」の内容は時代とともに多少変動しているし、創作活動の要素が加わると音楽（musica）のごときものは、当然、芸術に接近してくる。ただし詩（文芸創作）は、特別扱いであって、教養以上のものとみられ、かつまた職人わざでは創れないもの、すなわち神の息吹きを受けて、霊感的に創作するものとみなされたから、たとえ「自由学科」が技術的制作の契機を含むようになっても、そこには加えられなかった。文芸とは逆に美術はむしろ職人わざの面がつよいから「製造技術」に含まれるべきものである。このようにながめわたしてみると、アルスの領域内で、芸術がまとまった一区画を占有するにはほど遠かったことが理解できる。

芸術をば、このような思想的伝統のなかで、とにかく統一的原理によって捉えようとしたのは近代人の努力である。ルネッサンス時代にレオナルド（Leonardo da Vinci, 1452–1519）は美術を学問の位置にまで高めようとつとめた。これは「万能の人」(uomo universale) とよばれたレオナルドにしてはじめて試みることのできる精神的冒険であった (Trattato della pittura, 1651)。そして純粋に理論の上ではようやく十八世紀になって、バトゥーが（Charles Batteux, 1713–1780）アリストテレス流の模倣原理でもって、芸術の各種ジャンルをはじめて統一的に説明しようとした（Ch. Batteux: Traité des beaux-arts, réduits à un même principe, 1746)。

さて芸術が他の技術《アルス》から区別されるのは、それが美的価値を実現する技術だからである。近代になってこのことが理論的に確認され、万人の同意を得るようになったのである。前述の、fine arts, schöne Künste, beaux-artsという語はすべて直訳すれば「美しい技術」、「美的技術」ということになる。これらの語は、近代における芸術観念の率直な表現となっているわけである。[40]

十九世紀になってから fine, schön, beau などの形容詞は省略されるようになった。今日では形容詞なしで art etc. でもって「芸術」を意味させるばあいが多い。

また形容詞抜きの art, Kunst が「美術」をさすばあいもある。したがって外国語文献でこれらの語が用いられているときには、つねに注意を怠ってはならない。つまり、

(1) 技術という意味を含んでいないか、

(2) 芸術一般、芸術全体だけをさしているのか、

(3) 美術のみを指示しているのではないか

という三点をつねに顧慮しなければならない。

芸術を美的技術と定義すれば、おそらく反論が出るだろう。すなわち、芸術の生みだす価値は美だけではない、その証拠に現代芸術を見よ、そこにはすでにあきらかに美からの隔絶、美との訣別があるのではないかと。しかし私がここでいう美的価値は、そのような反論者のいう「美」をさしているわけではない（このことは第二章で詳論したつもりである）。「美的」は ästhetisch であって、元来直感的ということである。いかなる芸術も直感性を欠くことはない。直感性に固有の価値を生みだす技術が芸術なのである。美的技術の意味内容はこのようなものである。

美的技術にならぶべき技術の種類として効用技術（useful arts, nützliche Künste）が考えられる。これは日常生活の連関を規定している効用価値を産出することを目的として行使される技術であって、近代の工業的生産技術も価値実現の観点からみればこれに属している。後述するように（第三節）効用技術と芸術の関係は深くかつ密接である。

第二節　技術体系と芸術的諸要素

前節でのべたように芸術を美的技術とみて、効用技術から区別したとしても、それは技術が実現すべき目的の上での区別であって、技術そのものの本質をかたちづくる諸要素ないし諸契機を考慮した議論ではない。それゆえつぎに、技術そのものの本質的諸契機を析出しながら、芸術とよばれるものがそれをどのように含んでいるかを考察してみよう。

かつてアリストテレスは人間の行なう活動形式を三分してポイエーシス（*ποίησις*）、プラクシス（*πρᾶξις*）、テオーリア（*θεωρία*）とした。すなわち、制作と実践と観照である。ローマの修辞学者クインティリアヌス（Quintilianus, ca. 35—ca. 100）は、このアリストテレスの三分法思想を継承して、制作と実践と観照にそれぞれ技術的契機が含まれていると考えた。（この点はアリストテレスとは異なっている。）逆方向からいいかえると、技術そのものが（a）「制作術」、（b）「実践術」、（c）「観照術」、に区分されるということになる。

クインティリアヌスの述べるところは次のごとくである。すなわち「しかし、arsのうち、あるものは事物対象の吟味、すなわち認識と評価のうちにおかれているのだから、そのようなものとしては天文学がある。天文学は何らの作用を要求せず、研究対象そのものを理解することで満足する。このarsはテオーレーティケー（*θεωρητική*）とよばれる。またあるものは作用のうちにおかれる。それらのものの目標は作用にある。作用そのものが完成すると、作用のあとには何らの作品をも残さない。このarsはプラクティケー（*πρακτική*）とよばれる。このようなものとして舞踊がある。さらにまたあるものは効果のうちにある。これらのものは眼に委ねられる作品の仕上げでもって目標に到達したということになる。このarsをわれわれはポイエーティケー（ποιητική）とよぶ。そのようなものとして絵画がある」（Institutio oratoria II, 18, 1.）。

クィンティリアヌスが（a）「制作術」（ποιητική）とよんでいるものには、美術のように一旦制作すればながく持続する作品をもつ芸術が含まれる。この種の技芸の作品には完成（仕上げ）ということがつきものである。絵筆や鑿を措いた時点というものが必ず考えられるわけである。

制作術にはこのような芸術ばかりではなくて、日常の用をみたすための作物（製品）をつくり出す生産技術――一般には工技（Handwerk）――も含まれている。

芸術作品――絵画や彫塑などの作品――は勿論、美的に享受される（第二章、第十八節参照）が、それは日用品が有益に消費されるのと対応しているわけである。日用品の制作術は効用価値の実現を目的とするが、芸術作品を制作する技術は、先述のごとく美的価値の産出を目的としていて、その他の外的目的をもたない（このことが美的価値の自己目的性とよばれる性質である。第二章、第十一節参照）。（芸術の社会的機能を考えると、芸術にも外的目的があるとみることもできるが、そのばあいは問題設定のしかたがまた異なっているので、いまここでは論及できない。）

クィンティリアヌスが（b）「実践術」（πρακτική）とよぶものには、ふつう演奏や上演などを要する芸術が含まれている。音楽や演劇、舞踊などはこれに含まれる。これらの芸術のばあいには楽譜や戯曲台本がまず創られていなければならない。いうまでもなくそれは前述の「制作術」を駆使して作曲家や劇作家が制作した作品である。したがってこの「実践術」においては、「制作術」とその作品が、先行条件となっているということができる。

文芸は今日では黙読する機会が多くなったから気付きにくいが、往時盛行した朗誦（朗読）に重点を移して考えれば、文芸は全体として「実践術」に含まれる。

「実践術」においてはくりかえしていうように「制作術」を先行条件としているが、制作の主体と実践の主体は別別の人間であってもよいが、作曲家と演奏家のように、ときには一人の人間が二役を兼ねることもできる。ところで「実践術」においては、「制作術」のばあいとちがって、演奏や上演という行為は時間とともに流れ去って同じ瞬間は二度と帰ることはない。予在する作品は、この上演、演奏をまってはじめて現実のものになる。たとえば楽譜に記された作品は、そのままでは鳴り響かないから、まだ本当に音楽作品とはいえない。勿論作曲者の頭のなかでは楽器なしでもいきいきと鳴り響いているのであろうが、他人にそれは聞こえない。演奏家をまってはじめて現実に空気を振動させて他人の聴覚に届く音が鳴り響くわけである。したがって予在する作品は完成段階をまだ欠いているといってよかろう。つまり現象現実性（Erscheinungswirklichkeit）を欠いているのである。演奏や上演は、この種の作品に対して現象現実性を与える行為である。それを与えてしまうと、この行為そのものは消え去ってしまう。

さて今日では元来流れて二度と帰らぬ上演、演奏を機械装置（それ自体技術の所産である）の発達のおかげでもう一度とりもどし再生できるようになった。しかも再生は反復可能である。この「再生」は同じものを多数つくり出せる、という意味での大量複製に発展する。大量複製行為は手段――録音機構やフィルム機能、集音装置、増幅装置、照明や感光能力の増進、レンズや撮像管の改良、これらすべてをコントロールする装置の進歩やフィードバック・システムの発達など――の技術的発達に負うところが多い。この点にのみ注目すれば、大量複製の発達には技術論的側面での独自の意義がある（先述のごとくW・ベンヤミンはこれに社会学的視点からの分析をつけ加えた。*cf.* W. Benjamin: Das Kunstwerk im Zeitalter seiner technischen Reproduzierbarkeit, 1936）。

ところで映画は決して舞台演劇の再生と同じものではない。写真や映画やテレビなど、いわゆる「映像」には独自の表現機能が備わっているから、今日では一応独立の芸術とみなされる。また録音技術の発達はただ単にレコードやテープに生《ライヴ》演奏を記録させるだけではなく、作曲に逆作用を及ぼして、録音・再生に適した作曲を促がし、演奏を促がし、ついには音の合成技術の進歩に影響を及ぼして、シンセサイザー音楽などを生むにいたった。つまり「実践術」が逆方向に働き、本来予在すべき作品の「制作術」を逆に制約するにいたった。

「実践術」のなかには前述の芸術現象のほかに、日常の用に奉仕する弁論術《レトリック》が含まれる。レトリックは今日では修辞術（修辞学）のことをさすが、古代ギリシア、ローマでは訴訟の法廷弁論や政治上の問題を審議する弁論や特定人物の勲功を賞讃する演説などを意味していた。なかんづく法廷弁論や政策審議はまさにいまここでとりあげている「実践術」に属せしめられるべきものである。

クィンティリアヌスの掲げる（c）「観照術」（θεωρητική）は観照的認識と評価の技術である。それが向けられる対象は自然物（人間を含む）であったり、人工物だったりする。このうち特に人工物をとりあげて調べれば、それが「制作術」によって産出された「作品」であるか、それとも「実践術」の「行為」であるか、いずれかである。

自然物の観照のなかに、いわゆる自然美の観照享受ということがらが含まれる（第二章でのべたから詳述しない）。人工物の観照においては、――その対象が「作品」であれ、「行為」であれ、いずれのばあいでも――単なる認識で終るのではなく、必ず評価活動に発展していかなければならない。このことを念頭において考えると、人工物たる芸術作品の観照を自然美対象の観照と比較してみると、そこにかなり大きな相違の存在することがわかる。芸術作品を観照するときには、ただ単に作品の美的契機に注目するばかりではなくて、作品を産出した技巧の契機に関して理解が及ばなければ、観照が評価活動にまで円滑に発展しない。一枚の絵を観ても、どんな技巧、技法が凝らされているかを正当に理解しないと、美的享受を行なっても、好悪の個人的趣味の枠を打ち破って、評価に進むことができない。この意味で、一般的な美的観照から峻別された芸術観照（Kunstbetrachtung）の存立を主張することもできる。[41] しかも技巧契機の理解にいたる方法は単なる知識というよりも、むしろそれ自体技術知である。

音楽美について有名な著作をのこしたE・ハンスリックは「本当に美しい聴きかたは一種の技術だ」という趣旨を述べている（cf. E. Hanslick: Vom Musikalisch-Schönen, 1854）。「音楽そのもの」に志向する外方集中（第二章、第十八節参照）の主唱者ハンスリックにとって、芸術観照ないし芸術享受はすでにそれ自体のうちに技術的契機を含むものと考えられたようである。

観照認識や評価を含んだ一つの作用として、芸術作品の「解釈」（Interpretation）を特に抽出する傾向が現代美学にみとめられる。解釈は知識の集積だけでできるものではなく、一種の技術によって成り立つということができる。解釈を一種の技術とみなしていた人に、十九世紀の哲学者シュライエルマッハーがいる。

解釈という概念は、神々のことばを人間の言語に直すというプラトンの思想――詩人はその役目をはたす人だ、と考えられた――や、論理学的な命題を説明するというアリストテレスの思想を先駆とし、さらにキリスト教ではまさしく神的な聖書の章句を理解するしごととしてうけつがれた。いずれも言語で記された文献の解読という枠のなかの精神的な営みであった。

しかしながら後世になると非文献的な表現形成体についても解釈という概念が転用されるにいたった。絵画や音楽についてもあてはめられるようになった。なぜなら、総じて表現には創造的な過程がつきものであるとみなされたからであって、それを追形成する（nachbilden）一種の哲学的心理学的作業を解釈学（Hermeneutik）とひとはよぶようになった（シュライエルマッハーについては Fr. Schleiermacher: Hermeneutik und Kritik, mit besonderer Beziehung auf das Neue Testament, 1838）。

哲学者W・ディルタイ（Wilhelm Dilthey, 1833–1911）は解釈の対象をさらに一般化し、「歴史的生の表現」として文化のさまざまな所産にまでこれを拡げた。

このような捉えかたの行きつくところ、当然すべての芸術的表現にあてはまることになる。したがって芸術作品にわれわれが出会う体験は、すべて解釈作業、すなわち解釈学的経験と考えられても不思議はない（*cf.* H. G. Gadamer: Wahrheit und Methode, 1960; Ästhetik und Hermeneutik, in: Kleine Schriften, II, 1964）。

ところでわれわれがここで見定めておきたいのは、「芸術作品の解釈」を具体的に個別的に実行する際に、「解釈という技術」が必要だということである。これはたとえば法律をくわしく学んでも、法廷で訴訟を貫徹したり弁護を全うしたりするためにはなお不十分で、勝訴に持ち込むためには一種の言論的技術が要求される、というのと同じような事情にある。なぜなら条文解釈とその適用はまさしく経験的技術に属することがらだからである。

さらに評価作業は当然、批評とつながっている。素人の行なう評価作業は単なる経験にすぎないけれども、専門家とよばれる人のばあいには、評価作業はただその場かぎりの――いわば単発的な――経験をこえている。すなわち技術に到達しているのである（先述アリストテレスの考えた技術知の、経験知に対する優位性を想起せよ）。芸術批評は一個技術となるのである。（芸術作品の解釈と評価については後節でふたたび扱うことにしたい。）

芸術解釈や芸術批評はともに技術的契機を含んでいるから、芸術そのものにきわめて近い。われわれが作品を解釈したり、批評したりするときには、しらずしらずのうちに芸術家と立場をわかちあっているのである。すぐれた解釈や批評の活動は、芸術家的センスの持主によって行なわれるばあいが多いとされているのも当然である。観照技術のうち認識契機に重点をおくものは、近代的な科学の立場に接近することになる。

われわれはクィンティリアヌスの分析および、それを継承した分析作業を右に示した。[42] しかしながらそれだけでは、諸芸術の体系的分類のしごとと混同されるおそれがあるので、次のように総括しておきたい。

クィンティリアヌスはアルスを三分して、「制作術」、「実践術」、「観照術」にまとめた。しかしわれわれは――アルス全体ではなく――芸術とよばれる技術的活動に焦点を絞って、芸術のうちに含まれる本質的契機として、次の三個のものを確認したいのである。すなわち、

芸術
- (1)　制作術的契機
- (2)　実践術的契機
- (3)　観照術的契機

それゆえ、たとえば美術に関しては(1)がもっとも重要だが、(2)も皆無とはいえず、音楽に関しては(1)も(2)も必要である。そしてどんな種類の芸術にも(3)は必要である。

従来の美学（ないし芸術哲学）が(1)を偏重したことはたしかである。(2)はむしろ音楽学、演劇学などの個別芸術学の領域で扱われることが多かったといえよう。（勿論そのばあいに美学上の基礎づけを要求していたことは事実であるけれども——。）(3)にいたってはその技術的性格すら正当にみとめられることが少なかったといえる。

第三節　技術の合理性と芸術の非合理性

（一）技術そのものの本質の分析に関連して芸術の性格づけを行なうためには、もう一つ、きわめて重要な視点を導入しなければならない。それは技術をめぐる合理性の検討である。

さて現代において技術概念は広狭二義をもつ。まず狭義の技術に属するものは規則によって律することのできる工技（Handwerk, handicraft）であり、また特にそれの近代的発展形態としての工業的生産技術（technology）である。後者がいわゆる産業革命によって生じたことは周知の事実であろう。現代では生産部門のみならず、管理部門や流通部門にまで技術が導入されるようになった。つまり社会全体の機構が多かれ少なかれ技術によって支配され、各種技術者が多方面に進出しはじめた。いわゆる技術支配《テクノクラシー》（technocracy）の時代の到来である。

広義の技術は芸術を含んだかたちとして把握される。したがってこの上位概念としての技術は――古代人のいうテクネーの語義と同様に――下位概念として生産技術と芸術を左右にふりわけて含んでいる――あるいは生産技術と芸術の両者にまたがっている――ということができる。

技術（広義）｛芸術
　　　　　　　生産技術（狭義の技術）

（二）さて狭義の技術は「目的意識的思考」が支配するところに生じる。技術的活動の全過程はこのばあい合理性（Rationalität）に貫かれているといってよい。けだし技術とは一般に特定目的を設定して、それに到達する方策を勘案商量のすえに選択して実行に移す、という手続きを経るべきものだからである。合理的でない方策はもともと選択されないはずである。

これに対して芸術のばあいには「創造的想像力」が主導権を握るが、これは合理的な思考とかならずしも歩調をあわせない。むしろ非合理的もしくは超合理的であるというべきである（この点については竹内敏雄『現代芸術の美学』一〇頁参照）。

両者のこの顕著な対立は、それぞれが実現すべき目的たる価値の差異に由来する。既述のごとく生産技術は効用価値（有用性）を実現する手段であるから、より合理的にそれを実現する手段の方が、合理性の劣る手段よりもすぐれていることは自明である。しかるに芸術は美的価値――くりかえし注意するがこれはただ単なる「美」ばかりではない――を実現するための手段である。美的価値は――第二章で詳論したように――直接的体験において実現されるものであって、決して合理的思考によってのみ実現されるものではない。この理由からして、狭義の技術と芸術とは真向から対立するのである。

ところで両者はただ鋭く対立するのみではない。両者とも技術に属するからには、相互に峻別されるのみならず、また同時に相互浸透をも生ぜしめているのである。狭義の技術活動といえども、その端初、動機、着想において多かれ少なかれ霊感につき動かされるものである。ただしこの非合理的端初もただちに合理的に処置され、合理的過程にくりこまれるであろう。他方芸術活動といえども、作品のもたらす効果を予め計算に入れて、素材の処理や形成にあたることが何ほどか必要である。完全なオートマティズムは稀有のことがらというべきであろう。

より詳しくいえば、狭義の技術の範囲では、制作のためにまず合理的計画が練り上げられ、設計が試行錯誤的にくりかえされて次第に定着の方向にむかい、数多くのテストを経てついに実施にふみきられる。この順序はほぼ固定している。したがっていきなり、過程の中途からはじまるということはない。（このことは建築物の造営を例にとって考えれば、容易に首肯されるであろう。）勿論、実施段階に入ってからも予期せぬ障害に遭遇して、その結果、当初の計画や設計を変更したり、破棄したりして、新規蒔き直しを余儀なくされることも少なくないが、このこともむしろ技術の全過程が目的合理的（zweckrational）な知性の支配下におかれていることをよく物語っている。いわゆるフィードバック・システム（feedback system）が成立するためには、精密な目的合理性が前提されていなければならない。技術活動の経験に介入する偶然的要素や不合理は、この活動の根底にある目的合理性によって吸収ないし解消されてしまうわけである。

芸術のばあいには、合理的設計よりも、むしろ瞬時に閃く霊感に従うのが普通である。冷徹な計画実施の手続きでなく、日常生活の重々しい時の流れを忘却した束の間の、戯れのごとき営みに沈潜するのが、芸術家の創作態度である。

この戯れは日常生活の実利の観点からみればほとんど何の価値もないが、人間存在の本質を知ろうとする者にとっては貴重な資料である。たとえば詩人で美学者であったF・シラー（Johann Christoph Friedrich von Schiller, 1759–1805）は「遊戯するとき人間は完全だ」とのべた（*cf.* Fr. Schiller: Über die ästhetische Erziehung des Menschen, in einer Reihe von Briefen, 1795)。このはあいシラーのいう遊戯とは、物質的素材に由来する「素材衝動」の感性と、抽象的精神に由来する「形式衝動」の精神性とを仲介する高次元の衝動であって、芸術や美の領域での自由性の発動を意味するものにほかならない。このような高次元の遊戯が人間の全体性を保証するものと考えられるのである。

（三）以上のべたように技術と芸術は異質のものでありながら、他面では相互依存、相存浸透を示すこともある。両者はたがいに背きあいつつ結ばれているのである。しかしこの結ばれかたには、なお重要な問題が残存している。かつて詩人ゲーテものべたように、そして近代のバウハウス運動の芸術家たちも主張したように、どんな芸術にもまず工技（手しごと）が先行していなければならない、と考えられる。たしかに工技は一見すると専門職人の占有物のごとくであって、工技に従事する者の資格は制限されているように思われる。けれどもそれは要するに一種の社会的制約にすぎないのであって、本質的には工技に従事する者の資格が制限されることはありえない。つまり工技こそは開放的な領域なのであって、一定知識を順序正しく習得し、これを実地に応用する訓練をつみ、試行錯誤的経験をへれば、技術の種類に応じて多少難易度の差はあっても、だれもが必ず実行できるのである。（したがってプロフェッショナルとアマチュアの差はもともと質的ではなく、量的であるにすぎない。）近代工業における生産技術は本質的には、この工技の延長線上に在る。ただし技術としての知識（すなわち技術知）が近代科学によって組織されている、という点が古来の工技と異なっている。

これに対して芸術はただ単に工技の本質をそのまま美的価値の理念の導く方向へ延長したものとみなされるべきではない。両者間には質の相違がある。工技や近代技術をその発展経路に沿って、さらに超出するのではなくて、全く別の次元へ飛躍するのでないと、芸術は真に芸術たりえないのである。

この質的飛躍の行なわれる地盤は技の訓練がつくり出したものである。技の訓練なしには質の飛躍はのぞめない。勿論、工技のなかにも技の訓練は含まれている。ところが近代技術は機械技術ともよばれるように、機械が主人公になるのだから、機械の試運転ということはありえても、機械自体の「訓練」という語は意味をなさない。(機械をつかいこなす人間の操作の訓練ということはいえなくないが、これはむしろ知識の習熟と習慣の形成のことで、本来的な訓練ではない。) 機械の進出するところでは、人間は己れの身体性を軽んじ、身体を用いる人力エネルギーの開発を忘れるようになりがちである。しかし技の訓練こそは、まさしく本質的に人間の身体性に属することがらである。(サーカスで曲芸を披露する動物の調教において、動物にとってその身体と意識の矛盾は感知されず、したがってその矛盾の克服という出来事も起りえない。)

勿論、工技における訓練がつねにそのまま芸術性を発揮するとはいえない。訓練の激しさ厳しさがいつでも芸術性を産み出すという保証はない。その意味では、訓練と芸術性の実現とのあいだに緊密な因果関係を確立することはできない。しかしそれにもかかわらず、芸術は成功する (gelingen)。さきに質的飛躍として捉えた芸術性の生起のしかたはまさしく成功という現象で特徴づけられるのである。この成功が現象するためには、工技の訓練の激しさ厳しさがなければならない。芸術成功の必要条件として激しく厳しい訓練がなければならない。

訓練の必要性は特に身体的表現を不可欠とする舞踊や演劇などに著しいことはいまさらいうまでもない。しかし身体的条件を整えることは器楽演奏や声楽演奏などにもあてはまるし、彫刻や絵画、書などの美術にも妥当することである。文芸 (詩) は身体的訓練とは無関係であるが、そのかわり言語表現の訓練にきびしさがある。(たとえば、日本の和歌の創作には、独自の修行が要求された。「本歌取り」の修行、「歌合わせ」の修練などはそのかみの歌人が己れの心血を注いだところである。)

また前節でのべた意味での実践技術には多かれ少なかれ技の訓練が必須である。芸術以外にも、これに属する技芸、たとえばスポーツや武芸などには身体的訓練が典型的に妥当するし、弁論術には措辞の修辞法的技巧とは別に、演技にも似た聴衆説得術の訓練が必要である。

工技においては訓練で得られるものは主として対象についての知識である。それに比べると、芸術上の訓練は対象知に加えて自己自身の主体性の自覚を深める。つまり対象と自己とを同時に支配できるようになるのである。このばあい自己自身が対象に向って積極的に能動的に働きかけるだけではなくて、同時に対象を受容していくものだということが自覚されるのである。なぜなら工技的訓練を超える恩寵（Gunst）を期待する態度が自己の根柢に用意されていなければならないからである。換言すると恩寵の期待は、因果法則の必然性をのりこえる機縁を期待するということである。工技の訓練そのものはたしかに因果法則に支配されて、訓練の過程も発展も必然的に規定されるのであるが、芸術はこの因果法則を超出して成功するのである。失敗を本来内包しながら芸術は生起に成功する。したがってこの生起のしかたは因果法則の必然性では説明がつかない。因果法則の必然性によって規定されてしまうと、芸術について成功をも失敗をも語る意味がなくなってしまう。だから芸術の生起のしかたは偶然とよぶほかはない。しかし主体の能動的な努力のないところにこの恩寵は起らない。したがって恩寵はただ消極的に期待するだけではなく、積極的な努力が期待と結びつくところにのみ生じうるのである。

右にのべた恩寵は体験する者の身には飛躍と感じとれるであろう。また論理的に考えても偶然的生起は自然の因果系列がそこで途切れることであるから、やはり飛躍と解釈されるだろう。この飛躍の体験、飛躍の論理は存在論的には超越者の介入とよぶことができる。ふだんわれわれは意識を超越したもの、認識活動を超越したものを種々に理解しているが――事物、世界、神などがいずれもそれにあたる――、いまここで語られる超越介入は、普通には現出しないで、芸術成功の瞬間にのみ認められるものである。したがってこの種の超越介入の体験可能者はその資格がきびしく制限されていることになる。その点をとりあげていえば、芸術の領域は――さきに開放的と規定した工技のばあいとは逆に――閉鎖的かつ秘教的（esoterisch）である。

芸術の秘教性は、芸の修行のありかたをおのずから規定する。日本に古来「芸道」という観念が生じたのも、芸術をただ単に倫理的意味で精神的訓練に役立てるとか、世の人心を教化するという方向からながめるだけでは不十分であって、まさしく右述の芸術の本質に根ざすことがらであったことを承認しなければならない。勿論しばしばそれが歪んだかたちの儀礼を生んで形骸化したこともみとめなければなるまい(中世歌道の「古今伝授」のごときはその好例である)。

ところが観照者の側からみれば、かならずしも芸術は秘教的ではない。なぜなら観照者は芸術家とちがって右の飛躍を実際に体験することはないからである。飛躍体験は創作者の特権なのである。(この点芸術創作と芸術観照は根本的に異なっている。)

(四) 以上に述べたごとく広義の技術に含まれるものは、産出さるべき価値内容とそれに到達する活動の精神的意義の二側面から、生産技術と芸術にふりわけられる。すなわち生産技術は効用価値の産出に向けられた目的意識的な合理的精神活動の総過程であり、近代においては広い技術領域の重心の所在はまさしくここに求められる。つまり今日の技術の典型をなすわけである。しかるに芸術は美的価値の産出に向けられた自己目的的な超合理的精神活動の総過程でありまた同時に身体活動を不可避的にともなっている。こちらは――近代的生産技術とちがって――個人の揮う「たくみさ」や「わざ」から出来上っている。それはむしろ技術そのものの始源に近いもので、人類は近代以前にはながの年月、そのような技術を揮いながら生産にも従事してきたのである。この事実を顧慮するならば、芸術はむしろ技術の正統を継承するものであるといえるだろう。近代的生産技術はかえってこの正統からはずれた派生物だ、と評することも可能である。

近代の合理主義的思考に基づいて生産技術が過度に発達すると、まさにその合理性が人間を裏切り、技術所産が人類の生存条件を脅かしはじめる。そのばあいには手段であるはずの生産技術が、自己目的化してしまって、何のための技術活動であったかが忘却され、隠蔽されるのである。技術の発達を促す近代の合理的理性は、あわれにもここでその限界を暴露することになる。現代生活の危機は、たしかにこの限界が明瞭にわれわれの視野に入ってきたことから自覚されるようになった。（いわゆる公害問題が好例である。）理性はもともと深くかつ包括的なものでなければならない。われわれは近代技術の主体であるかぎりの理性が、理性そのもののごく一部分の働きを示すにすぎないことにふかく思いを致して、皮相な技術的理性を克服し、理性そのものの全体性を回復しなければならない。それが同時に人間存在の回復なのである。このような状況下において、技術の正統を継承する芸術に課せられた任務は大きい。芸術による技術の克服の道程は決して容易ではないが、醜悪な技術所産を改良するしごとは、今日ではもうほとんど終ってしまった。美的観点からの技術改善がまさしく美の人間的性格にもとづくかぎり、芸術による技術の克服は一個の明確な工業的生産計画にくみ込まれるであろう。

第四節　芸術創作における自然の意味

芸術創作には自然が関与していると考えなければならない。なぜなら第一に創作主体たる人間が自然的存在だからであり、第二にそこに生じる作品が自然所与物を抜きにしては成り立たないからである。

自然と芸術の関係はすでに(第二章、第六節で)言及したように、まず模倣（ミメーシス）によって結びつけられている。しかし芸術作品がまさしくミメーシスの所産であるがゆえに、たとえばプラトンのイデア説の立場からみれば、芸術作品はイデアから遠ざかること三段階であるとして、自然よりもなお低く評価されねばならなかった。しかしながら同じギリシア哲学のなかでもアリストテレスになると、芸術《テクネー》は自然《ピュシス》がやりのこしたことを完成し、他面これを模倣すると考えられるようになり、かならずも自然に劣るとばかりはいえなくなっている。すなわちすでに芸術作品の独自性が承認されるようになったのである。このことは自然と芸術の区別を語ると同時に両者の根柢における共通性がみとめられていることであり、芸術が自然の延長線上におかれていることを物語っている。（これは後世のドイツ観念論美学、たとえばシェリング美学における二元的な捉えかたとはことなっている。）

そこで、芸術に関与するかぎりでの自然、ないし自然的なものを分類してみると大略次のようにまとめられる。

（一）外的自然もしくは所産的自然（natura naturata）

これは形成されるべき素材が属している自然である。だがこの自然像も決して唯一不変ではない。かつてゲーテが想定していたような自然像、つまり直観的に捉えうる有機的な、汎神論的な形像としての自然はすでに今日では妥当性を欠いてしまっている。[13] 現在では自然の本質は自然科学によってのみ認識されると考えられている。換言すれば「数学的言語」で表現できる「抽象的な自然」に変貌をとげつつあるのだ。このような現代的自然像が正当か否かはしばらく問わぬとして、ある種の抽象美術がこのような自然像を直観化したものと解されてもあながち誤りとはいえないようである。

ところで人間の心的過程も観方によっては外的自然と格別かわりのない自然的過程と考えられる。心理学的に芸術創作の意識活動をみるかぎり、心理はすべて自然的過程にすぎなくなって、人間的実存の内面性は研究の視野から消滅する。つまり心も「自然化」してとらえられるのである。

（二）能産的自然（natura naturans）

人間の生得的能力として古来インゲニウム（ingenium）という語であらわされてきたものが、これである。それは大自然の生産活動と共通性をもっている。[44] すなわち人間が芸術的創作をなすかぎり、大自然の生産力と共通点をもっていることが自覚される。

ロマン主義的芸術観のつよく支配する時代（十九世紀）にはインケニウムの含む非合理的感情的側面が強調されて

天才（genius）という概念が形成された。創作活動をなす芸術家は、特定個人に与えられた能産的自然としてふるまうのである。それが天才なのである。

ところで一般に名人・上手とよばれる人には実は二種類がある。（1）は「自然に属する天才」である。このような芸術家を師とたのんでその技能を弟子が真似ることはできない。逆の側からいうとこのような天才は弟子を教育し、養成することはできない。なぜなら自己自身の天才は自然だから、自己自身も完全にはこれを反省し、意識することが出来ず、したがって弟子の手足をとって教え、未熟さを矯正するということができないからである。弟子たるものは師の偉業をひたすら讃仰するのみである。ただしこの讃仰のなかから弟子が芸の真髄をみずから悟得することはできるであろう。（2）は「技術に属する名人」である。このような芸術家の本領は技術面で発揮されるのであるから、先述の天才とはタイプがことなっている。技術知は意識によって分析することができる。それゆえ技術実現にいたる筋道を、修行・訓練の過程として組織化することができる。弟子の教育・養成もそれによって可能となる。弟子たるものは師の作風や作品を模倣することができるのである。（この点にふれて、江戸時代の『役者論語《ばなし》』に記されている山下京右衛門の話はすこぶる示唆的である。かれは自分と坂田藤十郎とを対比させて考えているのであるが、藤十郎が天性の名人、つまり「自然に属する天才」であるのに対し、自分は「技術に属する上手」だとしてとらえている。）

（三）さらに第三の自然概念が存在する。これは「自然学・自然科学」的概念でもないし、ロマン主義的「非合理的形而上学」的概念でもない。むしろ実存論に対立するような「宇宙論」的（kosmologisch）な存在論的概念である。もし天才がつねに芸術創作に成功するなら問題は生じないのであるが、天才といえどもつねに成功するという保証はない。成功するのはおぼつかない。だがこの自然の恩寵をただちに宗教的意味の啓示と混同することは許されない。なぜなら啓示は何ら心の準備のない者にも示されることがある。いわば絶対の受身に対して起る。ところがこの自然の恩寵に浴すためには、厳しい訓練に従事しなければならない。訓練のはてにこそ、ようやくその境地を脱却できるような幸運に遭遇することもできるのである。芸術的成功はそのような幸運のめぐりあわせを排除しては考えられない。偶然のたまものによって（*ἀπὸ τύχης*）成功にいたるのである。実存的決断による行為のみでは芸術家たることはできない。自然がこれに味方してくれなければ、芸術家として存在することはできない。[45]

ロマン主義美学を代表する一人たるシェリングは、前述の能産的自然が、無意識的に働き、それが創作主体からおのずと流露するとき、これを「ポエジー」（Poesie）とよんだ。これはただの詩情とはちがって、大自然の生産的本質にふかくつながるものである。これに対立するのは「クンスト」（Kunst）であるが、これには技巧という意味が濃厚に含まれている。「クンスト」は精神に属していて、「ポエジー」のように自然的に流露するものではなく、むしろ意識的な訓練によって獲得される能力である。シェリングは「クンスト」のみならず「ポエジー」を併せ含む芸術を本来的なものと考えていたようである（*cf.* Schelling: Philosophie der Kunst, 1802-5 etc.）。この両者の総合統一の可能性は自然の恩寵と考えられるほかはなかったのである。

第五節　芸術の創造と伝統

芸術創作は伝統と創造の闘いのなかで行なわれる。芸術が――これまでくりかえし述べてきたように――技術の一種と考えられるかぎり、どのような種類の芸術作品を創るにせよ、技術の訓練は必須であった。しかしこの技術訓練の形態や過程はそれぞれの種類の芸術分野における伝統がこれをこまかく規定している。

すでにわれわれはミメーシスという語のうちには、ただ単に対象を写しとるというばかりではなく、自然の造形活動や先人の作風を模倣する、すなわち「まねぶ」の意味の存することを示唆しておいた。紛本やパスティシュ（pastiche）によって腕をみがき、習作《エチュード》に出精するのも「まねぶ」ことが重要だからである。古代中国の画論にあらわれた「画の六法」の一つに「伝移模写」がある。このことばは、伝統的に定められた規則に従って画技を習練することがいかに大切であるかをよく物語っていると思われる。古代ギリシア人は既述のカノンにのっとって創作した。カノンは実際には世間の好みに応じて多少変更を加えられはしたが、創作活動の遵守すべき法則として妥当し、これに従って訓練がほどこされたのであった。

それゆえ初心者は各芸術分野で確立される技術の型にあてはまるように自己自身を訓練しなければならない。巨匠の作品の出来栄えをまねるよりも、まず自己自身を定められた型にあてはめる方が初心者にはむしろ肝要である。これは芸術創作上のいわば躾けとして身体にわざを覚えさせることを目的とするものである。古来このように技の身についたすがたを、一種のヘクシス（ἕξις）ないしハビトゥス（habitus）として捉えている。したがってあらためて規定しなおすと、芸術的技術の訓練は、主体の個性に即しつつ、自由にわざの発揮が可能となるようなハビトゥスへ、われわれの主体を練り上げていくことでなければならない。その根拠を考えてみよう。

創作主体にとっては、対象世界は単なる日常世界とは異なる、別種の直接的存在である。なぜなら素人の容易に入りこめない世界へ、玄人としての芸術家はいともやすやすとふみ込み、しかもそのことを全く気にかけないからである。素人ならそこへは知識と経験の大きな迂回路をたどってようやく到達できるのに、芸術家にはまったく何の障碍物も遮蔽物も介在しないかのごとくその世界は直接ひらかれているかのようである。したがって玄人の行為には全く無駄がない。素人が苦心して、なおかつ実現に困難を感じるものを、玄人は楽々とやってのける。この「たくみさ」こそ芸術が技術であることの何よりのあかしである。芸術家にとっても最初から障碍がないわけではない。その障碍を、身体的活動によってのりこえるのである。身体的活動を媒介としつつ、しかもその媒介をいつまでも障碍とせずにたちまち飛越しさるところに、芸術家にとって特殊な直接性の世界がひらけてくる。わざのたくみさはこのような新しい直接性を前提条件としてはじめて成立するのである。芸術創作の伝統はこの条件を的確かつ適切に保存する機能をさすのである。

一般にわれわれが正常な物の視方をしているあいだ、われわれは格別、眼を意識していない。つまり感覚器官としての眼の身体性を意識していない。このばあい、眼すなわち身体は比喩的にいうと透明になっているのである。日常生活では同じことが広範囲に起っている。たとえば内臓に疾患を生じないかぎり、われわれはその器官のありかを意識していない。つまり身体は正常に働いているかぎり、かえってその存在は忘れられ自我にとって透明化しているのである。芸術的技術を身につけることもこれと類比的に考えることができる。技巧の訓練の段階をふみこえてしまうと、そのわざの身につきかたそのものは、当人にはもはや意識されず、わざの所在としての身体は透明化してしまう。素人が日常的事物にひたすら直接的にふれていくように、芸術的技術の主体は特殊な「芸術的世界」に直接的に臨在するのである。ただ素人の立場からみれば、芸術的技術主体の身体性は解きあかしがたく、謎めいており、不透明なのである。

意識の側からみれば――意識は反省の主体性であるから――身体は透明化して意識に吸収されてしまうが、逆に身体の側からいえば、意識の扱いきれない生の流れの飛躍を身体がひきうけ、そのかぎりにおいて意識をも吸収してしまうということになるだろう。芸術創作は、このような意識と身体の弁証法を立証する恰好の場であるということができる。

さて芸術が何らかの美的価値を担うものであるかぎり――既述のごとく(第一章、第二十節参照)美意識の根源は驚異体験なのだから、これに対応して――芸術創作もまたやはり、まことの新しさをもたらさねばならない。この新しさは芸術創作に先立ってはまったく予見しがたいものである。ファン・エイクの油彩の世界の出現はだれがこれを予見しえたであろう。セザンヌやルノワールの世界をだれがその作品以前に予想しえたであろう。あらゆる予測を排して出現するところに、芸術美のまことの新しさがあり、驚異の体験がありうるのである。しかしこの新しさも、実は一挙に成ったものではない。伝統をふまえた訓練のなかからはじめておのずと奔り出るものである。なぜなら人間の創作活動には神の天地創造のごとき「無からの創造」(creatio ex nihilo) という性格はそなわっていないからである。

創造という語が芸術創作に用いられるようになったのはきわめて新しいことである。ギリシア人は一般にものを「つくる」という行為をポイエイン (ποιεῖν) という動詞でいいあらわしていて、「創造する」に相当することばをもたなかった。なぜなら古代ギリシアでは画家や彫刻家は決して新しい事物をつくり出すのではなく、自然界に既存のものを単に再現するだけだ、と考えられていたからである。つまり画家や彫刻家には、創造主のもつべき自由性がそなわっていないと思われたからなのである。自然界がそれ自体ですでに完璧であるならば、芸術における新しいものの創造は望ましくもないし、可能でもないとギリシア人は考えていた。しかしそこにも例外はあった。詩人のわざがそれである。詩人の創作は美術家とちがって、新しいものを積極的につくり出す行為である。詩人のみは実質的に創造者とみとめられていた。ただしその創作活動に相当する術語は依然として生まれていなかったけれども——。

ローマ時代になると、単に「つくる」ということと「創造する」ということは別な語にわかれた。ラテン語のファケレ (facere) とクレアーレ (creare) がそれである。当初ローマ人にとってこの二語の区別も本質的な問題とならなかったようである。しかしながら古代末期以降キリスト教が弘まるようになると、右の二語の本質的差異は明瞭に自覚されはじめた。「無からの創造」は神の世界創造についてのみいわれることばであるから、人間の制作活動に「創造」の語は用いられなくなってしまった。そして詩も中世ではもはや先述のような例外事項ではなくなったのである。

人間的行為の独自性がふかく自覚され、その自由な創造性が強調されるようになるのはやはりルネッサンス以後のことである。したがってこの時代の哲学者、詩人、美術家は、その自覚をそれぞれ、さまざまなことばで言表している。[46]

このような準備段階を経て「創造」の語が人間の創造活動に適用されたのは十七世紀になってからであると思われる。(タタルキェヴィッチの説によれば、ポーランド十七世紀の詩人・詩学者たるサルビエウスキー (Casimir Mathieu Sarbiewski) は「詩人はあらたに創造する」(de novo creat) とのべたという。)しかし芸術全体について創造性を承認したのではなくて、詩についてのみ特権をみとめたのである。十七世紀末になるとフランスの美学者フェリビアン (André Félibien) は、画家もまた創造者であるとようやく認めるにいたった。

その後十九世紀に入ると創造者という語はもはや詩人と美術家の同義語になった。さらに降って二十世紀の初期には、科学の分野にさえ創造行為があるとみとめられるようになった。

さて芸術創作における、素材の形成活動の観念も、ただ単に素材を組立てて既存のものの模像をつくるということにつきるのではなくて、何らかの意味で従来にない新しいものをつくり出すことでなければならない。すなわち創造的形成 (schöpferische Gestaltung) でなければならない。そしてこのばあい形成活動の訓練が伝統によって規制されているのであるから、創造的形成作用も、いわゆる「格に入って格を出る」行為であるということがはっきりする。

このようにひとたびは「型にはまる」、紋切型を実行するということは芸術実践にとって非常に重要なことである。はじめから紋切型を無視することは決して真の創造につながらない。紋切型は思想や感情の伝達のためにはまことに有効な手段で、これによって受け手は伝達内容を理解し易くなるし、送り手はこれによって相手を納得させ易くなる。したがって紋切型の習熟につとめることは芸を安定させることになる。しかし芸術としての真の価値が、このような伝統的訓練で得られる安定状態と同じかどうか、ということになると簡単には答えられなくなる。なぜなら美的体験によって充足せしめられる芸術美の価値はやはり紋切型の安定性を打破し、突破した新境地の開示なしには考えられないからである。(17)

第六節　芸術作品の構造

(一)「制作術」としての芸術がつくりだした成果は芸術作品 (work of art, Kunstwerk, œuvre d'art) とよばれる。

芸術作品は美的対象の一種である。美的対象のなかには自然美を担う自然物や単なる技術的工作の産物も芸術作品とならんで属している。一般に美的対象がそうであるように、芸術作品としての美的対象も「純粋に志向的に構成されたもの」(das rein intentional Konstituierte) である (*cf.* R. Ingarden: Das literarische Kunstwerk, 1931; Untersuchungen Zur Ontologie der Kunst, 1962)。その志向的構成過程についてはすでに述べた。

しかしこの志向的構成過程からはなれて、客観的事物のごとく芸術作品を分析してみると、古来多くの人々に承認されてきたように形式と内容に区別することができる。すなわち芸術作品は「形式・内容の複合体」(Form-Inhalt-Gefüge) である。だがこのばあい——すこぶる誤解されやすいことながら——形式を容器のごとく、内容をそれに盛りこむ中身のごとくにとらえてはならない。形式だけが独立してどんな中身をも盛り合わせることができるとか、逆に内容はどんな容器に盛ってもよいと考えたりしてはならない。なぜなら形式と内容はあくまで相関的な関係にあって、たやすく両者を引き離し、引き剝がすことはできないからである。たとえていえばむしろ果実の皮と身とのように、たいていのばあい連続していて、皮は厚くも薄くも剝《む》けるのである。形式と内容の相互浸透が美でありうるのは、第二章、第十二節でふれたように、現象性のエンテレケイアによるのである。

もう一つ重要なことは、形式・内容の相関性は一次元的には規定できない、ということである。考え方によって多少の差はあるが、二次元的ないし三次元的構造として捉えるのが至当である。以下この点に焦点を絞って考察しよう。

（1）現象形式とその内容

現象形式というのは文字通り感性に対して現象した外面的な形式のことである。つまり対象のもつ色、輪郭的形状、（最もふつうの語義での）「かたち」（shape）、音などがこれに属する。現象形式があるおかげでわれわれはその対象の外面的なすがたを意識することができる。対象に向く意識方向が異なると、現象形式も別のアスペクトをみせる。つまり意識への投影面が変化するわけである。（現象学の術語を借りれば「射映」（Abschattung, Ansicht）が異なるのである。）なまの感覚によらずとも、想像力にうったえて現象しても事情は変らない。文芸作品のなかで事物が描かれるときには、想像意識に対象が現象してくるのである。ただしこのばあい描写された対象は、実際の事物対象のような微細なニュアンスをもった射映を生じない。文芸のみならず絵画に描写された対象も観照者の意識には限定された射映面しかもたらさない。

現象形式はただ対象が何であるかを認識するために役立っているのではない。知的内容が現出するのみならず、さらに内面的な含蓄、つまり「情緒的なもの」までが現象形式を通して現出する。しかし現象形式の奥に内面的なものがとらえられるためには、主観の側にいわゆる美的静観の態度が成立していなければならない。さもないと感性に現象してきたものが、有用性の連関のなかに意味づけられて、単なる道具類とかわらなくなってしまうが、あるいは認識の連関のなかに意味づけられて、単なる知的関心の対象となってしまうからである。（ただし、対象が先述のごとく純粋志向的対象性として構成されているかぎり、すでに美的静観の対象となるほかはない、ともいえるであろう。）

さて現象形式に対応する内容的相関者、すなわち内面的含蓄を一括していいあらわせば、それは要するに人間の生

(Leben) である。しかしこの生は個人の生機的 (vital) な現象のばあいもあり、またむしろ超個人的な客観性を帯びた精神的生のこともある。(ここで精神 (Geist, esprit) というのは心 (Seele, âme) から区別され、客観化される性質のものをいう。ヘーゲルやN・ハルトマン (Nicolai Hartmann, 1882—1950) などの美学思想にはこの性質がよくあらわれている。) さらに形而上学的に特殊な観点に立てば、おそらく超人間的な、宇宙的生命ともよばれるにふさわしい神秘的な、充溢感をここにつけ加えることができるであろう。(特に東洋の老荘的自然思想を省みれば感覚的な現象形式の背後からこのような宇宙的生命の張りがおのずと現出してくるのをたとえば水墨山水画の観照に際して体験できる。)

(2) 関係形式とその内容

この種の形式は美的形式原理 (ästhetisches Formprinzip) ともよばれる。対象の構成要素がたがいにとり結ぶ関係、全体に対して部分がとり結ぶ関係において、対象把握が直観的に容易に行なわれ、対象がそれによって明瞭になるような法則性をさすのである。主観が静観的態度をとって対象を受容するときに現象形式が機能しているというならば、関係形式は主観が対象を積極的に把握するときにその作用を促進するはたらきをなす。

美的形式原理には均斉 (Symmetrie)、釣合い (Proportion)、均衡《バランス》 (Gleichgewicht)、対照《コントラスト》 (Kontrast)、リズム (Rhythmus) や調和 (Harmonie) などがあり、またそこに生じた美的品質をも同時に意味している。

古代ギリシアの音楽論では形式原理としてノモス (νόμος) の観念が成立しており、美術論ではカノン (κανών) が法則としてとり上げられている。特に彫刻方面では人体の七頭身や八頭身がカノンとして固定されようとしたことはよく知られている。(ただしこれは実在人体の比例であって、彫刻像そのものの規定ではない。)建築では柱の底面の半径を単位として建物各部分の計測が行なわれ、そこから得られた比例関係は建物の大小にかかわらず一定値を守るように定められた (ローマ時代にヴィートルーヴィウスがこのことをくわしく記録している。ラテン語で右の単位をモ

ドゥルス (modulus) とよんでいる。*cf.* Vitruvius: De architectura libri decem. 森田慶一訳注『ウィトルーウィウス建築書』東海大学出版会 昭四四)。また古代では理想的人体は四肢を伸張すると臍を中心に描いた円および内接正方形の頂点に四肢の先端が届くと考えられた。これを正方形人間 (*ἀνὴρ τετράγωνος*, homo quadratus) とよぶ。これは近代まで美術解剖学の分野に生きのこった観念である。さらに壺の形態をきめるのもカノンであった。幅と高さの比は1:1のほか1:$\sqrt{2}$, 1:$\sqrt{3}$, 1:$\sqrt{5}$などになることが多い (*cf.* J. Hambidge / L. D. Caskey の研究)。

しかしノモスもカノンも古代を通じて不変だったのではない。いずれも幾度か修正された。ということはノモスもカノンもつねに新たに探求されるべきものだったからである。更新的探求の的たることこそ美的形式原理の本質であるといってよい。この更新的探求そのものを可能にしているのは、調和ないし諧調 (Eurhythmie) の原理である。

さて右にのべた美的形式原理は総じて合理的比例関係を示しているから、数量化して公式にまとめることができる。黄金分割ないし黄金比 (1:0.618) やダイナミック・シンメトリーがそのよい例である。

さらにまた、右にのべた諸品質は多様な部分要素が全体として統一されているときに生じるから「多様における統一」(Einheit in der Mannigfaltigkeit) として理解される。(これを単なる「多様の統一」と混同してはならない。「多様の統一」なら認識成立の過程にもみとめられる。たとえばカントは「種々な表象をたがいに結びつけ、表象の多様性を一つの認識に総括するはたらき」を「総合」とよんでいるが、これはまさに感性的なものの多様を統一することにほかならない (Kant: Kritik der reinen Vernunft, B 103)。) 感性的諸品質の多様性が、その多様性を損なうことなく統一されるのは、まさに想像力の働きによるのである。すなわち多様における統一は想像力によって直観されるのであって、悟性によって把握されるのでもなく、推論をまってようやく承認されるようなものでもない (*cf.* Moses

Mendelssohn: Über die Empfindungen, 3. Brief 1755)。(なおアリストテレスが美の主要種類として秩序と均斉と被限定性を掲げていることはすでに第二章第三節でふれたとおりである。)

古代ギリシア人は、この合理的規範たるべき関係形式は自然が教えてくれたものだと解釈していた。すなわち個々の人間が与える秩序ではないと考えられていたわけである。この意味で、関係形式を支配している法則性は超個人的かつ一般的なものだ、といってよかろう。したがって前記の調和や諧調性は超個人的・一般的な美的法則として妥当するということもできる。

さてこの形式に対応する内容は何であろうか。合理的形式によって拘束されるものがその内容なのであるから、当然それは非合理的なものでなければならぬ。冷厳な形式を生動させ、内からそれをつき破るような自発力を感じさせるものでなければならない。したがってこの種の内容をしばしば「生《レーベン》の充実」(Lebensfülle) とよぶことがある (cf. Simmel, E. Panofsky)。

(3) 個性的形式とその内容

右に述べた関係形式とその内容のあいだにはすでに制約・被制約の関係が成立していた。すなわち合理的な秩序によって非合理的な生が制約されるのであり、逆に生の充実が合理的統一性をうち破ろうとして緊張が生じるのである。ところで制約者の側に焦点を絞って、そこに一般的意味での統一性ではなくて、個性的な統一性の生じるゆえんを観取するならば、第三の形式・内容関係をとりだすことができる。(ただしこれは芸術作品にのみ妥当する。)

芸術家の活動は万人がみとめるようにきわめて個性的である。この個性は何よりも作品を形成するところで発揮される。すなわち素材をいかに選択し、いかに把握するか――すなわち künstlerische Auffassung ――にかれの個性は発揮されるが、そのほかにかれがいかに処理し、加工し、形成するか――künstlerische Ausarbeitung, Gestaltung――は作品の上に明確に刻印される。一本の描線、一筆のタッチにいたるまで芸術家の形成活動の個性を示さないものはない。後者はすでに単なる意識活動としての対象把握の域をふみこえて、身体的主体性によって発揮される制作活動なのである。

このように意識と身体、心とからだの両面にわたる個性的な統一性が作品に客観化されているとき、これを個性的形式とよぶことができる。ただし個性とはいうが、それでもって芸術家の実生活上の特徴を考えているわけではない。むしろ創作活動をなすかぎりで発揮され、顕現するような個性なのである。普段の日常生活では露わにならず、潜伏しているから、――他人にはもとより、本人にも――気付かれないような特殊な人格性なのである。したがって通常これを創造的人格性（schöpferische Persönlichkeit）とよんで、実生活上の道徳的人格性から峻別するのである。

芸術史研究者はしばしば芸術家の伝記に過当な価値を置きたがる。しかし芸術史研究には作家の実生活のすべてが必要なのではない。もっぱら芸術創作活動に関係し、かつまたその活動の真の条件となるかぎりにおいてのかれの個性を把握することが必要なのである。われわれが虚心坦懐に作品を観照することによって、追創作的体験のうちにようやくかれの創造的人格性に触れる思いがするのであって、逆に創造的人格性の概念をはじめに知的作業によって構成しておいて、そこから現実の作品を演繹することはできない。

さてこの種の形式は同一類型特徴をそなえた一連の芸術表現において具体化される。この類型的同一性は後節で詳説する芸術様式（Kunststil）の特徴をなすものである。したがってこの種の形式を様式形式（Stilform）――つまり様式という形式――の名でよぶことができる。

この種の形式に対応する内容を一言でいえば、素材である。しかし素材の概念ははなはだ広く、芸術の種類に応じてさらにこまかく区分されている。再現芸術（representative arts）においては再現すべきことがらとしての題材とこれを再現するにあたって選択され、形成・加工を蒙るべき媒材が区別されなければならない。たとえば絵画の分野では種々の絵具類が媒材であり、非対象、非具象の抽象画でないかぎり、媒材によって何らかの対象や対象的諸連関が描出される。この媒材も題材もともに素材であって、前者は直接に画家の身体的制作活動において形成・加工されるし、後者は画家の世界観・人生観や世界体験の内容から規定されて育まれてきた、画家としての眼によって、選択され、適切に把握されるのである。彫刻のばあい媒材が木材、石材、石膏、金属その他合成物質などに拡げられるが、題材が絵画に比べて非常に狭められるのも当然であろう。音楽になると、媒材たる楽音のみがあって、再現芸術のごとき意味での題材は存在しない。これは一般に非再現芸術に属する諸芸術に妥当する形式・内容関係である。ここでその詳論は避けねばならぬが、楽音はただ単に媒材であるのみでなく、これの形式は実に複雑に気分を表出し、微妙繊細な心情の陰影や褶曲をつたえる。この気分や情緒のあらわれを内容とよぶのは少しも不当ではない。文芸は媒材として言語をもつのみである。言語はもっぱら口頭で語られる口語であるか、文字に記載される文語であるかの区別によって、口承文芸と記載文芸の別をなすが、いずれにしても題材はきわめて豊富で、拡がりは自然、人事をひっくるめて世界の一切に及ぶといってよいし、表層的な行動から深層的な象徴内容にいたるまで奥行きも欠けてはいない。ただ文芸のばあい媒材と題材とのつながりについては、絵画・彫刻のようにモデルとの感覚的類似性による描写を行なうことによってつながりが生じるのではなく、記号としての言語の約束ごとに従って意味内容が指示されるのである。（記号の signifiant としてのイヌ、dog, Hund, chien が同一の signifié を指示するのは signifiant と signifié のあいだに感覚的類似性があるからではない。）したがって文芸における題材と媒材の結合機能は他種の芸術とは非常に異なっている。(48)

（二）上述のことがらを要約摘記しよう。

現象形式は単に現象面のことがらであるから、かならずしも美的対象にのみ妥当するものではない。しかし美的対象であるかぎり、この現象にはおのずから秩序がなければならない。その秩序そのものをとり出すと関係形式になる。いわゆる自然美にもこの形式の原理に従うものは多くみられる。また対象の形式美について語りうるのは、この関係形式が存立しているからである。さらに美的対象が芸術作品たるかぎり、この秩序ある現象を芸術家が選択し、把握し、処理し、形成しなければならない。そのばあい芸術家の心身両面にわたる個性的統一の特徴を示すのが個性的形式である。したがって現象・秩序・形成の三次元は後のものが先のものを前提し、先行するものに基付けられて成立つということができる。かくのごとく芸術作品の形式・内容関係が解析されるのである。

（三）芸術作品そのものは前節で示したような美的対象としての形式・内容関係で分析されるばかりではなく、特殊な重層構造（Schichtenbau）としても捉えられる。

N・ハルトマンは実在的世界そのものをすでに重層構造として捉えていたが、精神的存在の把握方法として重層関係の観方を精密にして、芸術作品に適用するようになった。かれの立場は一種の存在論（Ontologie）である。R・インガルデンは現象学的存在論の立場から文芸作品をはじめ各種芸術作品の構造を分析した。E・スリオはそれぞれの作品を四層の存在様相に区分して考察した。

また近年流行したいわゆる構造主義の立場も、意味の成立に関して、芸術作品の分析に資するところが多い。ここではN・ハルトマンの考え方を紹介してみる（N. Hartmann: Ästhetik, 1953）。――かれは芸術作品を、実在的な（real）前景層（Vordergrund）と非実在的な（irreal）背景層（Hintergrund）に区分する。両者は存在のしかた（Seinsweise）を異にしている。したがって芸術作品は存在のしかたからいえば二層的なのである。

しかしこの二層はいかにして結ばれるのか。この問題に回答できて、はじめて芸術作品の特殊な層構造が解明される。――背景は前景において現象するのである。しかしそのための条件として、観照者が美的態度をとる必要がある。換言すれば、背景層は「われわれに対する存在」（Für-uns-Sein）という存在のしかたをもつものなのである。ところが前景層は実在的なのだから、「それ自体での存在」（Ansich-Sein）という存在のしかたをもっている。この異質の両層を統一するのが観照主観の役割である。

存在のしかたからみて二層的なのは芸術作品ばかりではない。N・ハルトマンのいわゆる「客観化された精神」(objektivierter Geist) はどれもみな二層的である。しかし芸術作品以外の精神的所産にあっては、実在的な層は形像として形成されることがない。たとえば論理的な「概念」というものは「客観化された精神」にちがいないのだが、その前景層たる「語音」は、誰がどんな風に喋っても、形成されているわけではない。この没形成的な前景層そのものは背景層を現象《エルシャイネン》させるわけではないのである。背景の精神的内包は概念体系という、より広い、外的な連関にもとづいてあらわれるのである。

　これに対して芸術作品は前景層の形成が背景層の現出に不可欠なのである。いな、前景層の充実以外に観照者をして背景の非実在者の現出を把捉させる条件は不要である。

芸術作品の背景層は決して単一ではない。構造的には多層的である。そのなかで前景層に最も近いものは前景層を通して現出するが、同時にすぐ次の奥の層を自己において現出させる。すなわち、全体としてみると「より前の層」は「より後の層」を次々に前送りに現出せしめるという関係で緊密に結びついている。

芸術の種類や表現の様式が異なるに応じて、背景層の配列のしかたや層の数もさまざまに異なる。いま絵画を例にとれば、前景層は要するにカンヴァス表面に塗抹された絵具の斑点平面に過ぎないが、背景層は幾重にもかさなっていて、たとえば描写された空間性の層、事物の運動性の層、生命あるものの生動性の層、思想、感情など精神性の層、個人的理念の層(肖像画のばあいなど)、普遍的人間性の理念の層などが順次奥へつらなり、前述のごとく奥の層はより前の層を透過して現象する。同じく絵画でも、最奥層をそなえているものは稀であるし、題材によっては生動性の層より後のものが欠けても不思議ではない。写実的な様式で表現されると背景層のうち前方のものは鮮明に現象するが、観念的もしくは表現主義的なばあいはそれほど明瞭ではなくなる。

音楽作品のばあいには鳴りひびく楽音の層が前景層であるが、背景層は絵画よりもはるかに単純になる。すなわちまず生動する生命の層、その後に音楽学的知識の対象に属するような諸事実の層、そして最も深いところには形而上学的解釈の内容――たとえばショーペンハウアーが考えたような盲目的な宇宙の意志の直接のあらわれが音楽だ、というような解釈――が存在する。

さて芸術作品を重層構造として捉える方法は、旧来の形式・内容組織として捉える方法に比べると、作品の全体性を見失わずにすむ点ですぐれていると評せよう。しかし各種芸術にはそれぞれ独自固有の構造があるから、それらのすべてを蔽うに十分な一般理論が樹立できるか否かについてはなお多少の疑問が残る。

N・ハルトマンの作品構造論は、その哲学的基礎づけに確実なものがあることは疑えないけれども、具体的な芸術についてみると、造形芸術、特に事物の再現的描写を主とする絵画や彫刻にはみごとに妥当するが、装飾や工芸、建築、音楽や文芸など抽象度の高い美術や時間的展叙を不可欠とする芸術については、必ずしも満足すべき成果をあげたとはいえない。

第七節　芸術的表現の本質

芸術はかならず表現を伴なっている。ただしそれがどんな種類の表現であるかは簡単に一言で要約できない。ともあれ表現を芸術そのものの本質とみなすのは、芸術理論の古くからの通念である。ところで何を、いかに表現するかは、既述の内容と形式の捉えかたにかかわる問題である。それゆえ表現の概念を検討するばあいには、つねに内容・形式関係に配慮せねばならない。次に表現に関連したさまざまな考えかたを検討してみなければならない。

(一)　ミメーシス (*μίμησις*)

表現という語でもっとも普通に考えられるのは、外界に存在する事物をできるかぎりありのままに再現(represent, wiedergeben, darstellen) することである。ギリシア人はこの活動をミメーシスとよんだ（英語、仏語は imitation, 独語では Nachahmung 日本語では模倣と訳されるが、この訳語はしばしば軽侮的《ペジョラティヴ》な意味をともなう。近代西欧語でも事情は同じである。十八世紀フランスのバトゥーもすでにこれに言及している。*cf.* Batteux: Traité des Beaux-arts, I, chap. II.)。

ミメーシスにもさまざまな程度が分化している。最も厳密な語義でのミメーシスの結果は、たしかに迫真的ではあろう、しかしそれがつねにそのまま美的価値を担いうるという保証はない。たとえば「だまし絵」(trompe-l'œil) の手法で描かれたダリやR・マグリットの絵、また近年の Fotorealismus の作品などは、それでも美的価値を担いうるが、同じように迫真的な絵でも医学教育用の挿図などは決して美的価値を狙って描かれたものではない。たとえ、たまたま美的価値を担ったとしても、レオナルドやミケランジェロの人体研究のデッサンには遠く及ばない。その理由の一つとして考えられることは、既述の美的距離（第二章、第十五節参照）の下限よりも自我に一層近く対象が位置づけられるので、生《なま》々しい印象は与えても美的対象たりえないということである。要するに、あまりに厳密な語義でのミメーシスは、美的距離の域内に、美的対象を構成することができないのである。

それゆえミメーシスが、美的価値を担いうる対象を作るためには、それが迫真的対象である必要はまったくない。むしろ細部は思い切って省略し、意識の集中すべき個所を重点的に選択して再現せねばならない。選択的再現は十八世紀のバトゥーが「美しい自然の模倣」(imitation de la belle nature) の条件として強調したところである。ただしバトゥーは、自然所与物のうちには完全性を実現しているものがないので、所与物のなかから部分的に選択したものを集積し統一して、完全性の実現を模倣活動がひきうける、と解しているのである。つまり美と完全性とがほぼ同一視されているのである。このばあい模倣は完全な、理想的存在の再現をめざすのであるから、「理想化」(idealization) という作用を含むことになる。この作用はありのままの対象の忠実な模像《コピー》とは正反対のことがらである。

対象の細部の特徴を選択することのほか、表現媒材の選択も重要なことがらである。たとえば人体彫刻を行なうのに、木材、石材、金属材のごとく、人体と全く異質の材料を用いるのは、そうすることによってよけいな連想作用を切り落し、払いのけ、われわれを対象に対する純粋な静観態度に導くためである。もしも人体の物理的性質に類似した蝋人形やシリコン・ゴム材のマネキン人形などを迫真的につくり上げると、美的価値を担うよりもむしろ不気味さをさそうことになるだろう。けだし不気味さとは、見馴れないものに対して感じる反応感情ではなくて、かえって、つね日頃慣れていると信じ込んでいるものから突如その信憑を裏切られるところに生じる不安感だからである。本物の人間かと思って近よると、酷似した人形だったりするときの驚きこそ、不気味さの本質である。

前述の二条件をみたすことによってミメーシスは美的価値を担う対象を生ぜしめることができる。肖像画のように、もっとも肖似性を濃厚にもたねばならぬジャンルにおいてさえ、あまりに迫実的なものは生理的嫌悪感をさそうであろう。たとえば『源頼朝像』(伝 藤原隆信筆)は決して迫実的描写とはいえないであろう。しかしその気品の高さはまさに世界の肖像美術に冠絶している。これをみればミメーシスの対象が事物の単なる外観であってはならないことがよくわかる。すなわち外観を超えた内奥の本質こそミメーシスの対象でなければならない。これに対応する作用は美的直観に含まれる本質直観である。したがって『源頼朝像』の価値の高さはおそらく対象の本質を描破しているところにあるというべきであろう。ただしこの本質なるものを美的観照の体験以前に言語でいいあらわし尽せるとはかぎらない。つまり源頼朝という一個人の個性的本質を、この肖像画の観照とは別に、観照に先立って捉え得たと仮定しても、その内容をこの肖像画の表現のなかに検証できるとは思えないのである。この肖像画のもつ気品は、まさにこの絵ならではの特性であって、歴史的実在人物たる頼朝の個人的性格と正確に対応するかどうかは、どうでもよいことなのである。肖像画はまさしく肖似性を条件とするがゆえに、モデルの内面性と画中肖像の気品とが正確に対応しなければならないように思われるが、この対応関係の詮索は無駄骨折りに終るであろう。それゆえ画中人物の人格的本質はただ画中にしか存在せず、観照者の意識によって志向的に構成されるのみで、画面の外にこれに対応するものは存在しないということになる。しかしそれは十分個性的だから『平重盛像』とまぎれることはない。かくして肖像画の肖似性は外観のそれとしても美的価値を十分担いえず、内面的肖似性と解しても、モデルの実在的内面生活とかならずしも対応しない。ここにおいて模倣の作用の極限が露わにされたというべきであろう。

先述の表現媒材の選択に関してなお一言付記する。単に迫真的であるにすぎないようなミメーシスには、美的意味での純粋化が欠如している。特徴を強調したり、他を省略したりしてゆく一方で、媒材を変更するのはこの美的純粋化を遂行せんがためである。ミメーシスによってつくり出されたものは仮象（Schein）であるけれども、それは認識作用の上での幻像《イリュージョン》なのではなく、むしろ現実の対象と美的対象との存在のしかたの差異を示すものなのである。したがって、仮象を真偽の範疇でとらえてはならない。認識論的にとらえるのではなく、存在論的にとらえなければならない。つまり美的対象はまさに仮象であることによって、純粋化された存在となるのである。

十八世紀美学ではしばしば認識対象の真実性（la vérité, le vrai）に対して、芸術的ミメーシスの目的を「真らしさ」（vraisemblance, le vraisemblable）に求めた。これは「仮象性における真実」であるということができるであろう（第二章、第十二節参照）。

さらにミメーシスは（一）自然物を写す（二）自然過程に倣う、という二重の意味で用いられる。まことらしく芸術的表現を行なおうとすれば、どうしても、自然そのものが事物を創りだす過程を手本に倣う必要があるわけである。（しかしながら、もし自然に倣うことができなければ、古代人がそれを実行した成果について、目的を達しなければならない、というのが十七、十八世紀のいわゆる古典主義の風潮であった。）

（二）表出

古代ギリシアではミメーシスという語は、元来、舞踊における運動や音楽や言葉による感情表出を意味していたようである。たとえばデロス讃歌やピンダロスの詩にみられるミメーシスという語は舞踊をさしている。つまり、ディオニュソス祭礼において神官たちは儀式的舞踊と身振りを演じていたのであるが、この早い時期の儀式的舞踊は感情表出的であって、模倣的ではなかったのである。ところがのちには、ミメーシスは俳優の扮戯となり、モデルの行為を真似て演ずることと解され、さらに美術についてもモデルの模写の意味でミメーシスの語が適用されることになったのである(*cf.* H. Koller: Die Mimesis in der Antike, 1954; W. Tatarkiewicz: A History of Aesthetics, vol. I. p. 17.)。したがって音楽、舞踊においては、内面的精神生活も――アリストテレスの説くところに従えば――やはりミメーシスの対象なのである。ただし今日、普通には、このばあい事物の再現から区別して、それを表出 (expression, Ausdruck) とよんでいる。

表出は一種の表情である。表情は自分自身のそれにせよ、他人のそれにせよ、われわれの日常生活で数限りなくつねに経験するものである。他人の表情はそのときの当人のいわば心の窓であって、喜怒哀楽の情が主として顔つきにあらわれたもの、内に秘めた心の動きが表面化したものである。顔つきばかりではない、からだ全体の姿勢や動きにもそれがよくあらわれる。われわれの社会生活の大部分は、このような他人の表情を読みとることに費され、またそれに対する反応として自分自身がさまざまに行動することに費されている。既述の感情移入作用は、元来このようなかたちでの他我 (fremdes Ich) の認識の作用として考えられたものである。

ところで芸術的表現としての感情表出は、たとえば画像や彫像が示す感覚的形態や、楽音などを手段として、感情生活を客観化し固定化するところに生じる。しかしここで注意しなければならないのは、この際、芸術家自身が実際そのとき実感している感情が直接に表出されるわけではない、ということである。換言すれば、芸術作品をつくりなしているさまざまな媒材はそれぞれに備えている感覚的性質によって芸術家自身の実感とは一応別な情緒生活を客観化してみせるのである。俳優の演技や舞踊家の演技にみとめられるゆたかな表出では、その媒材に自己自身の身体をつかうのである。したがって俳優の示す感情表出はたしかにふりあてられた役柄の人物の表情であるべきだが、かならずしも俳優自身の実感の表情である必要はない。芸術的表現としての表出は意図的、作為的に行なわれるわけであるが、これに反して日常生活の表情は没意図的、不随意的である。

さて日本語の「表現」という語はこれまでのべたことを顧慮すれば、再現と表出の両方を含んでいることがわかる。(最も広義のミメーシスは奇しくもこの双方を含むから、「表現」によく相当するということができるかもしれない。)ともあれ、再現は、描写、写実、模倣などと言いかえても、要するに対象をその外面から把握する作用であるから、いわば「外からの表現」とよぶことができる。これに対して表出は対象をその内面的生活において捉えるのであるから、いわば「内からの表現」である。

（三）抽象

対象を再現する活動には、先述のごとく、多かれ少なかれ省略作用が含まれている。すなわち、対象は認識の対象としてみれば、その細部は限りなく豊富であるけれども、芸術的表現のためにそれをすべて再現することは不可能であるし、またそのようなことをする必要もない。細部は簡略にして、主観的に変形してしまっても差支えないのである。絵画において歪形《デフォルマシオン》(déformation)とよばれるものは、省略をともなう主観的変形作用のこと、およびその結果である。

装飾文様の型《パターン》を作るときには、この簡略化や変形が極度に用いられる。すなわち植物や動物をモチーフとした文様では、モチーフの原形を忠実に写しとることから出発して、細部の強調すべきものは強調し、省略すべきものは惜しげもなく省略して、次第に固定した型をつくり上げていくわけである。この過程を特殊な意味で様式化（Stilisierung）とよんでいる。

ところで歪形も様式化も、その結果だけをとりあげれば、ミメーシスから離反し、ミメーシスに対立するもののように思われるが、その過程全体を考えれば、実はミメーシスを出発点とする発展形態にほかならないことがわかる。すなわち歪形も様式化もミメーシスの系に属するわけである。

だが右の過程全体を終点へ誘い、ひきつける原理――目的因――を求めると、そこに抽象（Abstraktion）ということがみいだされる。この作用は、当然のことながら、ミメーシスの対極をなし、ミメーシスの名のもとに含まれる一切の具象的表現の反対物として作用する。このような抽象は――論理学や数学で用いられる抽象の概念と異なって――芸術表現に独自の権利を要求する。したがって次にこの抽象作用そのものについて考察すべきであるが、抽象的表現という語はかなり広い幅をもって用いられているから、語義を分類してみなければならない。

（1）第一に再現的表現のために行なわれる抽象がある。すなわち先述の省略や歪形、また緩和された一般的用法としての様式化がそれである。たとえば絵画は三次元の事物を二次元画面へ限定してこそ生じる。このとき絵画はすでに現実を様式化して獲得されているのだ、とみることができる。いわゆる透視図法の活用もこの意味での様式化を条件づけている。具象のための抽象、具象に奉仕する抽象、と解釈してよかろう。

（2）次にすべての具象的再現の否定として語られる抽象がある。これはふつうに絵画や彫刻の世界で用いられている狭義の抽象である。この抽象結果は、そこにいたる筋道のことなるにつれて多少の差異を示す。たとえばいわゆる表現主義の流れから発した「熱い抽象」と構成主義の理念に導かれた「冷たい抽象」の二大別などがある。しかし抽象作品がたとえ幾何学的図形から成っていても、作家の体験内容とのつながりを予想させる作品もある。（P・モンドリアンの『ブロードウェイ・ブギウギ』などはその実例とみてよいのではなかろうか。）

（3）第三に創作動機からみて、特定の世界観にもとづく有機的生命の拒否として解される抽象作用があげられる。これは美術史家W・ヴォリンガーの説いたものである（*cf.* W. Worringer: Abstraktion und Einfühlung, 1908）。その要旨は――外界から有機的生命が脅かされるように感じられる精神的状況においては、「空間を恐怖する気持ち」

（Raumscheu）が造形活動を支配し、われわれは対象物とのあいだにいきいきと躍動する、感情の交流を求めるよりも、むしろ生命否定態が永遠に続いてくれることを庶幾《こいねが》うようになる。そのような人間の根本的不安にねざす芸術意思（Kunstwollen）が抽象衝動なのである。このような観点からながめることによって、たとえばエジプトのピラミッドの厳然たる幾何学的形象、ケルト人の聖書の装飾文字が示す、無限に内部へ捲き込んでいく曲線的形象、ビザンティン聖堂を飾る、天来の声をうけて硬直したようなモザイク像などの意味が理解されるのである。これに対してギリシア・ローマの古典美術の感覚《センス》をとりあげると、幸福な、汎神論的というべき世界観がこれを支えていて、われわれはこの外界現象に自己価値の感情を投影する。つまり感情移入衝動がそこに存在する——これがヴォリンガーの説明の骨子である。[49]

（4）第一の意味の抽象の系であるが、表現の「昇華」（Sublimierung）としての抽象が考えられてよい。同一題材を同一媒材で、同様な手法で表現したとしても、一種の「かるみ」や「香気」を感じさせるものとそうでないものとがある。これはただ表現のしかたの問題に属するのではなくて、むしろ表現されたものの価値品質にもかかわっている。しかし、現実からの離脱を「かろやかさ」によってなしとげるとき、やはりそれは一種の抽象であるように思える。（このこともまた、先述の美的純粋化に属するのである。）

（四）形成

芸術作品は素材（題材）を加工し、形成することによって成立するのであるから、芸術的表現は素材形成のしごとから切りはなして考えることはできない。形成（Formung, Gestaltung）は美術、すなわち造形芸術の領域でもっとも典型的にあらわれる。形成はある意味では、素材のうちに作品に先立って潜在するイデア（形相）を掘り起す作業だともいえよう。このばあい素材の芸術的適性を見抜いて形成すべきであるから、素材体験（Stofferlebnis）の担う意味は重要である。ただし形成されるのは物質的な素材であるから、この形成活動は直接に純粋志向的対象に及ぶわけではない。志向的対象の基底（Fundament）にかかわるのみである。しかしこの形成活動なしには志向的対象も存立しえないこともたしかである。また形成作用は事物と身体とのかかわりにおいて成立するが、そればかりではなくて、対象を観照する者の感情体験をもコントロールする。すなわち作家は観照者の感情体験を予想し、いわばこれを素材として適切に形成できるように、対応する対象素材を加工しなければならないのである。このように志向的対象性を予想することによって、素材形成の活動が進行してゆくのである。

第八節　芸術作品の解釈

一般に表現されたものはかならず解釈されねばならない。芸術作品もまた表現されたものであるからには、これは解釈をほどこされて理解されねばならない（解釈作業が帯びている一種の技術性についてはすでに本章第二節で言及したつもりである）。ところで解釈作業の対象となるもの、解釈をうけるものは、一般的にいうと象徴《シンボル》（Symbol）である。ここで象徴という語の多義性を確認するとともに、必要なかぎりその分類を行なっておこう。

（1）広義には人為的記号（artificial sign）はすべてシンボルである。交通信号、道路標識、国旗、団体旗、バッジ、メダルなどの類はすべてこれに含まれる。ここには何らかの合意にもとづく約束が先行している。何かを伝達《コミュニケイト》しようとする意図がのこした痕跡、目印がこの種のシンボルである。

（2）自然現象における各種徴候（symptom）はこの際シンボルから除外される。気象、病気の徴候、器物に残した指紋などは何かを伝達しようという意図を特に含んでいないからである。ただしこの徴候を人間が活用して伝達の体系にくみこむことはできる。もしそうなれば、これを人為的記号と同じように扱うことも可能である。たとえば天気図や警察の手配する犯人の指紋などの扱いがそれである。

（3）狭義には、非合理的内容を感覚的形象で代表する（represent）関係をシンボル関係という。これは最も古くからみられる思想である。（先述の（1）、（2）が「記号学」（sémiologie）的観点から考えられたシンボルないし記号の概念であるのに対して、（3）は「汎神論的」（pantheistisch）な形而上学的概念である。）美的なものは、多かれ少なかれ、非合理的内容を感覚的形象であらわしているとみるべきであるから、この種の象徴概念に属するといえよう。汎神論的世界観にもとづくかぎり、自然美も形而上学的なものの象徴とみなされる。勿論、芸術美も同様である。つまり両者とも美のありかたとして象徴なのである。カントは美をすでに道徳的善の象徴と考えている。シェリングやゾルガーはドイツ観念論美学のなかで最も深く象徴問題を考察した人である。かれらの芸術哲学は象徴概念を中心にすえたものである。

（4）芸術作品のうちに表現された形象をとりあげてみると、それが何かの寓意的表現になっていることがある。その個々のものを象徴とみなすことができる。光背が聖者の象徴、鳩が平和の象徴であるといわれているのはその例である。このばあいだれもがこの象徴をこえて、それが指示している伴示的《コノテーション》意味（connotation）を獲得できるわけではない。そこにはやはり約束事項がなければならぬ。この約定を知らぬと、光背は奇妙な黄金色の円盤が人物の頭部の背後に輝いているとみえるのみであり、鳩はただの柔和な禽類にすぎない。したがって芸術作品内部でのこの種の象徴の使用は、特定の約定の知識が先行していることを、条件としている。記号学上の術語を用いると、この約定はコード（code）である。コードが芸術家と観照者のあいだの合意事項として成立していなければならない。ただしコードは時代、民族、文化、習俗などによって当然変動する。したがって個別的事例に即して、具体的にコードの研究がなされなければならない。「論理的コード」を知るためには、ことさらコードの研究をする必要はないが、いわば「美的コード」については、その社会的拘束力が弱いから、つねに個別的事例に即して考察せねばならないのである。この種の象徴とそのコードの研究が「図像学」(iconography)である。

(5)芸術理論の上であらわれるもう一つの特殊な語義として、ヘーゲルが用いている「象徴的芸術形式」(symbolische Kunstform)がある。古代オリエント美術をさして、ヘーゲルはこれを形式過剰で理念的内容がこれによって圧倒されるもの、とみた。それを「象徴的」とよんだのである。これは「古典的芸術形式」(klassische Kunstform)および「ロマン的芸術形式」(romantische Kunstform)とともに、芸術史把握のための基本範疇として働いている(*cf.* G. W. F. Hegel: Vorlesungen über die Ästhetik)。

以上述べたことがらからももはや十分に納得できると思うが、芸術作品は全体としてすでに象徴であり、また再現的芸術のばあいには作品内部に、描写された形象そのものが象徴的意味を担うわけである。つまり芸術には象徴性の二重構造がみとめられるのである。いずれにせよ、象徴であるからには解釈をほどこされないと、作品の意味は充足しないことになる。意味が充足しなければ作品は作品として完全であることができない。作品を作品たらしめるためには、それゆえ多角的な(心理学的、人類学的、民俗学的、社会学的、歴史学的、哲学的など枚挙にいとまのないほど多様な)解釈作業が必要だ、ということになる。

ディルタイによれば、理解(Verstehen)という作用によって他人の自我(他我)の把捉も可能になる。すなわち、理解は自我の拡大ないし自我の可能性の拡大を意味することになろう。それゆえ芸術作品に接することはいわば一種の代理体験を実行することである。それゆえにこそ、すぐれた芸術作品はわれわれに人生を多角的に教えてくれるのである。しかし表現された生《レーベン》に自己をゆだね、それを追体験(nacherleben)するためには、無方針、無方策であってよいはずがない。どうしてもそこに技術が必要になる。換言すると現代芸術では表現内容の理解そのものが、すでに自然発生的でなくなりつつある、ということもできるであろう。かつては理解のためのコードも明確であったし、コードとしては体系化できない無意識的な解釈体系も自然発生的であったが、今ではコードそのものも作品と同時的に産出されていかねばならないというありさまである。したがって観照者も芸術作品を美的に享受するというよりも、作品の成立事情にもこまかく立入りながら同時にコードをも発明するという、一種の知的な戯れの方が大切になった、といえるだろう。

作品の解釈にあたって、作者と解釈者の関係はどのようになっているであろうか。ふつう解釈作業は作品の創作過程をあきらかにすることを主軸としてすすめられるけれども、この際、作者が意図し意識していなかったものすら、解釈者がつかみ出して意識化することがある。つまりこのとき芸術作品は作者にとって無意識的な契機を意識にもたらされるわけで、解釈者の方が作者よりも、「よりよく理解する」(besser Verstehen) ことができるのである。要するに、芸術作品は一旦芸術家の手許をはなれるとあとは独立独歩するものなのである。

解釈作業を実施するためには、解釈そのものを成立させている言語——仮にしばらく「解釈の言語」とよんでおく——そのものの意味充足の条件を知っていなければならない。日常生活内での記号類の解釈のためには、ただ記号それ自体の属するコードを獲得すれば、あとは「自然発生的な言語」で置き換えればよい。たとえば交通信号や道路標識については、「進め」、「注意」、「停まれ」、「右折禁止」、「駐車禁止」、「踏切近し」、「警笛鳴らせ」などの日常的に使用される言語すなわち「日常的言語」で置き換えればよい。しかし芸術作品という記号ないし象徴はこのような翻訳を許さない。先述の二重の象徴性のうち、第二のもの、すなわち作品内の表現は「日常的言語」で置き換えられるものが非常に多いけれども、第一のもの、すなわち作品の存在そのものを象徴と考えたばあい、それが担っている意味は、それ自身以外のものを指示せず、自己自身で意味を与えて充足せしめられているのである。たとえばセザンヌの描いた青い林檎は、カンヴァスの外に、——ひょっとしたらアトリエの机上に本当に転がっていたかもしれない林檎を少しも指示してはいないのである。林檎の意味はカンヴァスのなか、カンヴァスの上に油絵具の斑点としてあるもの以外の何ものをも意味していない。したがってこの作品の象徴ないし記号としての意味を翻訳するための言語体系を予め用意しておくことはできない。セザンヌは絵を描くと同時に絵の意味を充足させる「解釈の言語」を同時に創りだしたのである。近代芸術が多くのマニフェストを発表し、実作と同様にそれにこだわるのも、右の「解釈言語」の同時創出性のゆえである。もはや黙然として作品を観照者に示すということができなくなったのである。

具体例で説明しよう。『ポールとヴィルジニー』と『トリスタンとイズー』と『春琴抄』を比較せよ。三者ともに男女の愛が何であるかをわれわれに感動的に教えてくれる作品である。しかし「愛」という語は三者にひとしく通用するが、この愛の解釈の地平は同じではない。『ポールとヴィルジニー』の素朴で無垢の愛を好ましく思う人には『春琴抄』の嗜虐的献身の世界をおぞましく感じるかもしれないからである。さらにまた『トリスタンとイズー』のなかに表出されている苛烈で剛直な雰囲気にひそむ純粋なあらあらしいばかりの愛の情念は、他の二者から遠くへだたっているではないか。それぞれの作品にはそれぞれの解釈の地平があるから、われわれは次々に異なった地平に身を置かないと、作品によって説得されることがないし、愛の意味は充足されないのである。

第九節　芸術作品の評価

芸術作品の解釈から評価へわれわれの活動が移行するためには、その作品の芸術的価値を明確にとらえていなければならない。それゆえわれわれはここで一般に芸術的価値がいかなるものであるかを解明すべきであると思う。

（一）しかしその前に各種芸術のジャンルの本質（Gattungswesen）を把捉する精神活動と作品の価値を把捉する精神活動が異なっていることに注意しなければならない。すなわちこのことは、本質概念と価値概念との微妙なずれから生じるのである。

絵画や彫刻についてわれわれは図像学的に作品の研究を行なうことができる。またこのことは芸術理解の導入部をなす認識活動である。しかし「作品のなかで」表現された、いわば部分的意味の理解にとどまることなく、「作品全体」の意味を捉えるためには、是非とも当該作品の所属する芸術ジャンル――絵画とか彫刻とか――の本質を捉える必要がある。

ジャンルに固有な形成法則の認識の重要性をいちはやく教えてくれたのはアリストテレスの『詩学』であろう。かれの著作のなかからは、劇芸術全般にかかわる形成法則と、これを一層こまかく掘り下げた悲劇の形成法則とが析出される。降ってドイツ啓蒙主義の批評家レッシングが『ラオコーン論』で展開した詩と絵画の限界づけのしごとは、各ジャンルに固有の形成法則を識別しようとした最初の自覚的な試みであった。現在ではこの固有形成法則の研究というしごとは「美術学」と「文芸学」とよばれる、「体系的芸術学」(systematische Kunstwissenschaften) がひきついでいる。すなわちこの種の学問は普遍的な芸術的価値を研究するのではなく、特殊的な芸術的価値――ジャンル固有の本質構造という方が一層はっきりすると思うが――を研究する。普遍的な芸術的価値は上位の基礎学たる「芸術哲学」ないし「美学」が研究するのである。

ところでさきにふれておいたように、個別的作品に即しつつ「ジャンルの本質」を直観的に把捉することと、その作品の芸術的価値を把握することとはかならずしも同じではない。たとえばセザンヌが絵画的造形の純粋性を極限まで追求していると感得することと、セザンヌの作品の芸術的価値を受けいれることとはかならずしも同一ではないのである。より一般的にいえば、「本質」という存在論的概念と「価値」という価値論的概念は完全には合致しえない。観方しだいで、「価値」はしばしば「対象の本質」を超えているということができる。したがって芸術のばあいにも、表現対象の本質が正確に、十全に把捉されても、それが観照主体に本当に生の充実をもたらすものとなっているか否か、それとの接触ないし遭遇がわれわれをして真に日常生活からの脱却を可能ならしめ、エクスタシス (ἔκστασις) を実現させうるものとなっているか否か、——この問いにまだ十分答えたことにはなっていない。したがってたとえばレオナルドの素描は、セザンヌの油彩画ほどの造形的純粋性を実現していないかもしれないが、価値の観点からみれば、セザンヌの画業を上まわるものがそこに含まれているかもしれないのである。

（二）芸術的価値という語をいま「芸術における諸価値」の総称という意味にとれば、その中心を占めるのはやはり美的価値である（美的価値そのものの特性についてはすでに第二章第十一節で略述したから、それをここでくりかえすのはやめたい）。さきに分析した表現の構造を手掛りにして「芸術における諸価値」の組織を分析してみると、表現の素材（題材）そのものがすでに倫理的価値（および反価値）、宗教的価値（および反価値）、効用的価値（および反価値）、生機《ヴィタール》的価値（および反価値）など人生にとってきわめて重要な諸価値（および反価値）を担っていることがわかる。ときにはこれらのものと並んで美的価値（および反価値）がみいだされることもある（ただしこのケースは案外少ないものである）。右のごとき諸価値は、たしかに「芸術のなかの価値」であるけれども、要するにそれらがみな素材的（内容的）価値であることをわれわれは忘れてはならない。芸術的表現は一般に素材（ないし内容）を形成、加工することによって獲得されるのであるから、右の素材的価値も当然——形成、加工にともなって——変容を蒙らねばならない。そしてその変容の結果が美的価値（ないし反価値）となるわけである。

観点を移して、改めてとらえ直せば、素材的価値はまだまさにそれが素材であるにすぎないゆえに、「美的に中性」（ästhetisch neutral）である。しかしそれらの素材的価値が適切な感性的契機を媒介として、それを通じて「現象し」しかもその現象自体、完全に目的実現の位相に——つまりエンテレケイアに——到達したならば、そのときにはじめて美的価値（ないし反価値）になるのである。

また既述のごとく（第二章参照）美的価値は品質的なもの（qualitativ）であるから、芸術作品という美的対象には、価値性を帯びることのできる多種多様な品質が複合的にもつれあって含まれている、とみなすことができる。詳しくみればこの複合体のなかには美的以外の品質も混入しているかもしれない。しかしそれとても無駄に混っているわけではなく、美的品質の十全な現象（現出）を支えるための土台《ファンダメント》の役割を演じているのである。

われわれの体験事実に即して考察すれば、われわれはある品質が美的に有意義なものであるかどうか、美的価値を担うことができるかどうかは、長期間の経験や類推をへずとも、ただちに直観できる。価値ある品質はアー・プリオリに与えられているのである。それがアー・プリオリに与えられているといっても、認識論でいうところのアー・プリオリの直観形式、すなわち時間・空間とちがって、実質的(material)なものなのである。そしてそのアー・プリオリの品質同士の関係もアー・プリオリに定まっているのである。しかしわれわれは、これら実質的アー・プリオリも品質間の関係としてのアー・プリオリも、結局、アー・ポステリオリに（つまり具体的、個別的な経験）を通してしか、十全に捉えられないの

（素材的価値）			（現象する価値）
倫理的価値	（反価値）	┐	
宗教的価値	（ 〃 ）	│	
効用的価値	（ 〃 ）	├→	美的価値
生機的価値	（ 〃 ）	│	
⋮		│	
美的価値	（ 〃 ）	┘	

である。[50] もしそれがアー・プリオリに把握できるのであれば、美学（芸術哲学）は数学や論理学と同類の抽象的な学問となったであろう。だが実際にはそういう意味での「純粋美学」は成立しない。歴史的に制約された経験との関係は最後まで清算できない宿命にあるのだ。

（三）ところで芸術というのは美的価値を実現する技術のことをいうのであった。すなわち芸術は、美的価値の観点からみればあくまでも自己実現の一手段である。（しかし自然美のことを考慮すれば決して唯一の手段とはいえない。）それゆえ手段的価値としての「芸術的価値」というものが、美的価値とは別に、「芸術における諸価値」のうちに含まれているといってよい。しかもそれが、これまで説いてきたことがらから容易に推測できるように、形成の技

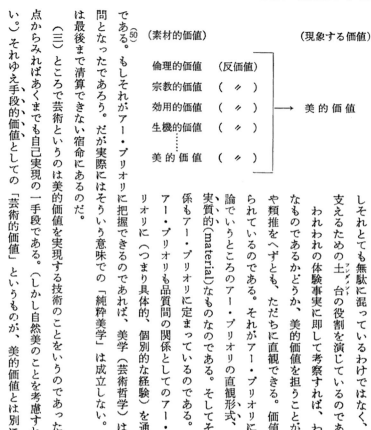

巧に関する価値であることは明白である。この種の価値は、すぐさま誰にでも生み出せるものではない。形成の技巧は厳しい工技訓練のなかでようやく身につくものだからである。しかしそうだからといって芸術的価値が永遠に閉ざされているわけではなく、たゆまぬ努力のはてに必ず獲得される。したがってこの種の価値は特殊的専門家的な意義を担っているということができる。これに対して美的価値は普遍的人間的な意義を担っているのである。

このように弁別された狭義の「芸術的価値」は技術的なものに重点をおいてみたときに、より一層拡大されてわれわれに印象づけられるが、それだけでは所詮「技術的価値」、「工技的価値」の域にとどまることになる。しばしばそれはその道の通人や玄人の好みに適うが、それだけでは普遍的人間的意義に乏しくなりがちである。この狭義の「芸術的価値」は、目的としての「美的価値」に緊密に結びついていなければ、本当に芸術的という呼称に適《ふさ》わしくない。目的と手段とは芸術実現の場においては容易に切り離せない間柄にある。もし目的を忘却した手段の独立に趨れば、やがて手段としての存立を失うから、技巧もいやしく、価値の低いものになる。

先述の「ジャンルに固有の形成法則」をよくわきまえることは、狭義の「芸術的価値」を発揮するためにも大切なことである。右の法則を知らずに、いかにして素材形成の技巧をみがくことができようか。絵画には絵画の、彫刻には彫刻の、音楽には音楽の、文芸には文芸の、それぞれのジャンルに固有な、他のジャンルには通用しない素材形成の法則がある。この技巧に秀でることなしには芸術家の資格は与えられない。

従来、この狭義の「芸術的価値」は、対象面からみてそれが対象の形式に対応する事例が多いゆえに、それを「芸術の形式的価値」とよびならわし、これに対立する「内容的価値」とのあいだに、いずれが優位を占めるか、という発想で論争を惹起することが多かった。これは紛れもなく、ドイツ観念論美学とその解体にあたって美学上の論争点になった、「形式美学　対　内容美学」（第一章、第五節）の問題の派生形態である。われわれはすでに形式および内容の複雑な相関関係を知悉しているから、安易に「形式的価値　対　内容的価値」という対立図式を導入することを慎まねばなるまい。

最後に「芸術における価値」として重要視されるべきものがなお一つ残る。それは芸術創作の主体に関するいわば一種の「人間的価値」でそれが何らかの過程で表現活動に介入していくのである。もはや自明のことと思うが、芸術の主体はあくまでも技巧の主体である。それなくしては単なる美的観照主観にすぎない。しかし技巧は元来使いこなされるべきものである。したがって芸術の主体は技巧を使いこなす特殊な人格的価値をそなえていなければならない。形成活動においては、素材対象の把捉のしかたにそれが反映しているにちがいない。また形成活動のエネルギーの根拠もこの人格的価値に求められるにちがいない。たとえばミケランジェロの作品とラファエロの作品を比べてみよ。素材把捉の個性と形成のエネルギーにおいてミケランジェロの幅と深さの方にわれわれは感動するのである。描写を中心とする芸術ジャンルでなくとも、書芸術においてはその究極的な価値根拠はどうしても主体の人格的価値にまで遡らざるをえない。日本、中国の絵画のなかで「文人画」というジャンルが隆昌をきたしたのは、主体的価値への自覚が深かったからである。これと同じ精神が、別方向へ展開されると「武人画」とよばれるジャンルも生じる。このばあい武技を修めた者が、武芸と同じ修行の精神で画技に習熟し、ふたつの異なった技を主体的に総合統一すると考えられるのである。

ここで注意しなければならないのは、かくのごとく人格的価値を強調したとしても、それを「芸術的価値の倫理的価値による基礎づけ」と誤解してはならぬ、という点である。われわれは芸術を道徳に還元して、芸術の自律性を損なってはならない。芸術をも道徳をも超えて、人間存在の根柢に潜んでいる、いわば「人間的価値」を、芸術と道徳とがともにわかちあっているとみたいのである。前述の「芸術における人格的価値」は、かかる「人間的価値」の芸術の側からの取得分なのである。

芸術的人格の価値はかならずしも対象の品質およびその相互関係——現象学的にいうならば「基づけ」（Fundierung）の関係——として客観化されるとはかぎらない。いな、それはどこまでも純粋に主体的なものとして芸術作品の存立にまつわる一種独得の形而上学的雰囲気のごとく感じられる。対象の品質として把捉できないから、眼でみても耳できいてもしかとはたしかめられないが、それにもかかわらず作品の存在をきわめて確実なものならしめるような、いわば「香気」のごときものだ、というほかない。日本語では「品位」ということばでいいあらわすが、西欧語ではうまくあてはまる言葉がない。（先述のアウラと共通する性質がみとめられるであろうけれども——。）

（四）さて以上のごとく芸術的価値について考察したあとは、実際に芸術作品の評価を行なうしごとについて考察をめぐらしたい。

まず確認しておきたいのは、芸術作品の価値が評価活動によって基礎づけられるのではなく、逆に評価活動こそ芸術作品の価値によって基礎づけられる、という事実である。ただし、芸術作品の価値が一義的に決定されていても、評価活動まで一義的に決定されてしまうわけではない。一般に価値の把捉は非常に誤りやすいものである。十全な把捉は論理的作業のようには成就しがたいものなのである。したがって評価活動は相対的かつ流動的である。評価活動の相対性は、たとえば、対象の価値品質を直観するかわりに対象の誘発する効果に心を奪われるというようなあやまりからも生じる。つまり美的品質を直観するかわりに快や適意に心ひかれるのである。これでは芸術的価値の評価ではなく、単純な好き嫌いの判断を下すことになってしまう。さらに先天的に価値的なものに対する感受性《センス》の欠如——価値盲（wertblind）——という不幸な条件が考えられる（これは丁度「色盲」という疾患があるのと類比的に考えられたことがらである。精神盲——価値盲はその一種——に相当する思想はすでに古代末期のプロティノスの美学思想にみとめられる。*cf.* Plotinos: *περὶ τοῦ καλοῦ*）。さらにその上——だれもが考えつくことだが——歴史的諸条件の変化が評価活動に影響を及ぼす。すなわち時代の差、世代の差、客観的な趣味の傾向、精神的状況、心的雰囲気などの変動が評価活動を左右するのである。

評価活動そのものについて分析をすすめると、価値把捉（Wert-erfassung）と等級づけ（Rangierung）の二契機が析出される。価値把捉は文字どおり作品の価値をとらえることであり、就中、中心となっている美的価値については「美的価値体験」が成立する。しかし等級づけの作業は、批評家の脳裡に予在する基準（criterion）に照らして、それよりもプラス方向ないしマイナス方向にいかほど隔たるかを測定し、当該作品の占めるべき位置を決定するのである。このばあい測定とよび、位置決定とよんだが、無論、それが、精密に量的に表現されるべくもないことは明白であろう。しかし単なる「ことばのあや」でもない。こういう表現ははなはだ漠然としてはいるが、表象としては決して無理なものではない。

そこで等級づけそのものに焦点をあわせて考察すると（1）単線的等級づけと（2）複線的等級づけに分けられる。（1）は単一の価値契機に限定して作品を分析し、一次元の座標ないし尺度の上に作品のしかるべき位置を指定する等級づけのことである。（2）は多数の価値契機を析出して、多次元的座標の上に作品のしかるべき位置を指定する等級づけのことである。勿論実際にはわれわれはあまり自覚的に（1）、（2）を使いわけてはいない。両者を不明確ながらも綜合して等級づけを行なうのがふつうである。

古代中国に端を発する「品第」の思想はある意味では右の（1）と（2）の特殊なかたちでの綜合形態を示している。すなわちそこではまず品質範疇をいくつか設定してそれを高下の序列に配置し、それらの枠組みのなかに各作品（作家）を配当するというやりかたをとっている。それら品質範疇は論者によって異同を示していて、決して恒常的ではないが、概して「神」、「妙」、「能」の序列をとることが多く、さらに「自然」を最高位においたり、「精」、「謹細」という品質範疇を設けたり、「奇巧」とよぶものを設定したりする。興味ぶかいのはこれら品等序列の枠外にあるという意味で「逸」という品目を設定しながら、それをいつしか序列の内部にくり入れて、しかも次第に高位へ順序をおし上げ、ついに最高位におくにいたったという事実である。

作品の等級づけには顕在的にせよ潜在的にせよ当該作品を他の作品ないし基準と比較するという作業が必須である。実際に二個の作品をとり組ませて優劣を競うという行為も制度的に定着したことがある。日本の古代・中世の「歌合せ」はその好例である。しかし遊戯にもせよ、ひとたび社会的に制度化して、勝者が栄誉をうけることになると、状況に応じた評価基準の変動が起り、「状況への適合性」が次第に重視されるようにもなる。たとえば先述の「歌合せ」のばあい、純粋に芸術的価値観点へ向けて評価作業が集中するのではなく、むしろ「はれ」の場に適わしく感じられる歌の方が好まれるという傾向も生じた。今日でも苦吟鏤刻のはてになった、一首の独立性の強い短歌と、「歌会はじめ」の詠進歌では当然評価基準に揺れがある。いわゆる儀式などの用に供する Gelegenheitspoesie, Gelegenheitsmusik の評価基準はふつうの評価基準に必要な変更を加えて得られたものである。たとえば展覧会などに向けた「会場芸術」用の絵画と日常の居間の壁に掛けるタブローは、同一基準をもってしては律せられないであろう。

第十節　芸術の体系的分類

（一）これまでわれわれは「芸術」という言葉でもっぱら芸術一般について考察してきた。だがここで一度立ち停まって反省してみると「芸術一般」というのが単なる思考の産物にすぎないことがすぐに判明する。具体的に存在し、体験の対象になりうるのは各種の芸術（Künste）であって、芸術一般というものではない。

たしかに芸術内部は技術的契機がさまざまに分化している。絵画の技巧はそのまま詩の技巧として通用しない。このことはレッシング以来もはや美学上の常識になっている。つまり「芸術」には多種多様の技術的契機が含まれているわけである。したがって経験に即して芸術を考察するかぎり、むしろ諸芸術を別々に考察するのが正しい態度だ、ということになるだろう。事実この前提のもとに美術学、音楽学、文芸学などいわゆる「体系的芸術学」が組織されている。しかしそれだからといって「芸術」という抽象的統一観念が学問的に無意味な空語になったと速断してはならない。われわれは「芸術」という統一観念を設定することによって、芸術類型のさまざまなものが、これに属すると考えることができ、諸芸術の体系的分類を実行することができるのである。すなわち類型学的思考を円滑に遂行するためには、是非とも「芸術」という抽象的統一概念が必要なのである。

「存在するのは諸芸術であって芸術一般ではない」との趣旨を公けにしたのはK・フィードラーであった。さらにR・ミュラー＝フライエンフェルス (Richard Müller-Freienfels) は、「芸術」を完結した統一体とみるのは浅薄な理論だ、ともの べている。要するにかれらは哲学的思弁を排し、経験に即した考察を重視しようとしたのである。しかしながら、かりに「芸術」のかわりに、絵画、彫刻、音楽、文芸等々とならべてみても、それらはまだそれなりの抽象的統一的観念をなしている。具体性を強調すると、具体化ないし個別化の道をたどり、個別作品のレヴェルまで降りなければならず、またさらにそれら作品の一回一回の体験にまですすまなければならなくなる。最も具体的なのは各体験ごとの内在的対象 (cogitatum) だからである。

統一概念としての「芸術」は、「言語」や「法」と同位のものである。世界に存在するのは日本語、英語、ドイツ語、フランス語等々の諸国語またそれらが含む諸方言であって「言語一般」ではない。「言語一般」は誰も話さない。しかし言語学の立場から言語の本質を究明するためには、この抽象的統一観念がどうしても必要なのである。「法」についても同様のことがいえる (*cf.* Fr. Kainz: Einführung in die Philosophie der Kunst, Hft. 2, 1948)。

フィードラーとは逆に、「芸術」の唯一性を強調したのはB・クローチェ (Benedetto Croce) である。クローチェにとって芸術の分類などは無益なしごとである。かれの思想の根柢には技術が芸術にとって単に外面的な意味しかもたない、という考え方が潜んでいる。すなわち芸術にとって大切なのは美的体験であって、技術はそれに比べれば些細なことだとみているのである。だがわれわれはクローチェの思想に賛成しかねる。なぜなら、多種多様な芸術家——例えば画家と音楽家と詩人——が同じ構造の美的体験をなすとはとうてい考えがたいからである。かりに根本的に同一の美的体験というものがあったにせよ、それは各種芸術の方向へ変容されて、そのそれぞれが画家、音楽家、詩人に体験される、と考えた方が一層適切だからである。芸術の各種ジャンルの純粋性が強調されればされるほど、各種ジャンルの特殊性があらわに自覚されてくるのである。この際、ドガに対してマラルメがいったと伝えられることば「ドガ君、詩はイデではなく、ことばだよ」の含蓄をかみしめて味わうべきである（*cf.* Paul Valéry: Dogas, danse, dessin)。

（二）さて諸芸術の体系的分類法にはやはりさまざまな原理がみいだされる。ギリシア人はムーサ女神たちに諸芸術を司らしめたといわれるが、仔細に亘って検討すると決して統一的分類になっていないことが判然とする。われわれは体系的に首尾一貫した分類方法について検討してみよう（*cf.* F. Kainz: Einführung in die Kunstphilosophie)。

（1）発達史的方法　諸芸術が一挙に出揃ったのではなく、根源的な幾つかの芸術的な営みから漸次発達してきたものだ、とみて、それをあとづけようとする方法である。古代ギリシアでは舞踊を中心に音楽と文芸が緊密に結びついていた。（これを *χορεία* という。）これは美術の発達経路とは別の発達経路をたどったであろう。しかしこの方法は要するに諸芸術の分化（Differenzierung）を確認するためのものではあっても、体系的観点からの分類（Klassifizierung）の方法ではない。換言すれば、通時的問題を処理する方法ではあっても、共時的問題を処理する方法ではないのである。

（2）形而上学的方法　これはヘーゲルやショーペンハウアーなどが代表する芸術分類法である。その一々にわたる説明は避けるが、要するに世界（宇宙）を形而上学的に解釈して、これを一定の体系として捉え、この体系に適合するように諸芸術を位置づけようとするわけである。

ヘーゲル美学を例にとれば、かれは芸術全体を理念と形態との三種の関係に対応して「象徴的芸術形式」(symbolische Kunstform)、「古典的芸術形式」(Klassische Kunstform)、「ロマン的芸術形式」(romantische Kunstform)に分類し、「建築」、「彫塑」を前二者に、そして「絵画」、「音楽」、「文芸」を第三の形式に配当している。

(3)心理学的方法　細かくみればこれにはさまざまな心理学の傾向や立場のちがいが含まれている。しかし芸術ジャンルの異なるにつれて、その創作や享受の心的過程ないし意識構造に差異のあることを作業仮説として認め、具体的にその独自性を立証しようとする狙いは共通である。感覚を分類原理として、それが支配する諸芸術領域を弁別し区画づけようとするのも一方法である。しかしこれにはおのずから難点が露呈する。たしかに「視覚芸術」としての美術と「聴覚芸術」としての音楽を区別するのは適切な扱いであるが、文芸はいずれに属すべきか。文芸には、それに固有の感覚というものがないから、これには「想像芸術」(Phantasiekunst)とよばれる独立領域を与えねばならない。(フォルケルトのやりかたがこれを代表している。)また感覚を分類原理とすれば、触覚、味覚、嗅覚などいわゆる「下級感覚」のそれぞれに固有の芸術が成立つか否かを仔細に検討しなければならなくなるであろう。そのしごとはたしかにそれだけで十分有意義だが、芸術の包括的な分類にとっては副次的な問題である。それよりも心的生活の全体を特徴づける若干個の要素の組合わせによって、芸術分類を試みた方がよい。(R・ミュラー＝フライエンフェルスにはその試みがある。)

(4)作品の存在形式を合理的に処理する方法　これまでのべた方法は芸術の存在を(1)では歴史に依存せしめ、(2)では芸術以上のものに帰着せしめ、(3)では主観の意識に還元してしまう、という欠点をそれぞれ含んでいる。そこで今度は、芸術の枠のなかで処理できる原理として、作品そのものの存在形式(Existenzform)に着眼してみる。

(a)まず第一に作品は時間や空間によってその存在形式を規定されているから、「空間芸術」(Raumkünste)と

「時間芸術」(Zeitkünste) と「時空間芸術」(raumzeitliche Künste) に分けられる。彫塑や絵画が「空間」を占有してはじめて作品となりうることは明白である。同様に音楽が「時間」を占有して作品となりうることも明白である。しかし意識体験に視野を拡げていえば、絵画を観照するにもなにほどかの時間はかかるし、絵巻物にいたっては時間なしには作品は存在しえない、ともいえよう。意識体験はそれ自体すでに流れてやまぬ時間の位相をもっている。そこには時計で測りつくせぬ「内的時間」のリズムが刻まれている。したがって芸術観照の体験は、美術作品についてのそれであれ、音楽作品のそれであれ、根本的に「時間性」に制約されていることは明白である。しかしこのような立論はすでに「作品の存在形式」の埒外に観点を求めているわけだから、ここではさきの分類原理を危うくするほどの効力をもたない。音楽作品の空間性ということも観照体験への効果から考えられたことである。したがって絵画の時間性、音楽の空間性はむしろ「準時間性」、「準空間性」とよばれた方がよい。だがそれとは別にやはり舞踊やパントマイムのように作品存在のために時間と空間を同時に、同等に必要とする芸術もある。これが「時空間芸術」である。

（b）次に作品が一旦産出されると確固たる物的基礎（土台）に定着され、ながく持続する、という種類の芸術がある。これはおしなべて物的素材の形成を経るから「造形芸術」(bildende Künste) とよばれる。これに対して作品が上演・演奏 (performance, exécution, Aufführung, Vortragung) という行為を経てはじめて現実に存在するようになる種類の芸術がある。これは先述のムーサ女神たちの司る領域と合致するところがあるから「ミューズ的芸術」(musische Künste) とよばれる。「律動芸術」とよぶこともある。この種の芸術作品は一旦産出されても客観的時間の経過とともに流れ去ってしまう。つまり作品に時間的な始点があり中間点があり終点があり、そこで消滅する。これに比べると「造形芸術」の作品は始点、中間点、終点の別がなく、それ自体没時間的な一点のごとくである。以上の（a）と（b）を比較すると、「造形芸術」と「空間芸術」は同一領域を所有している。また「ミューズ的芸術」

は「時間芸術」および「時空間芸術」と領域を一つにしている。

（c）右に述べた分類の二系列は平行関係をたもっているが、これと交叉する分類原理の系列が存在する。すなわち「事物的芸術」（dingliche Künste）と「非事物的芸術」（nicht-dingliche Künste）の区別である。F・カインツの行なったこの命名法はあまり適切ではない。事物的芸術というのは予在する人物、事物の模倣像を芸術作品内に再現《プレゼント》することを目的とする芸術、すなわち模倣的芸術のことであるし、非事物的芸術というのは、右のごとき模倣を行なわない、したがって抽象的な、そして気分表出的な芸術のことをさしているのである。

彫塑は一般に人体を最も主要な題材とした模倣行為による「事物的芸術」である。しかるに建築は一般に何ら予在事物の模倣を行なわない。したがって「非事物的芸術」に属している。「絵画」と「平面装飾」についても、「文芸」と「音楽」についても、「パントマイム」と「舞踊」についても、右と同様な相違がみとめられる。

以上の諸考察を総括すると次の図表を描くことができる（カインツの分類表による）。

左の図表から次のようなことを読みとることができる。

(i)中間的ジャンルの存在。たとえば彫塑と建築のあいだには記念碑的建築が存在する。西欧の都市をかざる凱旋門の類には、建立の趣旨に適した多数の彫塑がほどこされているばかりでなく、全体として一個の彫塑作品のごとくにみえる。また現代に盛行をみるにいたったグラフィックはそれ自体の本質として絵画と平面装飾の中間に位置する。さらに付言すれば――カインツの図表には記されていないが――浮彫は彫塑の一部というよりもむしろ彫塑と絵画の中間形態とみられるべきふしがある。古代エジプトの刳形浮彫の鮮列な絵画的・平面構成の効果を想起すれば、このことはだれしも容易に納得できるであろう。特に現代芸術では、表現媒材の新しい開拓と、既成ジャンルの先入観にとらわれない自由性を根拠に、さまざまな中間形態の創出に努力する傾向がみとめられる。要するにこれら中間ジャンルは、隣接する二種のジャンルが対等な資格でまざりあったときに成立するものである。

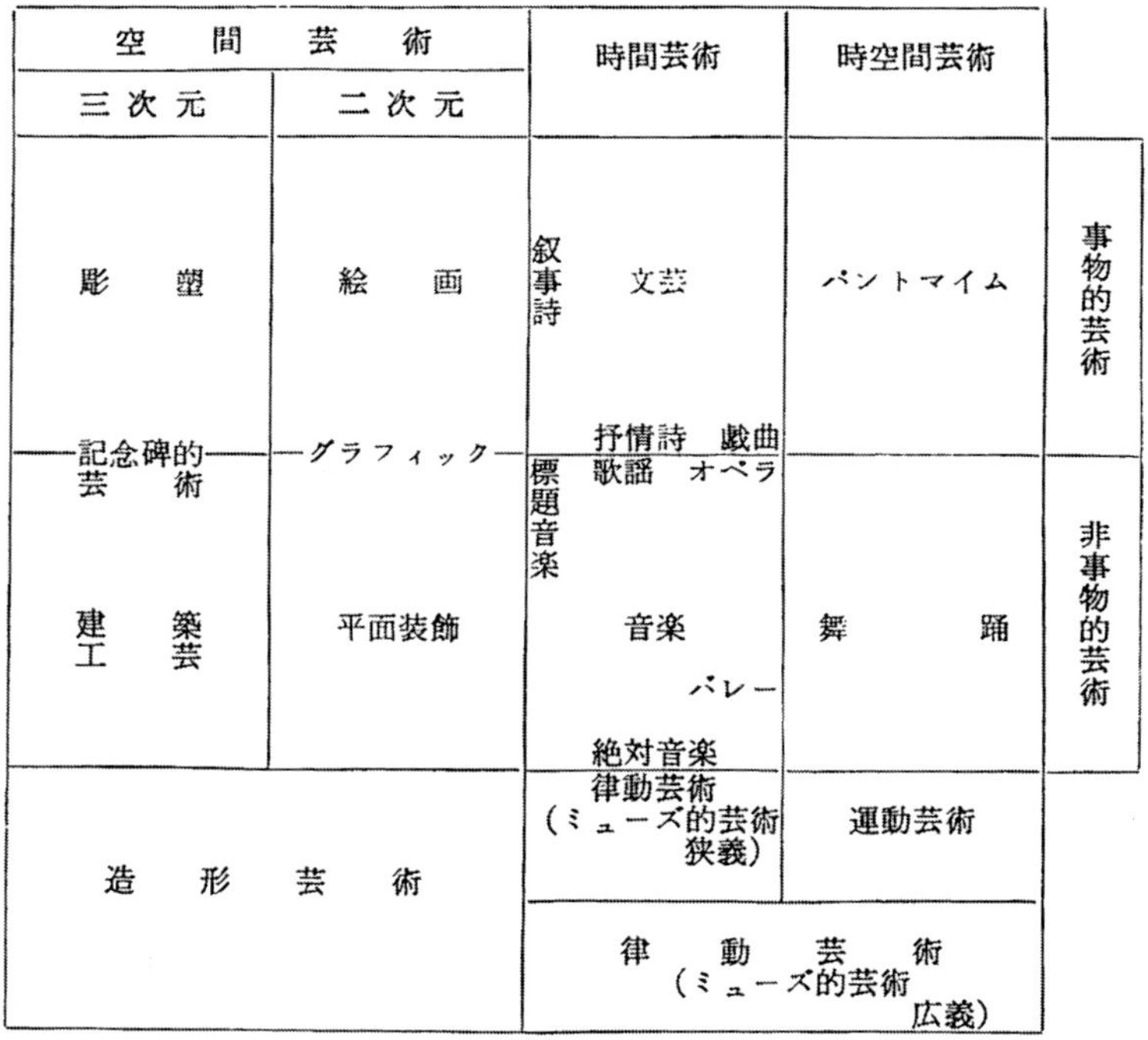

空間芸術		時間芸術	時空間芸術	
三次元	二次元			
彫塑	絵画	叙事詩　文芸	パントマイム	事物的芸術
記念碑的芸術	——グラフィック——	抒情詩　戯曲 歌謡　オペラ 標題音楽		
建築　工芸	平面装飾	音楽 バレー	舞踊	非事物的芸術
造形芸術		絶対音楽 律動芸術 （ミューズ的芸術 狭義）	運動芸術	
		律動芸術 （ミューズ的芸術 広義）		

(ii)一領域内での下位ジャンルの位置指定。音楽の領域をみると、歌謡が文芸領域にきわめて接近した位置を占めており、さらに予在する事物の再現を音で試みた標題音楽が美術に接近した一隅をあてがわれ、オペラが戯曲や舞踊に近く置かれているのがわかる。バレー音楽は当然舞踊に接近しているが、歌謡を――したがって言語を――ともなわないからオペラのように文芸に近い位置は占めない。近代に入って発達した絶対音楽が、他の領域から最も遠く位置しているのは十分納得のいく処置である。他のジャンル領域についてもこれと同様な論法で多くの下位ジャンルの位置指定ができるはずである。隣接ジャンルとのつながりによって、一領域にいわば磁場のような構造が生じるということができる。

(iii)ジャンルと様式の関係。たとえば「絵画」作品について「彫塑的な様式」をもった絵画とか、「建築」作品について「彫塑的な様式」をもった建築というようないいかたが何を意味するかが、右の図表からはっきり読みとれる。すなわち一つのジャンルが別のジャンルに属する作品の表現様式を特徴づけているわけである。この現象の裏を読むと、各ジャンルには本来それに固有の形成法則があるが、それにもかかわらずその純粋性からはなれて、他ジャンルの形成法則を借用するばあいがあるということになる。ギリシア神殿は「彫塑的様式をもてる建築作品」であるし、ベルニーニやカルポーの彫塑作品は「絵画的様式」をそなえている。このような様式記述に活用されるジャンル形成法則は右図から十分うかがい知ることができると思う。

前記の中間ジャンルたる浮彫作品のなかにも、より多く絵画的な様式をもつものと、そうでないものが区別される。ギリシア古典期のパルテノン神殿フリーズの浮彫が行列に参加する騎士や乙女の個々のすがたを明確に表現しているのに比べると、ヘレニズム期のペルガモン祭壇の大フリーズの浮彫の諸形像はたがいに錯綜していて、全体として絵画的な様式をもつということができる。近代になって、絵画の画面構成の自律性を強く自覚するようになった印象派画家たちのうちでも、ドガは彫塑にも手を染めたが、かれの作った、浮彫は古典的な浮彫とはまったく異なって、もはや形像の輪郭はほとんど把握しがたく、肢体の一瞬の動きを追うという、かれの画題に共通したものを浮彫のかたちで造形しているのであるから、仕上った作品はきわめて絵画的な様式をもっている。さらに視野を拡大すると、造形芸術のなかに律動芸術に固有の様式的特性がとり入れられている事例もみいだされる。たとえば画面が時間推移とともに文字通り展開されていく絵巻物は、律動芸術的なものを含む造形芸術であり、生成の様式をもつ絵画ということになるであろう。

(iv)純粋性と抽象性。彫塑も絵画も、いわゆる抽象美術の一部分をなしているのが、現代の特徴であろう。右の図表はあくまでも歴史性と無関係に作成されているけれども、かりにこの図表を利用して現代芸術の一大特徴たる抽象化の現象を説明するならば、「事物的芸術」（それは「再現的芸術」「模倣的芸術」である）は現代において「非事物的芸術」(それは「気分芸術」、「抽象芸術」ともよばれる)に接する方向へ重心を移しつつあるということになる。しかしこの「抽象性」がジャンルの「純粋性」とただちに同一視されるべきか否かはまた別問題である。「純粋性」はあくまでも当該ジャンル(絵画なら絵画というジャンル)の固有の形成法則に誠実であることを意味するのであろうから、われわれは抽象性をそのまま純粋性と同一視できない。抽象性の追求は「事物的芸術」全体の重心が「非事物的芸術」の方向へ傾き、移行したこととみなしうるが、純粋性の追求は各ジャンルの枠の中心へ向う動き、つまり求心的運動のあらわれと解すべきであろう。(各ジャンルの純粋性が何であるかの究明、すなわち各ジャンルの固有形成法則の把握、という課題は、いうまでもなく各種体系的芸術学――美術学、音楽学、文芸学など――の負うべきものであって、一般美学(芸術哲学)に属するものではない。)

(v)複合ジャンルの存在。分類図表にあらわれた諸要素のいくつかを複合的にくみあわせたばあいが実際にみとめられる。しかもこれには種々の段階的差異がある。西洋中世の聖堂に例をとれば、建築物に彫塑や壁画、モザイク、ステンド・グラスがいわば吸着されていて、これらの諸要素がたがいに精神的・宗教的意義をふかめあっている。これらの諸要素は個々にきりはなしてしまうと、その宗教美術品としての意義は大いにそこなわれてしまうことになる。だがこの中世聖堂全体を一個の新しいジャンルとして設定することは理論的に正しい処置とはいえない。なぜなら新しいジャンルが成立するためには、それに固有の形成法則が確立されなければならないからである。中世聖堂のばあい、その構成要素を統一しているものは敬虔な信仰にもとづく宗教精神であって、造形的な表現の意思ではない。したがってジャンル形成の法則をもつとはいえないのである。したがって宗教精神の発展・推移に応じて、建築体そのものから、丸彫彫刻が空間的にも離脱し、絵画も次第に独自の枠としての額縁をそなえたタブローへと転化していくのである。つまり諸要素は離散して独立するのである。このような単なる複合性に比べて、はるかに密接に結合して、作品面で表現構造をふかく規定するばあいがある。先述の絵巻物のうちには、「絵詞《えことば》」として絵画と叙事文芸の総合を実現しているものがある。『源氏物語絵巻』はその好例であろう。(このばあいはさらに書芸術の要素が加わっていることにも注意しなければならないであろう。)右の図表には欠けているが、演劇はパントマイムを中心に、戯曲をこれに融合させ、必要に応じて美術や音楽をこれに配することによって出来上っている。映画の総合性は、演劇をある意味ではうわまわる。演劇のばあい、視覚要素は観客の肉眼に依存せざるをえないが、映画は機械媒体のおかげで、視覚の機能を新しく開拓することができるからである。演劇や映画のような総合性の基礎となっている形成法則はそれぞれに独自固有のものである。一般化していうと、複合的・総合的ジャンルの諸要素間の親疎の関係は一様でなく、さまざまである。

(5) 技術と芸術の基本的関係にふかい考察を施すことによって、従来の諸学説の総合をはかる試みが最近になって公表された。それは竹内敏雄博士の芸術分類論である。ここではその詳細の再説をさけ、同博士の著書『美学総論』(昭五四)を参照されることを慫慂しておく。(52)

第十一節　芸術の様式

(一) 前節で展開された芸術の体系は芸術表現の特性に即して、芸術の類型(Typus)としての存在を確認させる結果となった。同様に芸術の類型性に属して、そのかぎりにおいて芸術のジャンルの概念とふかいかかわりをもつのが、芸術様式(Kunststil)の概念である。芸術のジャンルと様式は、いまのべたように、共に類型概念に帰属するから、共通性をもっているけれども、両者を混同することは正しくない。後段で述べるように「ジャンルの様式」という考えかたも、同語反覆では決してないから注意しなければならない。

（二）様式の語源はギリシア語の　στῦλος　であるが、これは柱や尖筆を意味した。これに対応するラテン語のstylus は文書の書式を意味するようになった。（今日でも日本語の「様式」が公文書の書式を意味することがあるのは周知のとおりである。）やがてこの語は個々の人が書く文体や語りくちをさすようになり、修辞学ないし弁論術上の評価賓辞となり、ついで詩学上の価値概念となった。それが一転して美学上の術語として出現したのはヴィンケルマン（Johann Joachim Winchkelmann, 1717―68）の著述が最初である。それ以後、この術語は理論的に精錬されて、美術史方法論の基本範疇にまで地位を高めたのである。すなわち「様式史」（Stilgeschichte）の観念が確立されるようになったのである。勿論、様式史の先駆となったのは美術史であるが、そのあとを追うかたちで文芸史や音楽史が様式史の方法的立場を確実に構築していったのである。このように芸術史記述の方法手段となるべき様式の概念そのものは、まず各種芸術学（Kunstwissenschaften）において厳密に規定されなければならない。しかし時代様式のごときものや民族様式のごときものには、各個別芸術の区別をこえて、それらのいずれにも適用できる性質がなければならない。したがってこの共通性は各個別芸術学相互間の比較によって確認されることになる。こう考えるかぎり「比較美学」的課題ともなりうるわけであるが、さらに一歩をすすめて究極的に様式の概念それ自体の反省と検討を課題としてひきうけるのはやはり「一般美学」ないし「芸術哲学」でなければならない。したがってわれわれがここで扱うのは、美術史、文芸史、音楽史の具体的個別的な位相における様式現象ではなくて、様式概念の一般的な規定である。今日、美学体系にとって芸術様式論はきわめて重要視されているが、かつて美学体系において美的範疇論が占めていた地位を芸術様式論は奪いとった観がある。美的範疇も既述のごとく美の類型なのであるが、同じ類型概念に属しながらも、芸術に傾斜を深めている美学の一般的趨勢からみて、芸術現象をよりよく説明しうる様式論が尊重されるのも当然であろう（注15を参照のこと）。

（三）すでにわれわれは芸術作品の「様式形式」や「様式化」について知りえたし、前節では「ジャンルと様式の関係」について、その特殊な側面を考察することができた(それぞれ第三章、第六節、第七節、第十節を参照のこと)。したがって様式について漠然とした観念はすでにもちあわせているわけであるが、ここではふたたび「様式形式」に照準を合わせて、今後の考察の出発点にしよう。

さて芸術創作の活動に際して、芸術家は比類なき創造的人格性を発揮する。かれは形成すべき素材を選択し、しかも表現の題材に適合するようにこれを把握し、形成・加工に独創的な技巧的手腕を示すのであるが、この個性的な統一化の過程は、仕上った作品の感性的品質の上にまぎれもなく刻印される。かれの精神活動のこのような所産は、まさしく他から明確に区別されて直観されるべき様式徴標(Stilmerkmal)をひとしくそなえているのである。この様式徴標はほかならぬ芸術家の創作精神の相貌であるということができるであろう。さらに換言すれば、芸術様式は個性的な創作精神が作品の感性的表現において客観化された結果を、表現の類型性として捉えたものなのである。

右の個性はかならずしも単独個人の芸術家の精神、つまり「個人的精神」にかぎらず、多数の集団を主体とする「客観的精神」(objektiver Geist)の性質としても発揮される。前者は「個人様式」を成立させ、後者は「時代様式」や「民族様式」などを成立させる。芸術史研究者が芸術様式を現象として把握するためには、様式徴標を実際に作品の感性的表現のうちに直観的に把捉しなければならない。そして同じ様式徴標をそなえた作品群をみいだし、それを整理して何らかの理論的要求に適合するように秩序づける必要がある。様式史の方法においては類型的同一性をもった諸作品群のあいだに、萌芽と隆盛と衰退という歴史のリズムがみいだされるように秩序づけるべきであろう。かくのごとく様式概念は、主観の側面では他に比類なき個性的精神の発揮がみとめられ、客観の側面では対象の感性的表現の類型的同一性の反覆現出がみとめられるという、主・客の矛盾対立を含みながらそれを止揚するところにはじめて成立するのである。

(四) さて芸術現象において「様式」という呼称がすでにそれ自体で価値賓辞となって、作品の評価に用いられることがある。「何某の作品はすでに様式を有している」、という判断はそれ自体、その作品がすでに芸術的な高さに達していて、素人の域を脱しているという意味である。このことはかつて stylus が修辞学で価値概念を示していたことのなごりともいえよう。だがここでわれわれにとって重要な課題となっているのは、価値判断から一応脱却して、様式を記述概念として確認することである。後述するように「ジャンルの様式」を考えるばあいには、ジャンルに固有の形成法則と結びつけて様式概念を捉えるのであるから、類的一般者としての「本質」の概念と「ジャンルの様式」の概念はふかくかかわりあっている。たしかに先述のごとくわれわれは本質と価値とをたやすく混同してはならない。

「ジャンルの様式」は一応価値観念抜きで考察されるべきなのであるが、「時代様式」のごとき歴史的様式のばあいには、実際には価値観念とのかかわりを一切排除するわけにはいかなくなる。(53) 価値観念とのかかわりにおいて各時代の様式にいわば「理想類型」(Idealtypus) がみいだされ、これをその時代様式の「典型」(das Typische) として、一個の様式の勢力の消長・隆替を測る基準とすることなしには、時代様式の変遷を語れなくなるであろう。しかしわれわれは価値観念とのかかわりの側面はなるべく表面に露呈させずに、記述概念としての様式を扱うようにしなければ、この概念の学的方法の意義がうすれてしまうであろう。

(五) ジャンルの様式。両者の関係については前節にもふれたのであるが、ここであらためて、全面的にとり扱っておくことにしよう。——芸術の各ジャンルはそれぞれに固有の形成法則をもっている。それがどのようなものであるかを逐一枚挙するのは一般美学の課題ではなく、むしろ美術学、文芸学、音楽学など各種芸術現象に対応する芸術学 (Kunstwissenschaften) の究明すべきことがらである。しかし、たとえば美術に限っていえば、絵画、彫塑、建築にはそれぞれ他と異なり相互に区別されるような固有の形成法則がそなわっているから、建築を絵画の形成法則によって制作することはできないし、絵画を建築家の技法によって制作することもできない。作品を制作するばあいには、やはり建築は建築固有の法則にしたがって創るほかないし、彫塑は彫塑固有の法則によって形成されるほかないし、絵画もまた絵画固有の形成法則に依存して描かれるほかないのである。この事情は文芸や音楽の領域についても同じように説明される。このように、各種ジャンルに固有の形成法則にのっとってなされた表現が、作品対象の上で類型的同一性を反覆現出させるとき、「ジャンルの様式」（Gattungsstil）とよばれる。ジャンルの様式は、それが様式であるかぎり、仕上った作品の対象的客観性に即して創作者の精神の存在のあかしを立てるものなのだから、作品構造の面でその表現の類型性がみとめられることになる。したがって普通、ジャンルの様式を、（1）媒材様式、（2）題材様式に区分する。（なお目的に対応する様式の区別も考えられることがあるが、ここではとりあげない。）

（1）媒材も題材も、先述のごとく、ともに素材に属し、それらが作品の客観的存在性を担う要素であることはもはやくりかえすまでもなかろう。媒材は、美術の領域では特に多種多様な豊かさを示している。彫塑を例にとれば、媒材が木材であるか、石材であるか、金属材であるか、あるいはまったく新しい合成材であるかによって、形成・加工に揮うべき技法はことごとく異なる。木材や石材のように自然界に既存するものについては、良質の材にめぐりあうか否かはしばしば一人の彫刻家の芸術的生命を左右するほどの重要事である。個人の芸術的運命にかぎらず、ひろく民族の造形活動の根幹を規定することもある。たとえば古代ギリシアではパロス島やペンテリコン産の大理石材がなかったら、古典期彫刻の優品は創られなかったであろう。さらにこれら大理石材を刻むときに、鑿を垂直に石面に立てて打撃を加えると、表面から少し下の層位まで白濁が生じるが、石面に浅い角度をとって削りとっていくと、表面の光沢が生じる。アルカイック期と古典期では技法でこのようなちがいが生じてくるが、要するに大理石に恵まれ、これの美質を活かすように技法が発揮されてこそ、媒材様式の規範性も獲得できるのである。日本の飛鳥・白鳳期の仏教尊像の木彫の主要材料は樟《くすのき》であったが、天平期に入ると桧《ひのき》がそれにとってかわることになる。元来日本には桧が豊かに産出したからであり、しかも桧が木彫の媒材として、適度の硬さをもち、強靱であり、木肌や木目のよさ、光沢や香気などの美点が当時の芸術家たちにこよなく愛好されるようになったからである。石材については火山国たる日本には火山岩が多く、石彫には向いていないのであった。このように媒材様式が決定されるばあいには、素材の美的品質についての体験、すなわち素材体験が重要な意味を担うのである。文芸のばあいにはたとえば中国の詩や日本の和歌・俳句にも、語音の媒材的役割のほかに文字の視覚的・象形的機能が素材体験のなかではたす役割は無視できない。さきにもふれることがあったが、「蝶々」と書くか「てふてふ」と記すかで素材の象形的意味、語音の連想による模写的機能が大いにちがってくるのである。

（２）題材様式。題材は媒材と異なって、直接に形成・加工を蒙る物質的存在性格をもたない。すなわち「純粋に志向的な対象性」だからである。しかしながら、たとえば美術のばあい、題材を選定することによって、これをもっとも効果的に表現することができるように、媒材の選択までも規定されてしまうし、逆に一定媒材を選択してしまえば、おのずから題材まで制約されてしまうことになる。したがって題材と媒材は完全に独立しているわけではない。しかし題材選択の相対的自由性はあくまでもこれを認めざるをえないであろう。彫塑をふたたび例にとって考察すると、彫塑は特に人体を題材に選ぶことが多い。なぜなら人体を題材に選定することによって、量塊やモデリールングの微妙な変化を追求するばかりでなく、人体内部にみなぎる名状しがたくいきいきとした生機的なもの（das Vitale）――あるいはH・ドリーシュ（Hans Driesch, 1867―1941）の「生気論」（Vitalismus）の術語を借りればエンテレヒー（Entelechie＜ἐντελέχεια）――を表出させることを目的にしているからである。無機物よりは有機体を優先させ、昆虫や魚介類、鳥禽類よりも獣類を好んで扱い、さらにそれよりも人間の身体を優位に置くことは、彫塑一般のこの目的に一層適わしいからである。それゆえ人体も着衣像よりも裸像の方がさらに生機的なものの表出に適合している。顔面の表情が精神や情緒の直接的表出であるのに（手もこれに準ずるであろう）、体幹そのものはまさに――精神や情緒ではなく――生機的なものをもっぱら表出しうる。したがっていわゆるトルソ（torso）が人体表現としては不完全であるにも拘らず、なお彫塑的価値を失わないのである。いなむしろ人体彫塑に関するかぎり――故意であれ、偶然であれ――頭部や手足が欠落していても、躯幹は彫塑的価値を担う核心になっているということができる。他方、絵画の題材はこれよりはるかに広い範囲に亘ってみいだされる。彫塑の本領が人体の体躯にあったのに比べると、絵画は肖像画のばあいがよく示しているように、純粋な精神性や情緒の微妙な動きをあまさず捉えることができる。絵画は単独の対象をこえて、諸対象相互間の空間的位置関係をも描き出すことができる。さらに諸対象を貫き、浸している気分ないし情趣、雰囲気をわれわれに直観的に伝えることができる。つまり絵画は彫塑以上に有効に一個の「世界」を現出させることができるのである。（ただしこのばあい「世界」が、日常生活の営みの場としての実在世界を画面にうつしとっただけのものなのか、あるいは個別的絵画作品について、そのときどきに観照者に対して開示される唯一独自の「世界」なのかは別に論及すべき重要問題である。ここでは仔細にたちいるわけにはいかないが、これが芸術哲学の根本問題の一つであることはまちがいない。）

以上、主に美術の媒材および題材に関して、ジャンルに固有の形成法則の成立すべき根拠を事実をもって示したのであるが、美術と同様のことがらは適当な変更を加えて（mutatis mutandis）、文芸にも妥当するし、媒材様式に関しては音楽にもあてはまる。ところが、芸術のジャンルといえども超歴史的に固定したものではない。ジャンルの本質はプラトン的なイデアのごとく不変不易のものではなく、ヘーゲル的「理念」のごとく歴史を貫いて動くものである。それゆえ個人の創作精神であれ、超個人的な「客観的精神」(objektiver Geist) であれ、芸術創作の自由性を発揮して、主体が一定のジャンルの様式を他のジャンルにまでおしおよぼすことも可能である。そのときには前節で示したような「絵画的様式をもつ彫塑」（ラオコーン群像など）や「彫塑的様式をもつ建築」（パルテノン神殿）が生じるのである。このことは「本来、独自の形成原理に立脚する個別芸術が時代の芸術精神の一般的要求にしたがって、ある程度、その時々に主導的役割を演ずる姉妹芸術の形成法則へひきよせられ、その固有の様式性格がこれとくいちがう歴史的様式意志によって変容される」（竹内敏雄『美学総論』七二五頁）現象とみなされるのである。

（六）芸術様式の概念がきわだって重視されるのは、様式史の学的領域である。そこで問題となるのは「歴史的様式」(historischer Stil) に属するものであるが、創作主体が個人的精神であるか、超個人的客観的精神であるかに応じて、（1）個人様式（年齢様式を含む）、（2）時代様式、民族様式、世代様式、地方様式、流派様式、に大別される。

（1）個人様式。これは芸術家の創造的人格性の発揮において、作品にその比類なき個性的な形成過程が歴然たる痕跡をとどめることによって生ずる。芸術の歴史はある見地からすれば、たしかにこのような真の天才のわざの連鎖とみることができる。だが同時に芸術的天才も生物的運命たる死をまぬかれない。かれのわざも将来の豊かな可能性を約束する青年期から、創作のエネルギーの絶頂に達した壮年期を経て、やがて円転滑脱の老年期に到達するまでに、その様式徴標は大枠において同一性を保ちながらも、微妙に動いてゆくのである。

（2）しかしながら歴史の真の担い手は個人的精神のみならず、客観的精神であるともみられる。個人様式の年齢的変遷といえども、超個人的な歴史の脈動ともいうべき時代の潮流のなかに位置づけられてこそ、真の意義を展開、露呈するのである。美術史が、たとえばヴァザーリ流の「列伝」——列伝は東洋でも歴史書の重要な構成部分であった（『史記』の構成を参照すれば明白であろう）——から脱却して、むしろ「人名なき美術史」(Kunstgeschichte ohne Namen)（ヴェルフリン）たらんとしたのも、芸術史の上で様式の隆替を超個人的諸契機に関係づけようとしたからである。このような見地から芸術史の中心におかれるのは「時代様式」の概念、あるいはこれより一層小規模な単位としての「時期様式」の概念である。時代様式概念は必然的にその隆替継起の歴史的リズムの観念をわれわれに意識させる。いな、一時代、一時期の様式を考察するということは、それがいつ、どのような萌芽形態をもってはじまり、いつ、絶頂点に達し、いつ、どのような契機から全体の緊密な統一性が崩壊してゆくか、を問題とすることにほかならず、かかる歴史のリズムの意識が逆に当該様式の観念を深く、つよく自覚させるのである。この歴史のリズムが客観的精神の時代性――「時代精神」(Zeitgeist) とよばれる――をあらわすというなら、「民族精神」(Volks-geist) としての客観的精神が民族様式を成立させる根拠となっている。具体的には国民性とか、これにもとづく趣味嗜好の傾向、形式感情の特性、題材選択の偏倚などのあらわれが民族様式を規定していると考えられる。実例をあげてみよう。西欧諸民族、諸国民の民族様式の特性はいまは不問に付することにして、日本芸術――特に美術――においてそのような様式的特徴を考察したばあい、「哀傷性」、「感傷性」(矢代幸雄『日本美術の特質』を参照) とよばれる一側面の存することは否定できないであろう。九世紀末に遣唐使が廃止されて、古代世界における主要な文化交流の途がとだえるとともに、いわゆる文化の日本的純粋化が推進され、美術のもつ美的品質が優美性から「感傷」化しはじめたと考えられる。仏教美術の方面で、かつて整然たる密教的世界観を図示した曼荼羅図から、いわば表現の重心移動が生じて、諸尊像の表情にも変化がみられるようになる。すなわちあくまでもいかめしい、信者にとっては超絶的と感じられる諸仏の表情から一転して、信者の内面的心情に受けいれやすい、人間的感情の表出に変化してゆくのである。(この内面化の道はキリスト教の礼拝像についても同様にみとめられるようである。厳然たる表情の礼拝像から内面的宗教の礼拝像への転化を、R・グァルディーニ (Romano Guardini, 1885―) は Kultbild から Andachtsbild への転化と考えている。) また平安時代に仏像への「感傷性」の投入を容易にしたのは、菩薩部や天部の造形の発展があったからでもある。なかでも最も優美につくられ、信者の感傷をさそいやすく表現されたのは観音菩薩像であったといってよい。すなわち、日本人の「感傷性」が観音菩薩の心象をはぐくんだのである。

現代はしばしば没様式 (stillos) の時代であると称せられる。たしかに西欧の美術史では中世以降、「ロマネスク様式」、「ゴシック様式」、「ルネッサンス様式」、「マニエリスモ」、「バロック様式」、「ロココ様式」と一連の様式継起がみられたが、その後は、諸様式の同時多発の時代となっている。これら様式継起においては、時代を支配し、時代を代表するような精神思潮が明確に継起する様式と対応していたのであるが、ロココ様式以後、少なくとも美術史ではきわだった様式と時代精神との符合はみられない。このことは時代精神の多様化ともみられなくはないが、他面、技術の発達によって情報伝達の手段も内容量も激増し、民族精神が静かに成熟する暇を奪われて、世界中どこへいっても同じような情報が流れ、時間的にも空間的にも生活内容が急速に一様化しつつある証拠とみることもできよう。したがって現代では表現のこまかなニュアンスの位相で様式徴標が規定されるというよりも、表現の一層基本的な位相に近よった現象、すなわち「抽象」と「幻想」――それぞれ抽象主義とシュールレアリスムが代表する――が大まかな表現の傾向として是認されるのである。そして民族の感情の特性の探求はさらに人間存在の深層へ向かって進められ、「精神」というよりは「心」ないし「魂」(Seele)の層に及ぶというべきであろう。

(七) 芸術学が扱う様式が実在の作品に即した事実であるのに対して、一般美学(芸術哲学)は、可能な、形成のアー・プリオリとしての様式を扱うべきである、とする学説が今日では有力になっている。[54] これがいわゆる「基本様式」(Grundstil)の概念を定着させた。しかしながら基本様式の規定要因は究極的には自我と世界との関係であるということができるのであって、しかも自我と世界との関係そのものが、すでに自我の絶えざる投企によって刻々に変革されかつ再構成されていくべきものであるからには、自我と世界のいずれをもあらかじめ構造的に固定させることはできない。そこに類型学的思惟の限界が露呈するのではないかと思われる。したがって「生活世界」(Lebens-welt)の歴史的具体性における類型性をこえて、なお深く基本様式の概念の探求におもむくことは避けたい。

注

(1) たとえば、流行のセンスの欠けている人、美しいものを評価する態度が曖昧で首尾一貫していない人について、「あの人には美学がない」などと言うことがある。このような用語法は、たとえば思慮分別が浅く、仕事は上手にテキパキと処理できても深味のない人について、「あの人には哲学がない」と批評するのとだいたい同じである。

(2) Ästhetik などの近代ヨーロッパの諸国語は、「感性学」的ニュアンスをなかなか払拭しきれない。この先入見に対する警戒から、この呼称を避けようとする試みも皆無ではない。先述のギリシア語 καλός を基礎にした Kallistik や Kalologie (いずれもドイツ語) という命名の可能性もすでにヘーゲルらが述べている。この点、日本語の「美学」という呼称は無難なものだと言うことができるだろう。近年、日本では今道友信が、美学の課題そのものをあくまでも超感性的なものの哲学的考究であるとして、「カロノロギア」(Calonologia) という呼称を提唱し、その国際的定着を図っている。かれの説くところによれば、近代の美学は美への本質的な問いかけを喪ってしまっている。諸種の美を示唆する諸領域がどこに、どんな風にあるか、を究明することは存在論の大問題であるが、この存在論の伝統的前提は現在ではすっかり破壊されてしまった。われわれは失われた存在論を再建せねばならぬが、この存在論への架橋として美の学が要求される。この形而上学的急務がカロノロギアである (T. A. Imamichi: Gegenwärtige Aufgaben der Ästhetik, in: Betrachtungen über das Eine, 1968, S. 194 ff.)。

(3) たしかに美学そのものは芸術批評を含むわけではない。けれども美学と評論活動がまったく無縁でなく、同一人物が美学者と評論家を兼ね備えている例もある。よく知られた例として、フランスのアラン (Alain; Emile Chartier, 1868―1951)、イタリアのクローチェ (Benedetto Croce, 1866―1952)、ハンガリーのルカーチ (György Lukács, 1885―1971) らが思い出される。かれらはいずれ劣らぬ美学者でしかも批評界に国際的名声を博した。純粋理論学は決してそのままのかたちで評論の実践に円滑に移行するわけには行かないが、一人格において純粋理論と実践がみごとに統合される可能性もある。右に述べた人たちはそれを立証している。ただし、これらはあくまでも歴史上の事実なのであって、いつでも、誰でもそうなれるわけではない。

美学と批評活動の異質性について考察すると、まず第一に、評論はそれがいかに普遍性を備えた秀作であっても、つねに学術論文と同様な体裁を採るとはいえない。これに対して美学は、それがときに特殊な具体的主題をめぐって議論が展開したとしても、かならず体系的理論の一環をなすように配慮されていなければならない。換言すれば美学論文はかならず体系的美学――すなわち論文執筆者にとって「あるべきすがたの美学」ないし「理念としての美学」――への寄与として公表されなければならない。省みれば芸術評論にはそのような体系化への方向性が欠如していても一向に差し支えがないのである。美学論文がその内容において、より持続的な、より広汎な妥当性を要求されるのに比べれば、芸術批評はむしろ緊急の時評（Kritik über die Zeitfragen）として、時勢や状況を鮮明に描き出すことを要請されるのである。

　第二に美学は、本文で述べたように、純粋な理論学であるから、厳正な論証作業の累積から成っている。ところが芸術評論はむしろ人々の情念に直接訴えかけることによって、自己の主張を納得させようとする。それゆえ美学のしごとと評論のそれとを対比させると、美学のロジックと評論のレトリックとの違いが著しく衆目を惹くであろう。ただしここでレトリックというのは、近代の修辞学をさすのではない。むしろそれをも含めてさらに広く、聴衆のパトス（πάθος）に訴えて説得する術、すなわち古代ギリシア人がレートリケー（ῥητορική）と呼びならわしたものである。芸術評論をなす者は、読者を何らの手段で説得して、自己の主張をふかく受け入れさせれば足りるのであって、評論家の拠って立つべき論拠が、厳密に真理であるか否かは副次的関心事として傍らに押しのけられる。世間一般に受容れられている蓋然的なことがらから出発して議論を進めてもよい。ただし、芸術作品の解釈や芸術様式の認識の根柢に、このようなレートリケーが潜伏していることを究明して行くしごとは美学に課せられている。その意味で、美学も十分レートリケーに関わりがあると言うことができる。以上のごとく基本的な差異性はあるが、数ある評論のうちには明らかに学術論文の論理性をたもつものもあろう。また批評家の示す直観の鋭さ、洞察の深さ、含蓄の豊かさなどは、美学者もこれを最大限に尊重しなければならない。さればこそ、前述のように一人格のうちに美学の学問性と批評の感性とがみごとに接合され、統一される実例に対して、われわれは尊敬の念を抱くのである。だが劣等な評論は論理性へのつながりに乏しく、あしき意味のレトリックに終始する。美学はこのような口先だけのまやかしを徹底的に排除することから始まるのである。

（4）　このように「総称としての美学」という捉えかた、理解のしかたには、たしかにそれなりの理由と利点がある。なぜなら最広義の美学には、他学科にない美学固有の方法というべきものをみつけにくいからである。

　しかし、そうだからといって、美学は学問的に無性格なものに終るわけではない。後段で述べるように、方法の点からみて、中心的位置を占めるものがないわけではない。私はそれが現象学的方法であると考えている。いまは特定の立場に依らず、公正率直な態度で、美学の研究対象ないし課題と方法について一瞥することにしたい。

(5) 私は「現象学」出現以前に、実質的に現象学的美学を部分的に実現していたものとして、十八世紀イギリス経験論の美学——とりわけH・ホーム（Henry Home, Lord Kames, 1696—1782）の『批評の要義』（Elements of Criticism, 1762）——やドイツの啓蒙主義者レッシング（Gotthold Ephraim Lessing, 1729-81）の『ラオコーン論』（Laokoon, 1766）やシラー（Johann Christoph Friedrich von Schiller, 1759—1805）の美学的諸論文、特に『優美と尊厳』（Über Anmut und Würde, 1793）、また今世紀ではTh・リップス（Theodor Lipps, 1851—1914）らの「感情移入美学」、S・ヴィタゼーク（Stephan Witasek, 1870—1915）の心理学的美学などをあげることができると思う。

現象学と美学の根本的な関係については拙著『美意識の現象学』（昭五九）の第一章および第二章を参照してほしい。そこでも言及したが大西克禮『現象学派の美学』（昭十二）にはすでにこの問題が詳論されている。

(6) 物理学的手段についてみるに、古い時代の遺品の調査に、それが驚くべき歴史的事実を解明してくれることがある。紫外線写真、赤外線写真、X線透視、素材の含む放射性同位元素の分析、絵画面への近接照明写真、顕微鏡による拡大写真などの手段は、肉眼による観察では到底期待しがたい認識結果をもたらし、それによって美術史家は作品成立過程の研究について貴重な資料を入手できるようになる。またそれによって作品の蒙っている「病害」を診断し、その「治療」と「保存」に貢献できるようになる。フランスのマドレーヌ・ウール（Madeleine Hours）はパリ・ルーヴル美術館におけるこのような科学的調査の実情を近年著作に纏めて公刊しているし、日本では秋山光《てる》和が『源氏物語絵巻』について同様な手段による調査を実施した。Cf. M. Hours: Les secrets des chefs-d'œuvre, 1964（村木明訳『名画の秘密』（昭五一）。秋山光和『平安時代世俗画の研究』（昭三九）、『王朝絵画の誕生』（昭四三）などを参照してほしい。

(7) とりわけオーデブレヒト（Rudolf Odebrecht, 1883—1945?）の強調した自然美否定論は、西洋美学の主流がたどりついた一つの極端な美学であるが、美の事象に即して反省すれば、それが袋小路に迷い込んだ狭隘な見解だと評することもできる。

(8) ここで多少問題視されるのは美的理性という呼称である。かのカントの唱導した批判主義の哲学においては、理論理性と実践理性のほかに、このような第三種の理性を容認していない。このことは実はカントの認識論の基本思想に基づく制約である。ästhetischという語は、直観（Anschauung）にこそ適わしいが、いかにしても理性（Vernunft）を形容することができない。それゆえカントは「美的理性批判」を構想しきれず、『判断力批判』のなかに美的判断力を含ませるほかなかったのである。カント哲学の地盤に立つかぎり、これもまたやむをえない。しかしわれわれはいま、カントの思想にとらわれたり、カント哲学固有の制約にこだわる必要もないだろう。したがって、われわれは、本文で述べたような包越的機能をもった理性が、美意識をその基盤において支え、かつまたその基盤そのものの反省に従事すると考えて行くとき、この理性に美的という形容詞を冠してわるいはずがない。

(9) なお多少付け加えて言えば、体験の形式的特徴を析出して、美的体験を他種の体験から区別するとき、われわれは勢い「美が何でないか」を明確にしようとする。すなわち美の規定が消極的・否定的な性格を帯びやすい。これに対して、体験の内容を規定するばあいには、「美が何であるか」を積極的・肯定的に言表しなければならない。この両側面を具備したものとして美的体験は規定されなければならない。

(10) 美的範疇論の概観を得るためには『美学事典』（竹内敏雄編修、昭四九　増補版）p. 197 ff. の諸項目を参照するとよい。美的範疇を体系化するためには、方法論として、理念と形象（Th・フィッシャー Th. Vischer が実行した）、自然認識と道徳意志（コーヘン H. Cohen）、主観と客観（ディルタイ W. Dilthey・デッソワール M. Dessoir）など、要するに美的体験の対極を形成する契機の緊張関係から原理が導出されると説明できる。美的範疇の内容を熟考すると、本文で述べた諸概念ばかりでなく、日本人のばあいには伝統的に受け継がれ、育成されてきた「あはれ」、「幽玄」、「わび」、「さび」などをも考慮しなければならない。大西克禮は『美学』（下巻）においてこれらの美的理念を美的範疇論の見地から体系化することに成功した。さらに純粋に美学の立場からなされた業績ではないが、九鬼周造には『いきの構造』の著がある。注目すべき労作であろう。

なお美意識そのもののめまぐるしい変動とそれを反映する芸術現象の多極化に直面する今日、少数の範疇概念をもってこれに対処することは困難であるから、この際敢て美的範疇論を棄てて、美的価値領域の類型的分化をむしろ芸術様式論によって検証しようという趣旨の見解が竹内敏雄によって述べられている。これもまた傾聴すべき意見である。（竹内敏雄『美学総論』昭五四、p. 406. を参照せよ。）

(11) かつて十七・十八世紀の美学思想はデカルト(René Descartes, 1596—1650)やライプニッツ(Gottfried Wilhelm Leibniz, 1646—1716) の哲学に依存していたから、美が明瞭な表象に宿ると考えられるのに対して、醜は明瞭性の劣る表象だとみなされた。たとえばバウムガルテンの『美学』(Aesthetica, 1750—58) では、「美学が目的とするところは感性的認識の完全性そのものであって、これは美である。感性的認識そのものの不完全性は避くべきであって、これは醜である」(§14)と述べられている。そしてこの見解に関連してバウムガルテンの『形而上学』(Metaphysica, 1779) §521. を参看すると、かれは「判明（distincta）ならざる表象は感性的表象とよばれる。それゆえ私の心の力は下位能力でもって感性的表象を再現する」と述べている。下位能力というのは下位の認識能力のことで、ギリシア語で言うと αἴσθησις すなわち感性である。これは上位の認識能力すなわち νόησις（知性）から区別され、従来、哲学的意義の乏しい活動と考えられてきた。バウムガルテンはこの感性の活動に対して独自の意義を承認し、陽の当る場所へ連れ出したのであった。それが完全に作用するばあいの対象が美であり、完全でなく明瞭性（claritas）の度合が劣るばあいの対象が醜だというわけである。この思想は論理的には明快だが、経験的事実にはそぐわない。醜の感性的表象の強烈さが見すごされているからである。

(12)　日本の民芸運動の推進者であった柳宗悦《むねよし》（1889—1961）の思想は仏教的汎神論とも呼ばれるべきものを支柱として建設されている。その著『美の法門』（昭二四）その他において、仏の国には美醜対立が超克されていて、一切のものが「本来清浄」であると説かれている。通常の、感性的現象をふまえた美も仏の世界ではその意義を失ってしまう。敢て究極的に実現される美を名づけるなら「不二の美」、すなわち美醜の二元対立を超えた美と呼ぶほかない、とするのがかれの考えの基礎である。このような考え方からみれば、工人が制作する日常生活用の道具のうちにも不二の美がみいだされる可能性があるから、さきにわれわれが樹てた技術美の標徴はもはや撤回せざるを得なくなる。技術的制作物は本質的・必然的に美であるという主張はこの立場からは容易に肯定されるであろう。しかしここまで議論を進めてくると、もはや論証の問題ではなく、端的に信仰の問題であり、学的考察の問題というよりはむしろ実践的信条の問題だというほかないであろう。

(13)　画家の眼でみてこそ山河の美も生じる、という思想は決して難解ではない。それが証拠に世間一般に「絵になる風景」という表現を用いて怪しまないではないか。ところで風景が絵になるためには、対象を眺める視点の選択が大切である。たとえば富士山の美も視点によってさまざまであって、葛飾北斎の『富嶽三十六景』の「凱風快晴」（赤富士）が描かれたときの画家の視点はどこか、という疑問に対して、富士山の気象に明るい作家　新田次郎は、三ッ峠方面からみたものであろうと推測している。この例はかなりの程度対象のデフォルマシオンを経た版画のばあいであるが、実景の写真撮影では視点の選択が絵画の構図の決定とほぼ同程度の重要性をもつことはいうまでもない。その上、当日の天候も無視できない。自然の恵みによって好ましい撮影ができるのである。千載一遇の好機をのがしてはならない。

このように空間的・時間的の両側面からする制約を受け容れて、われわれが自然美を求めることができるのも、われわれが芸術美について培ってきた美感の働きがあればこそである。つまり前述の意識操作は、芸術家がたとえば画布上に絵筆を揮って行なう造形活動に似ている。そうであればこそ多少絵ごころのある人や美術史にくわしい人は、自分の心を打つ風景に対して、「コローの絵のような風景だ」とか、「董《とう》源の描きそうな山水だ」とか言って、絵画の細かな様式徴標までも思いうかべて風景を比較するのである。画家の眼になって観察するほど鋭敏でなくても、素人でもやはり情趣や気分を捉えて「絵のように美しい風景だ」と述懐することができる。勿論このばあいには特定の絵画の様式――さきの例でいえばコローだとか、董源だとかの表現様式――を思いうかべているのではなく、「絵」という語でもって芸術ないし芸術美を代表させているのである。

(14) この考えはかつてハイマン（Betty Heimann, 1888―?）がロマン主義的自然観の影響下に主張したものである。（B. Heimann: Das ästhetische Naturerlebnis, in: Zeitschrift für Ästhetik und allgemeine Kunstwissenschaft, 1920, Bd. 14.)

(15) 自然美と芸術美の異質性に着眼した好例として、『枕草子』第百十六段・第百十七段の文を掲げてみよう。

「絵にかきおとりするもの。なでしこ。菖蒲《さうぶ》。桜。物語にめでたしといひたる男・女のかたち。」「かきまさりするもの。松の木。秋の野。山里。山路。」

この前段は芸術美（絵画美）として造形されるよりも、むしろ素材としての自然美のままの方がよい、と思うものを列挙し、後段はその逆、つまり何らかの様式化（Stilisierung）を経た方がよい、と思うものを掲げているわけである。比較してどちらがよいと述べているのではなく、自然美と芸術美のそれぞれの独自性をわきまえての発言である。特にここで注目しなければならないのは、同じく自然物でありながら、菖蒲や桜や撫子の花は自然美として観照されるべきであり、他方、松の木や秋の草花の繁る野面や山里の鄙びたたたずまいや人跡もまばらな山路は、芸術美（絵画美）になるように様式化したり、情趣の象徴的表現として絵にしたりする方がよいと、清少納言が認識していることである。清少納言はつまり対象の別にとらわれず美の品質差異性について語っているのである。

本文で述べたように、自然美が没形式的だとすると、この規定が実際の経験に適合しないことが判明する。たとえば鉱物の結晶や貝殻や深海に棲む原生動物などにはしばしば人工を絶した、芸術作品（工芸品）以上に精妙な形式美がみいだされる。（Roger Caillois: Esthétique généralisée, 1962 がこの点で参考になる。）また日本人が鑑賞する富士山の山容美は形式に依存するところが多い。つまりコニーデ型火山の独立峯としてよく形式美を示しているのである。江戸時代の漢詩人　石川丈山　はよくこの形式美を捉えている。

仙客来遊雲外巓　（仙客は来て遊ぶ　雲外の巓《いただき》に
神龍栖老洞中渕　神竜は栖みて老《あら》す　洞中の渕に

雪如紈素煙如柄　雪は紈素の如く　煙《へい》は柄の如くなれば
白扇倒懸東海天　白扇倒《さかさま》に懸れり　東海の天に
（『新編覆醤集』）

(16) 日本近世の茶陶――楽、織部、志野などには自然美的品質が横溢している。また中国の「曜変天目《ようへんてんもく》」や「油滴天目」は全体が鉄塩が酸化焰で焼かれたために発色した黒釉によって蔽われているが、窯中の微妙な火加減が偶然に黒釉の上に虹色の油滴を星のように鏤めている。そのありさまはまことに神秘的である。これなどは自然過程の賜物として、その美しさを受容するほかないのであるから、芸術美というより自然美に近い。西洋美学ではこのような繊細微妙な美的品質を把握する範疇の開拓がながらく放置されていた。

(17) 五月の爽風に鳴る矢車や吹き流しの美しさは新緑の映える五月晴れの青空によく融けあっているものだが、抽象彫刻の一種たるモビールはそれ自体では技術的制作物とほとんどかわるところがないのに、微風にもよく反応して敏感にバランスを崩して、それが音もなくゆらぐ美しさは自然に帰属する偶然との戯れと言えばふさわしいかもしれない。

景観建築（landscape architecture）ないし景観形成は、――本文でも示唆したように――自然美と技術美の調和・協力を原理とする美的活動である。この問題については、竹内敏雄『塔と橋――技術美の美学』（昭四六）が豊富な範例によって多くのことを教えてくれる。

(18) 日本人の美的感受性は過去にさまざまな美的理念を具現してきた。幽玄、あはれ、わび、さびなどは芸術において典型的に現出した。大西克禮の美学説は、先述のごとく、これらを美的範疇として理論的に精錬した。すなわち西洋美学でいうところの「美」、「崇高」、「フモール」に対して、「あはれ」、「幽玄」、「さび」を派生的美的範疇とみなしている。これらのものは単に芸術表現にあらわれる美の類型であるのみならず、さらに広くかつ深く日本人の生活感覚の基底層に根差した文化伝統の発現のしかたを類型化したものでもある。

九鬼周造は『「いき」の構造』（昭五）において、「いき」の研究は「民族的存在の解釈学」としてのみ成立しうると述べているが、この企ては単なる美的範疇論ではなく、むしろわれわれのいわゆる文化美現象を存在論的方向から照射してみるという意味を担っていると思われる。

谷川徹三は茶の湯を構成する四種のファクターを数え上げ、それらを社交的なもの、儀礼的なもの、修行的なもの、芸術的なものと呼んでいる。このうち前三者は相互間に排斥と牽引を同時に可能とする関係で繋がれているが、最後の芸術的ファクターはこれら三者の上に立ち創造的な心の働きとしての作意を中心にして存立すると説いている（谷川徹三『茶の美学』昭五二）。ここには茶事全体を貫くいわば演劇的な演出術もうかがうことができるのであって、茶の湯という文化美の準芸術的性質がみごとに分析されている。

(19) たとえば日本史上のアイドル的存在であった源義経は当然のことながら、画像や芝居では美男でなければならない。またキリスト教の殉教聖女の画像――塔に幽閉された聖バルバラ、車裂刑に処せられた聖カタリナ・アレクサンドリナら――はみな星菫のごとく美しく描かれている（矢代幸雄『随筆ヴィーナス』昭二五を参照のこと）。

(20) 範例を呈示することによって相手を説得するのは、古来レトリックの採用してきた有効な手段である。アリストテレスはその著『レトリカ』（弁論術）のなかで、省略三段論法（エンテュメーマ ἐνθύμημα）や範例（パラデイグマ παράδειγμα）の説得機能を力説し、これらの手段を使いこなす技術としてレトリックを捉えている。この思想をふまえて考えると、芸術の美もそれ自体のそなえた表現においてレトリック的効果を発揮しているのだとみなすことができるだろう。（cf. G. Lukács: Ästhetik, I, 1963. 木幡順三『美意識の現象学』昭五九を参照されたい。）

(21) カントは自由美（purchritudo vaga, freie Schönheit）と附庸美（purchritudo adhaerens, anhängende Schönheit）を区別したが、前者には趣味判断の純粋な性格を乱さないような対象が属している。それは、観方によっては、形式秩序の整った美しさを示す対象であるように思える。したがって道徳的内容の概念を前提する対象は自由美から排除される。カントは自由美を措定することによって、一応美的自律性を確保した。道徳的内容にみちた美は、この観点からすれば、むしろ不純な趣味判断の対象にすぎなくなってしまう。カントはそれを附庸美に属せしめたのであった。だが美的自律性をこのように狭く、消極的意味に限定することはかならずしも正当ではない。

(22) なおオスカー・ワイルドやボードレール、さらにはサルトルらはみな積極的に美と悪の結合を主張した作家である。なかでもサルトルは『聖ジュネ論』でその企てを明らかにしたが、その饒舌とはうらはらに理論的整合性はかならずしも明晰ではない。この点については、竹内敏雄『現代芸術の美学』（昭四一）三〇六頁以下「美と悪」を参照されたい。

(23) なおこのばあい、（1）宗教的価値を既成宗教の教義体系に適合するように――つまり既成宗教の内部に――あらかじめ措定しておいて、芸術活動をその規範に従わせる方向と、（2）逆に芸術創作そのものの価値的純化が――単に美化ではなく――聖なるものへ接近してゆく方向とが区別できる。このばあいの聖性は既成教義から演繹されたものではなく、美的な諸活動――芸術美のみならず、文化美にも見られる活動――の内部に宿り、あるいは内部からおのずと輝き出るような趣きを呈するであろう。

(24)　美学者は古くから遊戯の美的意義について語ってきた。たしかに遊戯は直接の利害に関わりのない行為から成っているので、効用価値の連関から超脱しているとみることができる。しかしながら遊戯がこの超越性を失い、生活の内部に埋没してしまうと、遊戯が娯楽に堕する懼れがある。そうなると遊戯は気晴らしやリフレッシュメントの性質を増大させることになり、日常世界の効用連関のうちに戻ってくる。

(25)　このような事実は先述のカント美学に現われた自由美と附庸美の類別を想起させるよすがになる。自由美が内容を避けた消極的純粋性を示唆し、その意味で消極的自律性をもつのみであったのに対し、附庸美は非美的内容を包みこんで、これを美的価値に変容するという積極的方向での自律性の実現を行なうわけである。(このような解釈については大西克禮『美意識論史』昭二四、一一〇頁を参照してほしい。)

(26)　芸術的表現を実行するためにはさまざまな媒材が必要である。絵画を例にとれば、色彩は不可欠の媒材である。音楽のばあいには楽音がそれであるし、文芸には詩語が媒材の役を果す。これらの表現媒材もまたたしかに一種の媒介なのだから、芸術美のばあいに没媒介的直接性は成立しないという反論が起こるかもしれない。しかし色彩、楽音、詩語は単に媒介物と規定されるべきものではない。それらは――技術過程と違って――美的品質そのものに吸収されるべきもので、それなくしては絵画美、音楽美、詩美が生じないものなのである。それゆえ上記の色彩、楽音、詩語は一面では媒介であるが、他面ではそれを克服して美的品質そのものの契機に属していることになる。この意味で、芸術美にあっても美的直接性は保持され、少しも破壊されていないのである。

(27)　竹内敏雄博士は「自然観照」に対して「芸術創作」をアンチテーゼに置き、両者の矛盾対立を止揚すべきジンテーゼとして「芸術観照」を説いておられる。美的体験のこの最後の位相では、「追創作」の能動性を認めておられるのは理論的にみて当然のことである(『美学総論』一八二―一八三頁、一〇五頁、二一八頁以下)。

(28)　なおついでながら観照作用に潜在している一般的な知的性格のために、芸術観照が理論的関心方向へ傾斜を強めてゆくことも否定しきれない。したがって芸術史の専門研究者が作品観照に際しても完全には理論的認識の関心を排去し切れずに、いわば「芸術論的観照」に自己の方位を定める可能性も認められるであろう。

(29)　観照の類似語「鑑識」「鑑賞」「観賞」「翫賞」はいずれも観照とは異なる。

「鑑」は古代中国の祭祀用銅器の表面に鋳出された文字を読みとること、「識」は同じく銅器表面に刻まれた文字を読みとることを意味した。このことからも判るように鑑識にはもともと認識活動の要素が強い。しかもその中心的な目標は、作品の制作者が誰であるかを確定するにある。すなわち作品の真贋を判定することである。

このように鑑識は認識活動としてさしあたり作者の誰を解明する行為であるが、広く考えれば、鑑識もまた価値問題に無関係なわけではない。当該作品の価値——それは必ずしも美的価値につきないであろう。もっと広く人生の価値として歴史的意義を帯びるものであろう——を捉えるための準備作業となるのである。

また鑑識は、美的観照のように直観的でなくともよい。（勿論、鑑識能力は鑑識訓練の結果、はぐくみ育てられて、直観的に作用することも少なくないのであるが——。）したがって、直観を抑えて、諸種の科学的調査方法に依存する部分が今後も増加してくるであろう。（既述のごとく、X線照射、紫外線照射、赤外線写真、近接写真撮影、放射線同位元素の測定など。）

次に「鑑賞」（「翫賞」）は、美的対象の担う美的価値の「十全な」（adäquat）もしくは「不十全な」（nicht adäquat）把捉をさしている。要するに美的価値の把捉に重心がおかれている。したがって鑑賞の効果は、満足をうるか否かである。客観的立場からみて、美的価値が不十全にしか把捉されていなくても、主観的には結構満足していることもある。それだけにまた、ここではそのようなばあいの主観の存在のしかたが改めて学問的に反省されねばならぬこともあろう。

この点に関してたとえば「翫」は「玩」と同じで、「くりかえし、愛撫する」行為をさす。このばあい往々にして自我はこの行為のなかに埋没してしまう。だが「賞」の方はむしろ賞讃を意味し、自我が己れを越えたすぐれたものに驚嘆し讃めたたえる行為、真に美的なものに対する評価的態度をいうのである。

こうして観照の類似語を比較してみると、次のような相互関連がみられる。

「観照」は「観察」同様、対象に対して直接ひた向かう作用で、「直観」の一部分をなすが、その知的・認識側面を敷衍し拡張すると、「鑑識」行為につながる。しかし「観照」は美的観照のばあい、美的価値体験の直感性にもとづいてやはり直接的な評価作用を含んでいるのであって、その側面を拡張すると「鑑賞」につながる。つまり美的な鑑賞は、美的観照を基礎として成立つのである。

(30)　意識の深層根源をさぐるというだけなら、「深層心理学」もまた芸術的創作の解明に役立つところが多いであろう。しかしこの方面の研究は、美意識のその他の局面に拡大されうるだけの応用能力をまだ十分に示していない。したがって美学の方法としては未発達、未成熟である。

(31)　大西博士は美意識における直観と感動の融合帰一すべき所以を力説し、これを美的体験の基本構造の一つとみとめられた

（『美学』上巻七一頁）。竹内博士も美的直観作用と美的感動作用の相互に融合一致して調和にもたらされる所以を述べておれる（『美学総論』三五四頁）。

（32）この美的意味の純粋性を道徳的意味のそれから区別すべき理由、またかかる見解の美学史上の意義については、竹内敏雄『アリストテレスの芸術理論』三五一—三六〇頁参照。

（33）多少煩瑣な議論に亘るが、カントのいう「関心」は、かなりこの語の通念から外れた概念であったことがわかるのである。そこから導かれることであるが、カントの「美的無関心性」は対象の「現実存在に非ず」という消極的規定にしか妥当せず、しかも想像享受の対象——それらはみな非現実存在だが——がみな美的たりうるか否かを決定できず、対象の形状でない内容的契機の快感へのつながりに言及しえないのである。ガイガーはその点を批判的に考慮したのである。

（34）タタルキエヴィッチは集中（concentration）の美学と「夢想」（rêverie）の美学を区別している。すなわち集中は夢想とともに美意識の二つの異なった位相として捉えられているのである。集中には実践的意味のものとテオーリア（θεωρία）的なそれとがあり、後者には知的な集中と静観的集中とが区別される。普通われわれが美的（esthétique）な静観（contemplation）とよぶのはこの静観的集中のことであるが、これもまた狭義の、直接的な、現前する対象に向かっての集中と、文芸のばあいのように記号を通して、間接的な対象に対する集中とに区別される。しかるにこれら集中の諸様態とは根本的にちがった夢想が詩のばあいを典型としてあらわれて美意識の構成分子となる。芸術は一方で集中にわれわれを導き、他方で夢想に導く。夢想は日常生活をしばらく中断し、観念の自由な遊戯を導き、現前する人物や環境的現実への集中をやめさせて、過去や未来、回想や想像を現実化させる。要するにタタルキエヴィッチが追求しているのは、美的静観以外の意識位相においてもなお、日常生活からのエクスタシスが可能だ、ということの証明である（cf. W. Tatarkiewicz: L'esthétique de la concentration et l'esthétique de la rêverie, in: Revue de Métaphysique et de Morale, 1967, origin. Conférence prononcée le 16 avril 1966 à la Société Française d'Esthétique）。

（35）私見によれば、この根源的情緒は、美的感動の根源をなすわけだから、後節でのべる根源的な「驚異」の情とひとしいといえる。驚異の体験こそ美的体験の最も深い基底であり、それは同時にあらゆる学知の起源にも通じるのである。

（36）拙著『美意識の現象学』（昭五九）の第三章「美との遭遇」参照。

（37）テクネーが技術知として経験知と学知の中間に位置するという古代思想を代表しているのはアリストテレスの『形而上学』や『分析論後篇』などである（『形而上学』980a, 981a, 982a『分析論後篇』990—100a, 71a 等を参照）。なお竹内敏雄『アリストテレスの芸術理論』三八頁以降を参照してほしい。

(38) プラトンは『国家』や『ソピステース』でミメーシス的技術について言及しているが、両篇のあいだには技術の分類法に喰い違いがある。後者に即していえば、まず技術は「獲得術」(κτητικὴ τέχνη) つまり漁撈・狩猟を含む、自然に既存のものを活用する技術と「制作術」(ποιητικὴ τέχνη) つまり自然そのものには欠けているものをつくり出す技術に二分される。この「制作術」はさらに三分されて、人間に直接奉仕する技術か、道具を制作して間接的に奉仕する技術か、あるいは事物の像 (εἴδωλον) を制作する技術かである。この事物の像を制作する活動がミメーシスなのである。他方アリストテレスは、事物の生成について、自然 (φύσις) から生成するか、制作 (ποίησις) によって生成するかを区分し、さらに後者を三分して技術から制作するか、能力 (δύναμις) からか、思想 (διάνοια) からかとする。このうち技術による制作をみるに、「形相が技術家の心のなかにあるようなものが技術から生じる」(『形而上学』1032 b) と考えられ、技術の人間的活動性がつよく、明確に自覚されている。そして技術そのものは『形而上学』(981b) で示唆しているように実生活の必要のため (πρὸς τἀναγκαῖα) の技術――つまり効用技術――と娯楽のため (πρὸς διαγωγήν) の技術――つまり快楽をもたらす技術――に区別されるが、芸術はこの快楽性と同時に『詩学』全篇の趣旨を貫いているように模倣技術 (τέχναι μιμητικαί) に所属せしめられているのである。なお『自然学』における発言「技術は自然が仕上げえないものを完成し、他方でそれを模倣する」(199a) は、模倣技術の種別的独立性を意味したものではなく、技術活動そのものが従うべき自然の内在的合目的性の存在をさしているのだと考える解釈に賛成したい。

(39) 自由学科の内容はボエティウス (Boethius 480―524) 以降さらに「三学科」と「四学科」に区分された。その内訳をみれば、(I) 三学科《トリヴィウム》 (trivium); grammatica, logica (=dialectica), rhetorica, (II) 四学科《カドリヴィウム》 (quadrivium); arithmetica, geometrica, musica, astronomia である。要するにこれらは当時の scientia に近く、特に「四学科」には理論学の性格が強い。musica が四学科に含まれていたのは、その思弁的性格のゆえである。つまり作曲や演奏の技術よりも、音楽の哲学的思弁に傾斜していたからである。このことは、もとよりギリシアの μουσική から受け継がれたものである。μοῦσα 女神は学芸全体を司ったのである。(狭くは音楽、抒情詩を司った。)

製造技術は、狩猟術、農耕術、紡織術、航海術、医術などを含むが、その内容は時代によって変動し、一定していない。

(40) 美しい技術つまり ars pulchra という語が出現して、美と技術 (学芸) がことばの上で結びつくのは十二世紀になってからである。すなわちフランスのシャルトル学派の文献 armina Cantabrigensia のなかにあらわれる、とタタルキエヴィッチは報じている（W. Tatarkiewicz: History of Aesthetics, vol. II. p. 208）。

(41)　芸術観照の独自性については注（27）をふたたび参照してほしい。

(42)　クィンティリアヌスの主張を拡充して、H・ラウスベルク（Heinrich Lausberg）が詳論したことがらを、ラウスベルク自身が示した図式の要点は左のごとくである。これによって ars そのものの含む三重の性格が比較的明瞭に示されているように思われる（*cf.* H. Lausberg: Handbuch der literarischen Rhetorik）。

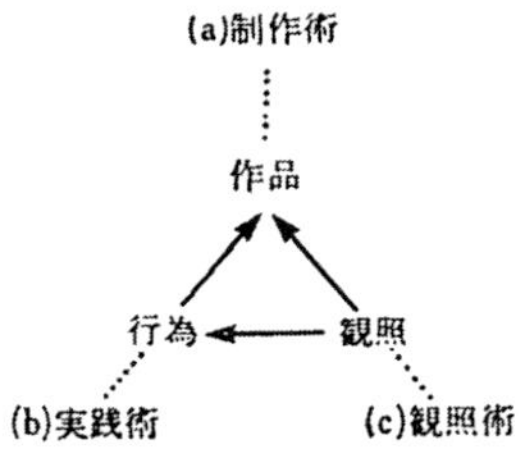

芸術創作は次の枠内のことがらである。

演奏、上演は次の枠内のことがらである。

芸術観照、芸術批評は次の枠内のことがらである。

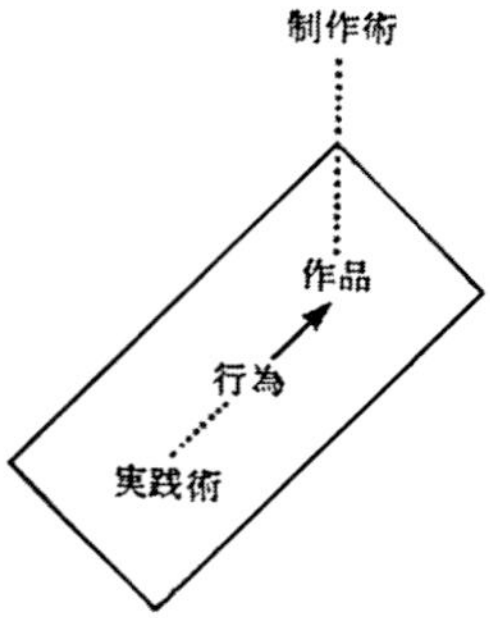

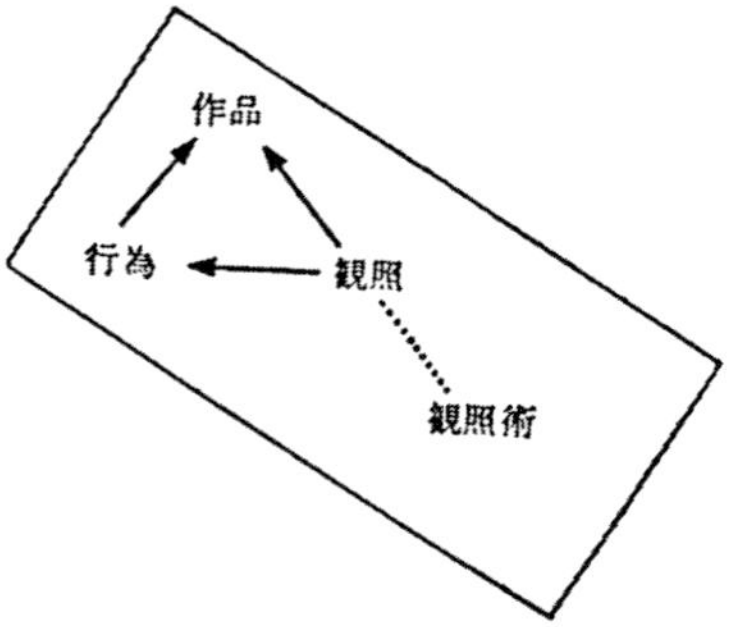

(43) ゲーテはよく知られているようにその『色彩論』(Farbenlehre)において、ニュートンの分光学的色彩論を否定した。科学的にみれば、ゲーテの見解は幼稚で偏見にみちたものと断定されざるをえないが、物理学を超えて、色彩の心理的影響を含めて、自然の直観的把握の態度としてこれを解釈し直すと、人間が自然に対してとる根本的態度の一つとして重要な意味をこれにみとめることができる。しかし、これまた周知のごとく、印象派によって色彩は科学的な解析法のもとに置かれるようになり、自然観照にも科学的知識が先行するようになった。すなわち自然はまず数学的解析の対象とみられるようになったのである。

(44) ingenium の由来を自然性の域でとどめておくか、それとも神的由来をみとめるかで美学理論の性格は大きく変ってくる。「神的狂気」(θεία μανία, furor divinus) をうける詩人の創造力を説いたのはプラトンやデモクリトスであるが、のちには創造の根源を自然に帰着させる思想が次第に固定してゆく。

(45) 芸術創作のみならず自然の観照においても、対象の美的品質が十全にあらわれるためには、偶然の僥倖に恵まれる必要がある。さきの注(13)をふたたび参照してほしい。

(46) ルネッサンス以後の哲学者や詩人や美術家が人間の創造的行為の独自性をつよく自覚して、次のようなことばでそれを表現した。

M. Ficino: excogito=inventer
L. B. Alberti: preordinazione
Raphael: idea
Leonardo: forme che non sono in natura
Michelangelo: 自己の vision の実現
Vasari: natura vinta dall'arte
Paulo Pino: 画家は現存しないものの発見につとめるべきだ
Paulo Veronese: 画家は詩人や狂人同様の自由を有益につかう
Federigo Zuccaro: il nuovo mundo, nuovi paradisi を美術家はつくる
Tinctorius: novi cantūs editus が音楽家だ
F. Patrizi: 詩の中に finzione=fiction, formatura=formation, transfigurazione=transfiguration をみとめる
G. P. Capriano: 詩人の invention は無から

(*cf.* W. Tatarkiewicz: Art et création, in: Revue de Métaphysique et de Morale, 1970, LXXV, 3)

(47) 芸術家が伝統的技術訓練のはてに創造の自由を獲得することはいうまでもないが、この芸術的自由性の絶対的なあらわれが、イロニーという特異な芸術的態度を生ぜしめることになる。イロニーはもと古代レトリックの分野で用いられた概念であるが、十九世紀初頭に用法が一大転換を経験することになり、ロマン主義的概念となる。その観念の主唱者はF・シュレーゲル(Friedrich Schlegel, 1772—1829)であるが、要するにかれの説によれば、作者は自己の作品に対して特異な関係をもつことができて、自己の創作品を作者みずからが超越し、これを破壊することすら躊躇しないのである。これはフィヒテの哲学から示唆された、芸術家の主観の絶対性を承認する思想であると同時に、人間の自由の意味を開示している。ジャン・パウル(Jean Paul, 1763—1825) A・W・シュレーゲル(August Wilhelm Schlegel, 1767—1845)ゾルガー、ティーク(Ludwig Tieck, 1773—1853)ヘーゲル、キルケゴール(Søren Kierkegaard, 1813—55)らはすべて何らかのかたちでこのロマンティッシェ・イロニー(romantische Ironie)の観念に接触された。かかる歴史的イロニー概念とは別に「ことば」と「真の意味」とのあいだの喰いちがいを対比させるときに、運命のイロニー、すなわち悲劇的イロニーの観念が生じる。

(48) このような文芸の記号的特性の分析は、芸術分類にも重要な結果をもたらした。第三章、第十節参照。詳細は竹内敏雄『美

学総論』六七六頁以下、特に六八一、六八二頁、六九二頁以下を熟読されたい。

(49)　ヴォリンガーの説は理論的にはかならずしも徹底しているとはいえないが、感情移入に対立する抽象作用を構想して、美術の複雑な現象を説明しようとした試みは高く評価できる。

一般的にみて、空間恐怖を無知に帰着させることはできないと思う。自然・宇宙について精密的確な知識を獲得しても、世界全体に対する恐怖が克服されるとはかぎらない。たとえばマヤ人は精確な天文・暦法の知識を天体観測から得ていたが、かれらの残した美術は怪奇と幻想にみちみちている。それはヴォリンガー流にいえば、やはり抽象表現に属する。それゆえ単なる対象的知識は幸福や平安をもたらすものでないことがわかる。

Musae, $\mu o \tilde{v} \sigma \alpha \iota$	arts		
Thalia	comedy	文芸	芸（ミューズ的な）術
Melpomene	tragedy		
Erato	elegy		
Polyhymnia	lyric (sacred song)		
Calliope	oratory, heroic poetry		
Euterpe	music	音楽	
Terpsichore	dance	舞踊	
Clio	history	非芸術	
Urania	astronomy		

(50)　いうまでもなく実質的アー・プリオリの概念はM・シェーラー (Max Scheler) の倫理学説に由来する。かれはカントの形式的アー・プリオリに対立するものとして実質的アー・プリオリを考え、これを価値の客観的根拠とみた(*cf.* M. Scheler: Der Formalismus in der Ethik und die materiale Wertethik, 1916)。この価値客観性の思想は現象学に一般的な傾向

であった。M・ガイガーの遺稿をベルガーとヘンクマンが編集して既刊論著と併せて近年一著として上梓したが、その表題も『芸術の意義――実質的価値美学入門』(Die Bedeutung der Kunst. Zugänge zu einer materialen Wertästhetik, 1976. hrg. von Klaus Berger und Wolfhart Henckmann) とよばれている。N・ハルトマンの『美学』(Ästhetik, 1953) にも美の価値種類の説明にシェーラー流の客観的実質的価値の観念があらわれているし、フランスのM・デュフレンヌ (Mikel Dufrenne: Phénoménologie de l' expérience esthétique, 1953) にも同様の思想がみとめられる。

(51) ムーサ女神と諸学芸の対応は前頁の表のとおりである。

(52) 芸術の体系的分類に関して注目すべき最新の学説は竹内敏雄博士の『美学総論』に示されている(同書六三六頁―七一三頁)。そこでは諸芸術の位置づけが「芸術体系の全体の秩序のなかに、さらにひろくは技術の世界全体のコスモスのなかに」行なわれ、個別芸術の方位と相互関係が精確にみさだめられている。
特に「言語記号的芸術」の範疇がたてられた点に新鮮味が感じられる。

イコン記号的芸術

	空間芸術（静止の芸術）		時間芸術（運動の芸術）	
	平面芸術	立体芸術	身体運動の芸術	音芸術
本来的表出芸術			舞踊	
感情象徴的芸術	装飾	建築		音楽
模擬的象形芸術			ミミック	
描写的象形芸術	絵画	彫刻		
言語記号的芸術				文芸

(53) 様式概念も完全に没価値的概念とみることはできない。竹内博士は「類型の概念そのものが implicit にはつねに価値の意味をふくんでいるように、様式の概念も、いや、この精神的存在に関する類型概念こそ、決して没価値的ではありえない」とのべ、「記述的意味における様式と規範的意味における様式との区別を截然たるものとしてうけとることはできない」といわれる（『美学総論』七一五頁）。たしかに規範的なものとして様式が示されるときがあり、そのばあいにはもはや単なる「類型」というよりは「典型」というべきものであろうが、この典型的規範性は、実証的立場を尊重する芸術史の分野においても、なお方法的妥当性を失うことはなかろう。特に一個の歴史的様式が発生し、隆盛を経て、衰滅してゆくばあいに、この現象を記述する者は、いわば「理想類型」（Idealtypus）の規範性に照らして考察対象を扱わねばならないであろう。たしかに様式継起の歴史的リズムは、そのまま価値意識のリズムと合致するかもしれない。この観点から、様式の規範性が、記述概念として様式に影響を与えると考えてもよい。

(54) 芸術の基本様式については竹内敏雄『美学総論』七五四頁以降を参照のこと。古来の基本様式説を逐一検討して、「本質上可能な創作類型」としての基本様式を「三次元の様式空間」として表象し、従来の諸説の総合をはたし諸矛盾を止揚しようとする雄渾な構想がそこに語られている。同書末尾のこの整然たる展叙にわれわれは瞠目せざるをえない。

参考文献

以下に掲げるものは、初学者にとって一般美学の学習の手引きとなる基本的文献である。だが日本語で読める基本的文献の数はかならずしも多くはない。ただしその公平な取捨選択にはさまざまな困難がつきまとうので、結局本書の著者の責任で適宜裁量するほかなかった。また本書の性格上、美術学、音楽学、文芸学、演劇学、映画学等いわゆる体系的芸術学の基本的文献は、若干の例外を除き、全面的に割愛せざるをえなかった。

この参考文献の欠点を補うためには次の書物を利用してほしい。

（1）今道友信『美について』（昭四八、講談社現代新書）古今東西の古典の翻訳を含めて、日本語で読める文献をかなり多数表示しているから、初めて美学に接近する人々には便利であろう。

（2）山本正男『改訂増補 美の思索――一般美学――』（昭四八、美術出版社）附録の「現代美学文献の解題」は、美学史、美術史学方法論、現代美学の動向を概観するために、海外文献を整理し解説している。

（3）外国語文献、特にドイツ語文献をより詳しく検索したいときには、Wilhelm Perpeet: Das Sein der Kunst und die kunstphilosophische Methode, Freiburg/München, 1970 に付けられた Bibliographie (S. 347—382) を参照すると便利である。

（4）専門的関心を深めた研究者に必要な問題別、分野別の文献表は何といっても、竹内敏雄編修『美学事典 増補版』（昭四九、弘文堂）を参照することが望ましい。

（一）美学・芸術哲学の概論およびそれに準ずるもの

大塚保治　『大塚博士講義集』（岩波書店）
深田康算　『深田康算全集』（玉川大学出版部）
阿部次郎　『美学』（勁草書房）

大西克禮　『美学　上下』（弘文堂）
『幽玄とあはれ』（岩波書店）
『風雅論』（岩波書店）
『万葉集の自然感情』（岩波書店）
『現象学派の美学』（岩波書店）
『自然感情の類型』（要書房）
『浪曼主義の美学と芸術観』（弘文堂）
植田寿蔵　『美をきはめるもの』（創文社）
竹内敏雄　『美学総論』（弘文堂）
『アリストテレスの芸術理論』（弘文堂）
『現代芸術の美学』（東大出版会）
『塔と橋』（弘文堂）
井島　勉　『美学』（創文社）
園　頼三　『美の探求』（創文社）
山本正男　『美の思索——一般美学——』（美術出版社）
『東西芸術精神の伝統と交流』（理想社）
『芸術史の哲学』（美術出版社）
渡辺　護　『芸術学』（東大出版会）
『音楽美の構造』（音楽之友社）
金田民夫　『美学における自然と現実』（創元社）
今道友信　『美の位相と芸術』（東大出版会）
『解釈の位置と方位』（東大美学芸術学研究室）
『同一性の自己塑性』（東大出版会）
掛下栄一郎　『美学要説』（前野書店）

木幡順三　『美意識の現象学』（慶応通信）
　　『求道芸術』（春秋社）
　　『美意識論　付作品の解釈』（東大出版会）

(二)　事典、雑誌、特輯論文集など

竹内敏雄編修　『美学事典　増補版』（弘文堂）
日本美学会編　雑誌　『美学』　季刊（美術出版社　昭二五創刊）
　　雑誌　『美学　目録篇』　第一号—第百号
竹内敏雄編　『講座　美学新思潮』　全五巻（第一巻「芸術の実存哲学」、第二巻「芸術の解釈」、第三巻「芸術記号論」、第四巻「芸術と技術」、第五巻「芸術と社会」）（美術出版社）
京都大学美学美術史学研究会編　『芸術的世界の論理』（創文社）
今井清編　『芸術序説』（やしま書房）
新田博衛編　『芸術哲学の根本問題』（晃洋書房）
今道友信編　『講座　美学』全五巻（東大出版会）
東京芸術大学美学研究室編　『美学・芸術学の現代的課題』（玉川大学出版部）

(三)　美学史

大西克禮　『美意識論史』（角川書店）
ディルタイ　『近代美学史』（沢柳大五郎訳　岩波文庫）
ウーティッツ　『美学史』（細井雄介訳　東大出版会）
今道友信編　『美学史研究叢書　全十輯』　既刊第一輯—第七輯（東京大学文学部美学芸術学研究室）

(四)　翻訳で読める重要な美学文献

プラトン　『パイドロス』（田中美知太郎・藤沢令夫訳註「プラトン著作集」岩波書店、藤沢令夫訳　岩波文庫）

『饗宴《シュンポシオン》』（久保勉訳　岩波文庫、山本光雄訳　角川文庫、森進一訳　新潮文庫）

アリストテレス　『詩学』（今道友信訳註　「アリストテレス全集　第十七巻」　岩波書店、藤沢令夫訳註　筑摩書房、村治能就訳　河出書房、松浦嘉一訳註　岩波文庫）

プロティノス　『エンネアデス』（出隆抄訳　岩波大思想文庫、仁戸田六三郎訳「エンネアデス　第一巻」光の書房）

J＝B・デュボス　『詩画論』（木幡瑞枝訳　玉川大学出版部）

ハチスン　『美と徳の観念の起源』（山田英彦訳　玉川大学出版部）

バトゥー　『芸術論』（山縣熙訳　玉川大学出版部）

ディドロ　『美の起源と本性に関する哲学的研究』（小場瀬卓三訳　岩波文庫）

カント　『判断力批判』（大西克禮訳、篠田英雄訳　岩波文庫、坂田徳男訳　三笠書房、原佑訳、理想社）

シラー　『美学芸術論集（訳題）』（「カリアス書簡」、「人間の美的教育に関する書簡」、「素朴文芸と情感文芸」）（石原達二訳　冨山房百科文庫）

『美と芸術の理論（訳題）』（「カリアス書簡」　草薙正夫訳　岩波文庫）

『素朴文芸と情念文芸』（竹内敏雄訳　角川文庫）

レッシング　『ラオコーン』（斎藤栄治訳　岩波文庫）

ゾルガー　『美学講義』（西村清和訳　玉川大学出版部）

ヘーゲル　『美学』（竹内敏雄訳註　「ヘーゲル全集　第十八巻―第二十巻」　岩波書店）

ニーチェ　『悲劇の誕生』（西尾幹二訳　中公文庫）

ジャン・パウル　『美学入門』（古見日嘉訳　白水社）

ジンメル　『芸術哲学』（斎藤栄治訳　岩波文庫）

『レンブラント』（大西克禮訳、高橋義孝訳　岩波書店）

ヴェルフリン　『美術史の基礎概念』（守屋謙二訳　岩波書店）

ヴォリンガー　『抽象と感情移入』（草薙正夫訳　岩波文庫）

スーリオ　『美学入門』（古田幸男・池部雅英訳　法政大学出版局）

ルカーチ　『美学　美的なものの特性』（木幡順三・後藤狷士・福田達夫訳　勁草書房）

ハンスリック　『音楽美論』（渡辺護訳　岩波文庫）
ランガー　『芸術とは何か』（池上保太・矢野万里訳　岩波新書）
インガルデン　『文学的芸術作品』（瀧内槇雄・細井雄介訳　勁草書房）
ハイデッガー　『芸術作品のはじまり』（菊池栄一訳　理想社）

（五）欧文文献

（1）美学雑誌

Zeitschrift für Ästhetik und allgemeine Kunstwissenschaft, hrsg. von Max Dessoir, 36 Bde., 1906—1942（ドイツ戦前）
Jahrbuch für Ästhetik und allgemeine Kunstwissenschaft, hrsg. von Heinrich Lützeler zus. mit J. Gantner u. H. Meyer, Stuttgart und Köln, Bd. 1—10, 1951—65（戦後）
Zeitschrift für Ästhetik und allgemeine Kunstwissenschaft, hrsg. von Heinrich Lützeler zus. mit J. Gantner u. J. Aler, Köln, Bd. 11 ff., 1966 ff.（前項の継続）
The Journal of Aesthetics and Art Criticism, ed. American Society for Aesthetics, 1941 ff.（アメリカ）
Bulletin International d'Esthétique, hrsg. von Jan Aler, Université Amsterdam, 1965 ff.（オランダ）
The British Journal of Aesthetics, ed. British Society for Aesthetics. London, 1960 ff.（イギリス）
Revue d'esthétique, Paris, 1948 ff.（フランス）
Rivista di estetica, Torino/Padova, 1956 ff.（イタリア）
Revista de ideas estéticas, Madrid 1943 ff.（スペイン）
Estetyka (Polnisches Jahrbuch für Ästhetik), 1960 ff.（ポーランド）
Vosproy estjetiki (Russische Zeitschrift für Ästhetik), 1958 ff.（ソビエト）
Estetika, hrsg. von der Tschechoslowakischen Akademie der Wissenschaften, 1964 ff.（チェコスロヴァキヤ　戦後）
Aesthetics, ed. The Japanese Sociesy for Aesthetics, 1983 ff.

（2）美学史関係文献

Schasler, Max: Kritische Geschichte der Ästhetik von Platon bis auf die Gegenwart, 1871—72
Bosanquet, Bernard: A History of Aesthetics, 1892
Dilthey, Wilhelm: Die drei Epochen der modernen Ästhetik und ihre heutige Aufgabe, 1892
Nohl, Hermann: Die ästhetische Wirklichkeit, 1935
Gilbert, Katherine E./Kuhn, Helmut: A History of Aesthetics, 1953
Utitz, Emil: Geschichte der Ästhetik, 1932
Bayer, Raymond: Histoire de l'Esthétique, 1961
Beardsley, Monroe C.: Aesthetics from Classical Greece to the Present, A Short History, 1966
Listowel, E. of: A Critical History of Modern Aesthetics, 1933
Mustoxidi, T. M.: Histoire de l'esthétique francaise 1700—1900, 1920 (Repr. 1968)
Morpurgo-Tagliabue, Guido: L'esthétique contemporaine, 1960
Soreil, Arsène: Introduction à l'histoire de l'esthétique française, 1955
Thtarkiewicz, Wladyslaw: History of Aesthetics, 3 vols., 1970 f.
Huisman, Denis: L'esthétique, 1954
Grassi, Ernesto: Die Theorie des Schönen in der Antike, 1962
Assunto, Rosario: Die Theorie des Schönen im Mittelalter, 1963
Bruyne, Edgar de: L'esthétique du moyen âge, 3 vols., 1947
Perpeet, Wilhelm: Ästhetik im Mittelalter, 1977
Lukács, György: Beiträge zur Geschichte der Ästhetik, 1954

(3) アンソロジー

原典英訳のものを掲げておく。

Rader, Melvin: A Modern Book of Esthetics, An Anthology, 1960
Tillman, Frank A./Cahn, Steven M.: Philosophy of Art and Aesthetics from Plato to Wittgenstein, 1969
Osborne, Harold: Aesthetics, 1972

以上の書物には多数の英語文献のリストが掲載されている。

（4） 著者別重要文献表

Aristoteles: Poetica; Ethica Nicomachea; Metaphysica; Rhetorica; Analytica (post) etc.

Batteux, Ch.: Traité des beaux-arts, réduits à un même principe, 1746

Baumgarten, A. G.: Aesthetica, 1750—58

Bayer, R.: Traité d'esthétique, 1956

Becker, O.: Von der Hifälligkeit des Schönen und der Abenteuerlichkeit des Künstlers, 1929, Von der Abenteuerlichkeit des Künstlers und der vorsichtigen Verwegenheit des Philosophen, 1958, in: Dasein und Dawesen, 1963

Benjamin, W.: Das Kunstwerk im Zeitalter seiner technischen Reproduzierbarkeit, 1936

Brentano, F.: Grundzüge der Ästhetik, (hrsg. von Mayer-Hillebrand) 1959

Bullough, E.: Psychical Distance, 1912

Burke, E.: A Philosophical Enquiry into the Origin of Our Ideas of the Sublime and Beautiful, 1756

Caillois, R.: Esthétique généralisée, 1962

Cohen, H.: Ästhetik des reinen Gefühls, 1912

Cohn, J.: Allgemeine Ästhetik, 1901

Collingwood, R. G.: The Principles of Art, 1938 (^{2}1963); Essays in the Philosophy of Art, 1964

Croce, B.: Estetica come scienza dell' espressione e linguistica generale, 1902

Dessoir, M.: Ästhetik und allgemeine Kunstwissenschaft, 1906

Dewey, W.: Art as Experience, 1934

Diderot, D.: Recherches philosophiques sur l'origine et la nature du beau, 1751; Pensées dé tachées sur la peinture, la sculpture, l'archtecture et la poésie, 1782; Paradoxe sur le comédien, 1770

Dilthey, W.: Die Einbildungskraft des Dichters—Bausteine für eine Poetik, 1887

Dubos, J.-B.: Réflexions critiques sur la poésie et sur la peinture, 3 vols., 1719

Dufrenne, M.: Phénoménologie de l'expérience esthétique, 2 vols., 1953; Esthétique et philosophie I, 1967; II. 1976; Le poétique, 1963

Dvořák, M.: Kunstgeschichte als Geistesgeschichte, 1924

Ehrlich, W.: Ästhetik, 1947

Fechner, G. Th.: Vorschule der Ästhetik, 2 Bde., 1876

Fiedler, K.: Über den Ursprung der künstlerischen Tätigkeit, 1887; Schriften über Kunst (hrsg. von Konnerth) I 1913, II 1914

Frey, D.: Grundlegung zu einer vergleichenden Kunstwissenschaft, 1949

Focillon, H.: La vie des formes, ^{3}1947

Francès, R.: Psychologie de l'esthétique, 1968

Frankl, P.: Das System der Kunstwissenschaft, 1938

Gadamer, H.-G.: Wahrheit und Methode, 1960; Ästhetik und Hermeneutik, in; Kleine Schriften, 1964

Geiger, M.: Beiträge zur Phänomenologie des ästhetischen Genusses, in: Jahrbuch für Philosophie und phänomenologische Forschung I, 1913, Sonderdruck ^{2}1922; Oberflächen-und Tiefenwirkung der Kunst, 1928; Die psychische Bedeutung der Kunst, 1928; Phänomenologische Ästhetik, 1928; in: Die Bedeutung der Kunst, 1976 (hrsg. von Klaus Berger/Wolfhart Henckmann)

Gilson, E.: Introduction aux arts du beau, 1963

Goethe, J. W.: Schriften zur Kunst. (Artemis Ausgabe 13, 1954; Hamburger Ausgabe 12, ^{3}1958)

Görland, A.: Ästhetik, Kritische Philosophie des Stils, 1937

Groos, K.: Einleitung in die Ästhetik, 1892; Der ästhettische Genuß, 1902

Hamann, R.: Ästhetik, 1911; Zur Begründung der Ästhetik, in: Zeitschrift für Ästhetik und allgemeine Kunstwissenschaft, Bd. 10, 1915

Hanslick, E.: Vom Musikalisch-Schönen, 1854

Hartmann, N.: Ästhetik, 1953

Hegel, G. W. F.: Vorlesungen über Ästhetik, 1817—29

Heidegger, M.: Der Ursprung des Kunstwerkes, in: Holzwege, 1950

Heimann, B.: Das ästhetische Naturerlebnis, in: Zeitschrift für Ästhetik und allgemeine Kunstwissenschaft, Bd. 14, 1920

Hidebrand, D. von: Ästhetik, I, 1977

Home, H.: Elements of Criticism, 1762

Horatius: De arte poetica

Hutcheson, F.: An Inquiry into the Original of Our Ideas of Beauty and Virtue, 1725

Ingarden, R.: Das literarische Kunstwerk, 1930, 1960; Vom Erkennen des literarischen Kunstwerks, 1968; Untersuchungen zur Ontologie der Kunst, 1962; Erlebnis, Kunstwerk und Wert, 1969; Gegenstand und Aufgaben der Literaturwissenschaft (1937—64), 1976

Jancke, R.: Grundlegung zu einer Philosophie der Kunst, 1936

Kainz, F.: Vorlesungen über Ästhetik, 1948; Einführung in die Philosophie der Kunst, 1 Hfte., 1948

Kant, I.: Kritik der Urteilskraft, 1790

Kaufmann, F.: Das Reich des Schönen, 1960

Kuhn, H.: Wesen und Wirken des Kunstwerks, 1960; Schriften zur Ästhetik, 1966

Külpe, O.: Grundlagen der Ästhetik, 1911; ^{2}1921

Lalo, Ch.: Introduction à l'esthétique, 1912; L'art et la vie sociale, 1921; L'art et la vie, 3 vols., 1939, 1946, 1947

Langer, S. K.: Feeling and Form, 1953

Lausberg, H.: Handbuch der literarischen Rhetorik, 2 vols.

Lange, K.: Das Wesen der Kunst, 1901, ^{2}1907

Leeuw, G. van der: Vom Heiligen in der Kunst, 1957

Leonardo da Vinci: Trattato del la pittura, 1651

Lessing, G. E.: Laokoon, 1776

Lipps, Th.: Ästhetik, I 1903; II 1906
Lotze, H.: Grundzüge der Ästhetik, 1884, ²1906
Lukàcs, G.: Ästhetik I, Die Eigenart des Ästhetischen, 1963
Lützeler, H.: Einführung in die Philosophie der Kunst, 1934; Formen der Kunsterkenntnis, 1924
Maritain, J.: Creative Intuition in Art and Poetry, 1953; Art et scolastiqee, 1935
Meckauer, W.: Wesenhafte Kunst—Ein Aufbau, 1920
Mendelssohn, M.: Über die Empfindung, 1755; Über die Hauptsätze der schönen Künstc,
Merleau-Ponty, M.: L'oeil et l'esprit, 1964
Michelis, P. A.: Études d'esthétique? 1967
Noak, H.: Vom Wesen des Stils, 1925
Odebrecht, R.: Grundlegung einer ästhetischen Werttheorie I, Das ästhetische Werterlebnis, 1927
Osborne, H.: Theory of Beauty, 1952; The Art of Appreciation, 1970
Pareyson, L.: Estetica, Teoria della formatività, 1954
Pepper, S. C.: Aesthetic Quality, 1937
Perpeet, W.: Das Sein der Kunst und die kunstphilosophische Methode, 1970
Piguet, J.-C.: De l'esthétique à la métaphysique, 1959
Platon: Phaidros; Hippias Major; Symposion; Sophistes; Ion; Politeia; Philebos etc.
Plotinos: Enneades
Quintilianus: Institutio oratoria
Riegl, A.: Die spätrömische Kunstindustrie, 1903
Riezler, K.: Traktat vom Schönen, 1935
Rosenkranz, K.: Ästhetik des Häßlichen, 1853
Santayana, G.: The Sense of Beauty, 1907
Sartre, J.-P.: L'imaginaire, 1940

Schelling, F. W. J.: Philosophie der Kunst, 1802—5; System eines transzendentalen Idealismus, 1800
Schiller, J. Ch. F.: Kallias oder über die Schönheit, 1793; Über Anmut und Würde, 1973; Über die ästhetische Erziehung des Menschen, in einer Reihe von Briefen, 1795; Über naive und sentimentalische Dichtung, 1795—6
Schilling, K.: Das Sein des Kunstwerkes, 1938; Die Kunst, 1961
Schleiermacher, F. D. E.: Vorlesungen über die Ästhetik, 1842; Hermeneutik und Kritik, mit besonderer Beziehung auf das Neue Testament, 1838
Semper, G.: Der Stil in den technischen und tektonischen Künsten oder praktische Ästhetik, 2 Bde., 1860
Servien, P.: Principes d'esthétique, 1935
Shaftesbury, A.: Inquiry concerning virtue and merit, 1699
Simmel, G.: Zur Philosophie der Kunst, 1922
Solger, K. W. F.: Erwin, 1815; Vorlesungen über die Ästhetik, 1829
Souriau, E.: Clefs pour l'esthétique, 1970; La correspondance des arts, 1947
Sparshott, F. E.: The Structure of Aesthetics, 1963
Tatarkiewicz, W.: Art et création, in: Revue de Métaphysique et de Morale, LXXV, 3, 1970; L'esthétique de la concentration et l'esthétique de la rêverie, in: Revue de Métaphysique et de Morale, 1967
Utitz, E.: Grundlegung der allgemeinen Kunstwissenschaft, I 1914; II 1921
Valéry, P.: Eupalinos, 1923; Pièces sur l'art, 1931
Vischer, F. Th.: Ästhetik oder Wissenschaft des Schönen, 5 Bde., 1846—57
Vitruvius: De architectura libri decem
Volkelt, J.: System der Ästhetik I, 1905; II, 1910; III, 1914
Wölfflin, H.: Kunstgeschichtliche Grundbegriffe, 1915
Worringer, W.: Abstraktion und Einfühlung, 1908
Zimmermann, R.: Allgemeine Ästhetik als Formwissenschaft, 1865

新版　あとがき

初版が刊行されてから六年半を経た。その間八刷まで重刷されてきたことは、この種の書物にとって望外ともいうべきであろう。

著書は初版刊行後まもなくから、あちこちに気がかりの個所が出てきたと洩らしていたが、いよいよ改稿にとりかかったのは、一九八四年『美意識の現象学』（慶応通信）刊行の仕事を完了した直後であったろうか。その年の五月下旬、著者は十五年間お世話になっていた主治医のすすめで入院し、五週間後退院した。それから八月二十七日再入院するまでの二ケ月間に、『求道芸術』（春秋社）の推敲を了えて、ふたたび本書の改稿に専念した。

しかし再入院後、病状重篤となり、九月二十日ついに世を去った。遺された原稿は二〇〇字詰四七六枚本文第二章第十四節のなかばまでと、註(28)まででであった。

このたび勁草書房の御配慮で新版刊行のはこびとなり、次のような処置の御同意をえた。すなわち、第二章の残りの原稿を、故人の旧版への細かい書きこみと本文とをわたくしが裁量して作成した。本書一一一頁から一四九頁までと註(29)—(36)がその作業に相当する。第三章は書きこみもあるが、第二章ほど本文との連関がはっきりしないので、旧版のままとした。

いずれにせよ、本人の遺志にそいたいがための処理であったが、決め手のみつからぬ心もとない気がしきりなのは、やむをえないのであろうか。

このような未完の原稿を、改稿新版として刊行をゆるされる勁草書房の御好誼に感謝のほかありません。ことに初版からひきつづきお世話頂いた編集の伊藤真由美さんに厚く御礼申し上げます。

昭和六十一年初秋

妻　木幡瑞枝

著者紹介
1926年生まれ
1951年東京大学文学部美学科卒
1966年より東洋大学文学部教授
1976年より慶應義塾大学文学部教授
1968年より東京大学、東京芸術大学、東北大学、大阪大学、成城大学、学習院大学へ出講
1984年9月逝去
主要著書
『美意識の現象学』(1984年，慶應通信)
『求道芸術』(1985年，春秋社)
『美意識論　付作品の解釈』(1986年，東大出版会)

新版　美と芸術の論理　美学入門

1980年1月10日　第1版第1刷発行
1986年12月10日　新　版第1刷発行
2007年3月10日　新　版第15刷発行

著者　木《こ》幡《ばた》順《じゅん》三《ぞう》

発行者　井村寿人

発行所　株式会社　勁《けい》草《そう》書房

112-0005　東京都文京区水道2-1-1　振替　00150-2-175253
(編集)電話　03-3815-5277／FAX　03-3814-6968
(営業)電話　03-3814-6861／FAX　03-3814-6854
総印・青木製本

http://www.keisoshobo.co.jp

新版　美と芸術の論理　美学入門

2018年8月10日　オンデマンド版発行

著　者　木　幡　順　三

発行者　井　村　寿　人

発行所　株式会社　勁《けい》草《そう》書　房

112-0005 東京都文京区水道2-1-1　振替　00150-2-175253
（編集）電話03-3815-5277／FAX 03-3814-6968
（営業）電話03-3814-6861／FAX 03-3814-6854
印刷・製本　（株）デジタルパブリッシングサービス http://www.d-pub.co.jp

AK319

ISBN978-4-326-98318-6　Printed in Japan

※落丁本・乱丁本はお取替いたします。
http://www.keisoshobo.co.jp